二战风云人物

鸿儒文轩 编著
HONGRUWENXUAN

Nimitz 海上骑士
尼米兹
1885~1966

中国书籍出版社
China Book Press

图书在版编目(CIP)数据

海上骑士——尼米兹/鸿儒文轩编著. —北京:中国书籍出版社,2014.8
ISBN 978-7-5068-4405-5

Ⅰ.①海… Ⅱ.①鸿… Ⅲ.①尼米兹,C. W. (1885~1966) – 传记
Ⅳ.①K837.125.2

中国版本图书馆 CIP 数据核字(2014)第 210203 号

海上骑士——尼米兹

鸿儒文轩　编著

图书策划	武　斌　崔付建
责任编辑	刘　颖　成晓春
责任印制	孙马飞　马　芝
出版发行	中国书籍出版社
地　　址	北京市丰台区三路居路 97 号(邮编:100073)
电　　话	(010)52257143(总编室)　(010)52257140(发行部)
电子邮箱	chinabp@vip.sina.com
经　　销	全国新华书店
印　　刷	三河市华东印刷有限公司
开　　本	710 毫米×1000 毫米　1/16
字　　数	252 千字
印　　张	17
版　　次	2015 年 5 月第 1 版　2020 年 5 月第 5 次印刷
书　　号	ISBN 978-7-5068-4405-5
定　　价	29.80 元

版权所有　翻印必究

·前 言·

第二次世界大战是人类历史上规模最大、战斗最为惨烈、影响最为深远的一场战争。在这场正义与邪恶的较量中，参战双方都涌现出了数以万计的风云人物。他们或为国家和民族的自由而奋战，成为了名传千古的英雄；或为法西斯卖命，成为了遗臭万年的战争罪犯。

切斯特·威廉·尼米兹无疑是第二次世界大战舞台上最受瞩目的传奇英雄之一。他出身寒微，幼年时期曾经历过一段艰苦的岁月。贫苦的山区生活和亨利爷爷的教导铸就了他不屈不挠、坚韧不拔的意志，得克萨斯人的淳朴与母亲的培养造就了他乐观开朗、宽厚豁达的性格。这一切都是他一步步登上美国海军最高职务——太平洋战区司令、美国太平洋舰队司令和作战部长的基石！

第二次世界大战爆发以前，尼米兹一直关注航空母舰编队和舰载机的发展情况，并时刻警惕着来自日本军国主义的威胁。珍珠港黑色风暴后，太平洋舰队几乎遭到灭顶之灾，美军在太平洋战场上节节败退。正是在这个时候，尼米兹毅然摒弃杂念，勇敢地担起了力挽狂澜、扭转战局的历史重任。

在此后的3年多时间里，这位历史巨人笑看风云，指挥太平洋舰队和日本侵略者在浊浪冲天的太平洋上展开了生死搏斗。珊瑚海海战、中途岛海战、鏖兵瓜达尔卡纳尔、攻占吉尔伯特群岛和马绍尔群岛、登陆塞班岛、大战莱特湾、粉碎硫磺岛、登上冲绳……他用手中的权杖描绘了一幕幕惊心动魄、悲壮惨烈的战争画面。而正是这些血肉横飞的战争画面挽救了美国海军和美利坚民族的命运，也挽救了太平洋及周边地区的和平。

当然，人无完人，尼米兹身上也有不少缺点。比如，他权力欲极强，在整个战争期间都与盟军西南太平洋战区司令麦克阿瑟将军争斗不息。不过，在这位高大、正直、勇敢、聪慧的儒将面前，这些缺点瑕不掩瑜，也只不过使得这位海军五星上将的形象更加有血有肉，富有人间烟火气罢了！

　　虽然时光荏苒，尼米兹的身影已随着历史的烟云而远去了，但美国人民不会忘记他，世界爱好和平的人们不会忘记他，历史也不会忘记他……他对祖国、人民的无限热爱和忠诚，英勇不屈的斗争精神和不达目的决不罢休的坚强意志，仍是人们学习和借鉴的榜样！

　　本书在大量考证历史资料和细节的基础之上，以全新的视角，还原传主的全貌，客观、公允地叙述了尼米兹的成长轨迹和心路历程。希望他的成长经历以及作者的评论能给广大读者带来一些启发，引起广大读者的思考。由于作者的水平有限，书中难免存在谬误与不足之处，请广大读者批评指正！

·目 录·

第一章　勤劳、向上的少年

一　"我的圣瓦伦丁孩子" ………………………………… 2
二　亨利爷爷的谆谆教导 ………………………………… 6
三　学会关爱、宽厚与容忍 ……………………………… 10
四　确立人生目标，立志从军 …………………………… 14

第二章　年轻的少尉候补生

一　考入安纳波利斯海军军校 …………………………… 18
二　结识"公牛"哈尔西 ………………………………… 22
三　裁缝店里的"啤酒事件" …………………………… 25
四　到"俄亥俄"战列舰实习 …………………………… 29
五　赴日考察日本海军的发展 …………………………… 32

第三章　耐心地等待时机

一　出任"迪凯特号"战列舰舰长 ……………………… 38
二　平凡而甜蜜的恋爱与婚姻 …………………………… 42
三　美国被卷入第一次世界大战 ………………………… 46
四　"有时，你需要耐心地等待" ……………………… 50
五　主持建设珍珠港潜艇基地 …………………………… 53

第四章 执掌教鞭育新人

一 大力推广"环形编队" …………………………… 58
二 强调航母在未来战争中的作用 ………………… 62
三 训练海军后备军官训练团 ……………………… 66
四 改革军官训练团的教育制度 …………………… 69
五 "参宿七星"上其乐融融的生活 ……………… 73

第五章 在风起云涌中被委以重任

一 世界政治局势风起云涌 ………………………… 78
二 人尽其才，委以重任 …………………………… 81
三 越过准将直接晋升为少将 ……………………… 84
四 "帕奈号"事件始末 …………………………… 88
五 出任第一战列舰支队司令 ……………………… 91

第六章 临危出任太平洋舰队司令

一 征召新兵，扩充海军队伍 ……………………… 96
二 拒绝出任太平洋舰队司令 ……………………… 99
三 山本五十六密谋偷袭珍珠港 …………………… 103
四 临危受命，出任太平洋舰队司令 ……………… 107
五 思考珍珠港事件后的危局 ……………………… 112

第七章 袭扰日军，重振士气

一 枕戈待旦，争取胜利 …………………………… 118
二 接见中下级军官和士兵 ………………………… 123
三 制订马绍尔群岛作战计划 ……………………… 127
四 兼任太平洋战区总司令 ………………………… 131

第八章 大胜中途岛，扭转战局

一 山本五十六剑指中途岛 …………………………………… 136
二 揭开珊瑚海海战的大幕 …………………………………… 140
三 山本精心部署攻击兵力 …………………………………… 144
四 美军破解"AF"之谜 ……………………………………… 147
五 将计就计，引日军进入坟场 …………………………… 151
六 向南云舰队发起进攻 ……………………………………… 155
七 大胜中途岛，扭转战局 …………………………………… 159

第九章 瓜达尔卡纳尔争夺战

一 兵锋直指瓜达尔卡纳尔 …………………………………… 164
二 在瓜岛外围海战中重创日军 …………………………… 168
三 战将"公牛"哈尔西归来 ………………………………… 172
四 哈尔西出任南太平洋战区司令 ………………………… 175
五 圣鲁克斯海战的战略胜利 ……………………………… 178

第十章 实施"复仇行动"，干掉山本

一 决定打通太平洋上的中轴线 …………………………… 182
二 为山本五十六修筑坟场 ………………………………… 185
三 日本联合舰队司令命丧"复仇" ………………………… 189
四 发起吉尔伯特群岛攻击战 ……………………………… 193
五 兵锋直指马绍尔群岛 …………………………………… 197

第十一章 兵锋所指，所向披靡

一 占领马绍尔，空袭特鲁克 ……………………………… 202
二 "要再表演一次" ………………………………………… 206
三 破译日军"Z行动"方案 ………………………………… 210

四　马里亚纳海战大获全胜 ·················· 214
五　艰苦卓绝的塞班岛登陆战 ················ 217

第十二章　美、日海军决胜莱特湾

一　关岛和提尼安岛登陆战 ·················· 222
二　支援麦克阿瑟登陆莱特岛 ················ 226
三　不要干预战术指挥官的指挥 ·············· 230
四　美、日海军决胜莱特湾 ·················· 234
五　被擢升为海军五星上将 ·················· 238

第十三章　彻底打败日军，赢得胜利

一　打响硫磺岛登陆战 ······················ 242
二　硫磺岛之战的伟大胜利 ·················· 245
三　鏖战冲绳岛及附近海域 ·················· 250
四　打开日本的门户 ························ 253
五　日本宣布无条件投降 ···················· 256
六　代表美国接受日本投降 ·················· 258

第一章
勤劳、向上的少年

一

"我的圣瓦伦丁孩子"

美国是一个年轻的移民国家。在哥伦布发现这片新大陆之前，只有印第安人安静地生活在这片辽阔的土地上。伴随着新大陆的发现，大批欧洲人怀着狂热的"黄金梦"涌到北美，开始了美利坚艰苦而辉煌的创业史。

19世纪40年代，一个姓尼米兹的日耳曼人家庭也远越重洋，投入了美利坚的怀抱。尼米兹家族的祖上是撒克逊人（古代日耳曼人一个分支）的佩剑骑士。13世纪时，尼米兹家族的骑士们加入了条顿骑士团。因入侵波罗的海东岸的利沃尼亚有功，家族首领被授予子爵爵位，步入了贵族行列。

17世纪的三十年战争时期，尼米兹家族的骑士们又加入了瑞典国王古斯塔夫·阿道弗斯的部队，东征西讨。厄恩斯特·冯·尼米兹因足智多谋、作战骁勇而被晋升为少校（一说上校），深受国王的器重。

战争结束后，厄恩斯特·冯·尼米兹在汉诺威附近的日耳曼西北部定居下来，过着衣食无忧的贵族生活。然而，好景不长，尼米兹家族偶然间得罪了国王，失去了贵族应当享受的社会权利。不久，尼米兹家族索性放弃了贵族头衔，那个代表贵族身份的"冯"字也从家族的姓氏中消失了。从此，尼米兹家族开始经营布匹生意，日子倒也过得殷实。

当家族产业传到卡尔·海因里希·尼米兹手中的时候，突然败落了下去。卡尔·海因里希纵情声色，是个十足的浪荡公子。他整日里和一帮狐朋狗友厮混在一起，出入酒吧和各种沙龙，根本无心经营生意，很快就把好好的布匹商行搞垮了。为了养活妻子和4个儿子，他不得不屈尊在一艘商船上谋了份差事。他最小的儿子小卡尔·海因里希也跟着他在同一艘船上打杂。

海上漂泊的岁月虽然艰苦，但浩瀚的大海也给小卡尔带来了无尽的话题和蔚蓝色的梦想。他爱上了这种生活，爱上了大海，就像他的祖先曾经热爱战马一样。如果一切都照着既定的轨道发展下去，小卡尔或许会成为一名优秀的水手，或者大副，乃至船长。

但生活从来不是一成不变的。1840年，小卡尔的3个哥哥离开故乡，投入到了新兴的美利坚的怀抱。他们在南卡罗来纳的查尔斯顿定居下来。3年后，他们的父母也漂洋过海，和他们团聚了。

或许是无法忍受家乡孤寂的生活，又或许是冒险精神的驱使，小卡尔也在1844年离开大海，来到了查尔斯顿。几个月后，他又加入了巴伦·冯·穆泽巴赫男爵的开拓队，从海路到了得克萨斯。当时的得克萨斯除了稀稀拉拉地住着些印第安人之外，尚是一片没有开垦的处女地。

开拓队的成员们风餐露宿，跋涉了3个星期之久，才找到了一块较为适宜居住的地方。这片土地的所有权在一个英裔美国人的手里。德国新移民们变卖了家产，除留下一点少得可怜的安家费之外，全部用来购买土地了。但这并没有影响众人在这片新土地上寻找幸福的热情。

从1844年开始，小卡尔就和他的同胞们奋战在建设的一线。两年后，原先荒芜的土地上终于立起了一座初见雏形的新城市。德国移民们为了纪念他们的最高保护人——普鲁士的弗雷德里克王子，干脆将新城命名为弗雷德里克斯堡。移民们的教名也基督化了。巴伦·冯·穆泽巴赫将名字改为了约翰·穆泽巴赫，小卡尔·海因里希·尼米兹则改名为查尔斯·亨利·尼米兹。就这样，查尔斯便成了名副其实的美国人，而弗雷德里克斯堡的尼米兹家族的历史也翻开了第一页。

1848年，查尔斯·亨利·尼米兹与一个叫索菲亚·多西姬·马勒的姑娘结为夫妻。索菲亚·多西姬·马勒的父亲也是巴伦·冯·穆泽巴赫男爵开拓队的成员之一。婚后，夫妻俩开了家旅馆，过着平静的生活，并先后育有12个孩子。不幸的是，当时的医疗卫生条件过于落后，只有4个孩子长大成人，切斯特·伯纳德·尼米兹就是其中之一。

切斯特没有继承父亲强壮有力的体魄，也没有遗传父亲粗犷的性格。他身体纤弱，沉默寡言，看上去像是一个牧师。据说，即便在最热闹的场合，也没有人会注意到他。

由于体质太差，又患有风湿性心脏病和肺病，切斯特成年后强迫自己做了一名牛仔，希望能增强自己的体质。他日复一日地骑在马背上，把牲畜从得克萨斯赶向内布拉斯加州放牧。从现代医学角度来讲，这是一个误区。大量的工作不但不能增强体质，反而会加重心脏病发作的几率。

· 3 ·

曾有医生建议切斯特不要结婚，因为他的身体实在太差了。但爱情之火燃烧起来的时候，任何人都无法将其熄灭。切斯特疯狂爱上了弗雷德里克斯镇上梅恩街北面一家肉食店老板的大女儿安娜·亨克。

安娜漂亮、精明、能干、果断、富有责任感，追求她的年轻人很多，很多。谁也不会想到，这样一个优秀的女孩居然会对切斯特动心。她不顾家人和朋友的反对，于1884年3月嫁给了文弱的切斯特。这时，切斯特29岁，而安娜只有20岁。

医生的判断是正确的，切斯特确实不该结婚生子。婚礼刚结束5个月，他就离开了人世。安娜悲伤极了，只能咽下苦涩的泪水，独自面对命运的捉弄。此时，她已身怀六甲，腹中的胎儿正健康地发育着。安娜希望腹中这枚希望的种子能够延续他父亲的生命。

时间一天天过去了，转眼间冬去春来。安娜腹中的胎儿终于瓜熟蒂落。1885年2月24日的黄昏时分，安娜独自躺在床上，闭目养神。突然，腹中传来一阵剧痛。她大声喊叫，惊动了邻居。

好心的邻居一边去请助产婆利赛特·米勒，一边派人去通知切斯特的父亲、安娜的公公和孩子的爷爷查尔斯·亨利·尼米兹。亨利听说安娜临盆在即，兴奋得不知如何是好。过去一年里，家里发生了太多令人悲伤的事情。先是儿子切斯特病逝，紧接着妻子也离开了人世。亨利无心经营旅馆生意，便把它交给了二儿子小查尔斯·亨利。因为除了二儿子之外，另外两个孩子都不在身边。

如今，一个新生命就要诞生了，这是亨利一年来听到的最好的消息。他慌忙赶往安娜居住的那间矮小的石砌小屋。他是如此的高兴，以致忘记了把前两天挂在旗杆上的国旗降下来。那是为庆祝美国国父华盛顿的诞辰（华盛顿生于1732年2月22日）特意挂上去的。

亨利赶到的时候，安娜已经在助产婆利赛特·米勒的帮助下产下了一名健康的男婴。孩子像他的父亲一样，有着一头金黄色的头发，相貌英俊。为了纪念死去的父亲，母亲给他取名为切斯特·威廉·尼米兹。

亨利开心极了，觉得这个孙子一定与众不同，因为他的生日和国父华盛顿仅仅相差两天。而安娜则认为，这是丈夫送给她的最好礼物。因为情人节刚刚过去10天，她相信这一切都是丈夫在冥冥之中早已安排好的。所以，她把儿子亲切地称为"我的圣瓦伦丁孩子"。传说，情人节是为纪念圣瓦伦丁的贞洁爱情而设立的。所以，人们通常把在情人节前后出生的孩子称为"圣瓦伦丁孩子"。

为了更好地照顾安娜和孩子，亨利把他们母子接到了自己的旅馆居住。3天后，他请来牧师和亲朋好友，为新生儿举行基督教路德派洗礼。按照传统，洗礼应该在教堂举行，但亨利认为这个名为轮船旅馆的地方象征着大海，更适合举行洗礼仪式。

切斯特·威廉·尼米兹

当晚，旅馆的舞厅灯火通明，人头攒动，连住店的旅客也加入了进来。几名住店的海军上尉穿着蓝色的海军服，笑眯眯地看着眼前的一切。

仪式结束后，亨利这位曾当过数年海员的老人走到几名海军上尉面前，举起酒杯，以一种异乎寻常的豪迈声音喊道："为美国海军未来的将军——我的孙子干杯！"

"干杯！"人们一边举起酒杯，一边欢呼着。

谁也不会想到，这位骄傲的老人一句慷慨激昂的祝酒辞会在几十年后成为现实。这个接受洗礼的孩子就是日后叱咤风云，左右太平洋战局的海军五星上将、美国海军太平洋舰队司令、海军作战部部长切斯特·威廉·尼米兹。

二
亨利爷爷的谆谆教导

亨利很疼爱自己的小孙子，恨不能把所有的人生经验都传授给他，恨不能把所有的好东西都留给他。在切斯特·尼米兹的童年时代，他的影响至关重要，甚至超出了母亲。尼米兹亲切地把他称为"亨利爷爷"。

亨利爷爷性格开朗，整天都乐呵呵的，邻居和旅客都很喜欢他。他还担任了很多社会职务，如弗雷德里克斯堡学校董事会董事、吉莱斯皮县教师考试委员会委员、奥斯汀的得克萨斯立法机构成员等。

时不时，亨利爷爷还会跟旅客和孩子们开开玩笑，或者讲一些荒诞离奇的故事。"双人枪杀"是他的拿手好戏。通常，他发现有陌生人来投宿时，就会安排两个年轻人在柜台前假装互相争吵，直至拔枪对射。

陌生的旅客不明所以，还以为遇上了决斗，吓得纷纷躲藏。紧接着，"砰砰"两声枪响，"决斗"的年轻人双双倒地。

陌生的旅客往往会歇斯底里地叫道："哦，天哪！"

这时，亨利爷爷也会装出一副害怕的样子，瑟瑟发抖，大声高呼："天哪，杀人了，杀人了！"

就在陌生的旅客惊慌失措之时，两个"决斗"的年轻人突然跳起来"哈哈"大笑。亨利爷爷也跟着笑起来，只剩下陌生的旅客一脸惊恐地站在原地。

直到这时，亨利爷爷才上前向众人解释，这不过是一个恶作剧。他解释说："当人们住进轮船旅馆时就像在海上航行，若是初来，就如同乘船过赤道一般，你们必须获得跨越赤道的感觉。"

有的时候，亨利爷爷还会向陌生的旅客"传授"上山捕捉山鸡的"独门妙计"，鼓励这些外乡人在漆黑的夜晚上山捕捉山鸡。到了晚上，人们往往按捺不住内心的好奇，忍受着寒冷和害怕跑到山上去。而亨利爷爷则安稳地躺到暖和的被窝里美美地睡上一觉。

等到那些人被猫头鹰的叫声吓得魂不附体，冻得瑟瑟发抖返回之时，亨利爷爷早已在柜台等他们了。他会对众人说："你们现在是轮船上的水手了。到柜台来吧！我准备好了威士忌。你们通过了考验，不再是菜鸟了。"

陌生的旅客这才知道上了当。经过这些恶作剧之后，大多数旅客都和这个爱搞怪的老头成了朋友。

亨利爷爷很喜欢孩子。镇上的孩子闹了别扭，或者受了点小伤，都喜欢跑到旅馆门口来向亨利爷爷寻求安慰。这个时候，他总是会拿出一枚硬币，问道："嘿，小家伙，哪里痛？"

孩子指着伤处，委屈地说："这里。"

亨利爷爷把硬币放在孩子的痛处，微笑着说："把这个硬币放在痛处，等不痛了再拿开，然后到糖果店去。"

孩子们为了吃到糖果，很快就拿起硬币冲向糖果店去了。而伤处的疼痛早被他们忘到了九霄云外。

每到周末，亨利爷爷就会带着小孙子和他的小伙伴们一起去野营。他们坐的马车有帆布篷顶，既可以躲雨，又可以防止一些调皮的小动物伤害孩子们或抢他们的食物。

有一次，亨利爷爷带着众人去郊游。孩子们玩得不亦乐乎，亨利爷爷则抓到了一条响尾蛇。这是在北美比较常见的一种毒蛇，剧毒无比。大人们见到这种动物，往往就简单地将其打死，然后再警告孩子们，千万不要去招惹这种可怕的动物。

亨利爷爷则不同，他把响尾蛇有毒的头部切掉之后，将其剥了皮，切成一小块一小块，放在铁板上煎了起来。

孩子们闻到香味，纷纷围拢上来。等蛇肉煎熟了，亨利爷爷就把它分给孩子们吃。他说："你们离开的这会儿我抓了一条鱼，把它切成许多小块，用油煎好了。"

等到孩子们吃完了，亨利爷爷才告诉他们真相。他说："我并不是跟你们开玩笑，我只是想让你们知道，吃响尾蛇没什么害处。"

亨利爷爷活跃的性格无疑给童年的尼米兹留下深刻的印象。多年后，当尼米兹成为一名海军军官时，对人生也有了自己的判断。他说并不完全欣赏爷爷的做法，但不能否认亨利爷爷是一名真正的男子汉。他还把这些有趣的童年故事讲给他的水手听。

1890年的圣诞节，母亲安娜又结婚了。她丈夫正是亨利爷爷的小儿子，从马萨诸塞获得学位归来的威廉·尼米兹。就这样，尼米兹的小叔叔又成了他的新父亲。当时，尼米兹还不满6岁，安娜29岁。不幸的是，威廉虽然是弗雷德里克斯堡最有学问的人，但他的专业技术在这个偏僻的小镇上根本没有用武之地。怀才不遇的威廉整日无所事事，游手好闲。因此，他的归来并没有把整个家庭带向幸福的彼岸，反而添了累赘。

1891年夏，尼米兹上学了。虽然亨利爷爷有一家旅馆，但家庭的经济状况并不富裕。开学的第一天，他光着脚，只穿一件衬衫和吊带短裤。亨利爷爷看着孙子，找出了一顶圆形礼帽，给他戴在头上。

帽子和尼米兹身上的装束极不相称，一到学校就遭到了一些高年级学生的嘲笑和围观。一个调皮的男孩索性把他的帽子抢过来，藏了起来。

尼米兹拼力争夺，企图夺回帽子。闹到最后，双方动起了手。年仅6岁的尼米兹当然不是其他孩子的对手。没多大一会，他就被打得鼻青脸肿，但帽子总算抢了回来。

当天傍晚，尼米兹带着一脸的伤回到家中。他得意地对亨利爷爷说："看，我带它去上学，又把它带了回来。"

当时，尼米兹并不知道亨利爷爷为什么一定要自己戴那顶与众不同的礼帽去上学。他甚至怀疑这是爷爷故意和他开玩笑。实际上，这是亨利爷爷的有意安排，他想让孙子明白，作为一名男子汉，有时候必须用实力去捍卫自己的权利。

随着尼米兹一天天长大，亨利爷爷更加着意培养他的这种意识了。有一段时间，有一个捣蛋的小男孩总是故意欺负尼米兹，要么撞撞他，要么弄乱他的头发。

起初，尼米兹总是刻意回避。结果，却引来了那个家伙变本加厉的欺负。

一天傍晚，尼米兹把这个情况告诉了亨利爷爷。亨利知道事情的原委和那个男孩的姓名之后，对他说："他并不比你高大，要想改变处境只有自己与他拼一拼，跟他打一架，不但要打，而且要打赢。这样，他以后就再也不会欺侮你了。"

尼米兹胆怯地问："我什么时候去呢？"

亨利爷爷给他打气说："晚饭前任何时候都可以。"

在爷爷的鼓励下，尼米兹决心用武力来对付武力的挑战。晚饭前，他沿着小巷勇敢地冲向那个正站在路口说话的男孩，用拳头狠狠地教训了他一顿。

那个男孩冷不丁地遭遇袭击，完全被尼米兹突如其来的气势震慑住了。挨打后，他向尼米兹伸出右手，说："尼米兹，我们握手言和吧！"

尼米兹握住他的手，爽快地接受了他的建议。

回到家中的时候，亨利爷爷还坐在饭桌前等他。尼米兹想向爷爷说自己获胜的事情，亨利爷爷不等他说话，抢先问道："你准备吃饭吗？"

尼米兹笑了，得意地说："是的，先生。"

于是，亨利爷爷不动声色地交给他一盘饭菜，祖孙俩美美地吃了一顿晚餐。

有时候，这个没读过多少书的老头还会向孙子传授一些看似高深莫测的人生哲理。尼米兹有一个叫卡尔的表哥，比他大两岁。卡尔总嫌尼米兹年龄小，不愿和他一起玩。尼米兹感到很失落，就向爷爷诉苦。

亨利爷爷想了想，对他说："你要习惯这一点，他比你大两岁，对此你无法改变，所以必须习惯。"

尼米兹要离开的时候，亨利爷爷又把他叫回来，耐心地解释说："等一等，孩子，我再给你说说。你必须学会区分两种事情，一种是永远不会改变的，另一种会随着时间的推移而发生变化。卡尔比你大两岁，这是永远也无法改变的事实，但是到了一定时候这种差别就会变得无足轻重。只有承认这一点，才会使将来变得更为有利。"

尼米兹似懂非懂地点了点头。直到多年之后，他当上了太平洋战区总司令，才明白亨利爷爷当初的良苦用心。从某种意义上，尼米兹的爷爷承担了一个父亲的责任，教会了他一个男子汉在童年时期必须知道的人生哲理。而这些正是尼米兹一步步走向人生巅峰的基石！

三
学会关爱、宽厚与容忍

亨利爷爷承担了一名父亲的责任，教会了尼米兹要勇敢无畏地捍卫权利的法则和人生哲理。母亲安娜则在尼米兹的性格中注入了富有人情味的气质，使他懂得了宽厚、容忍、协调，以坦然的心境迎接人生中突如其来的风暴。

安娜改嫁给威廉·尼米兹不久之后，全家就搬到了离弗雷德里克斯堡约40公里的克维尔市。威廉的姐姐在克维尔市有一家叫圣查尔斯的小旅馆。她见弟弟找不到工作，整日无所事事，便让他去那里当经理。

可是，威廉却自视清高，不愿从事这项工作。整日里，他除了坐在旅馆门口和客人聊天，就是义务帮助市政府设计商业区的人行道，以显身手。管理旅馆的工作全部落到了安娜一个人的肩上。她除了要给家人做饭，还要到旅馆的厨房帮忙，协助服务员整理房间、打扫卫生等等。

不过，安娜从来不怨天尤人。和当时的大多数女性一样，她是一个不折不扣的宿命论者。她认为，她所忍受的一切都是命中注定的，是上帝在冥冥之中早已安排好的。从今天的角度来看，宿命论并不是什么好东西，但也不完全是坏东西。它至少能让人学会容忍，保持乐观。

在母亲的影响下，尼米兹很小就知道了容忍的意义。面对那些比他富有，生活过得比他好的孩子时，他从不感到自卑。他只是希望通过自己的双手，把母亲从繁重而又毫无希望的工作中解脱出来。

8岁那年，尼米兹成了一名送货工。他的舅舅经营着一家牛肉店，生意不错，订单多得来不及送货。有一天，舅舅对尼米兹说："嘿，小伙子，你想挣点外快吗？"

尼米兹回答说："怎么挣？"

舅舅说："你到我的店里当送货工，每个星期给你1美元。碰巧有卖不完的牛肝、骨头之类的，我就免费送给你。你知道，这里的人不太喜欢这些东西。"

尼米兹想了想，回答说："这个主意听起来不错。"

就这样，尼米兹成了一名肉店送货工。每天早晨，他早早地起床，先到店里送货，然后再去上学。傍晚放学的时候，别的孩子出去做游戏，他则回到店里帮忙。

每周1美元的薪水在当时来说已经不低了，就是一个熟练工人，周薪也不过二三美元。而且，尼米兹还经常能够得到一些牛肝、骨头之类的食物。换句话说，舅舅支付他薪水，实际上是变相地在帮助他们一家。

但不管怎么说，这对培养尼米兹勤劳、上进的性格有很大的帮助。此外，这也培养了他爱别人的能力。当他把用劳动换来的报酬递到母亲的手上时，看见母亲脸上的笑容，心中别提有多开心了。

很快，尼米兹就学会了如何用爱心去帮助别人，尤其是那些和母亲年龄相仿的女性。克维尔有一个终身未嫁的女性，名叫苏珊·蒂维。蒂维家族在克维尔非常有名。苏珊的弟弟约瑟夫·蒂维是一名上校，退役后被选为克维尔市第一任市长。后来，他还创建了蒂维中学，造福一方。为了纪念他，人们将他墓地所在的那座小山称为蒂维山。

当尼米兹成为克维尔最受中青年女性欢迎的男孩子之时，蒂维家族只剩下苏珊一人了。这名孤独的女性性格很古怪，很少与别人来往，整日里和一只叫作赫尔曼的白猫为伴。奇怪的是，她很喜欢尼米兹，每逢有事总是找他帮忙。而尼米兹也非常愿意为她效劳，总是忙前忙后，直到苏珊满意为止。

不幸的是，被苏珊视为唯一亲人的赫尔曼在她弟弟约瑟夫去世后不久也死了。苏珊悲伤不已，好一段时间闷闷不乐。有一天，尼米兹从她门前经过。苏珊叫住了他。

尼米兹问："小姐，有什么可以为您效劳的？"

苏珊把尼米兹带到赫尔曼的面前，对他说："你看，它死了。"

尼米兹安慰苏珊说："或许，它去了天堂。"

苏珊喃喃地回答说："是的，它去了天堂。"

过了一会儿，苏珊又说："小伙子，我需要你的帮助。"

尼米兹问："我该怎么做？"

苏珊说："它陪了我15年，我不忍心亲手埋葬它。几年前，我已为它做了一副很好的棺材。你能帮帮我吗？"

· 11 ·

尼米兹沉思了一会儿，点点头说："好的，小姐。我想，这样多少能够减轻你的痛苦。"

后来，尼米兹将赫尔曼安葬在了蒂维山旁的蒂维墓地。他想，蒂维家族的好几个人都葬在那里，将来苏珊也会在那里安身。将赫尔曼和它主人的亲人埋在一起，它一定会满意的。

尼米兹还别出心裁地为赫尔曼立了一块木头墓碑，上面用火烧制出了"蒂维的白猫赫尔曼"一行大字。

苏珊知道这件事情之后，很感激尼米兹。她含泪吻了吻尼米兹的额头，呜咽着说："谢谢你，小伙子。"

当然，年少的尼米兹也有调皮捣蛋的时候。和父亲一样，尼米兹长着一头浅黄色的卷发。由于疏于打理，他的头发总是乱蓬蓬的，看上去很像雄狮的鬃毛。到旅店里投宿的陌生客人不知道他的名字，就别出心裁地给他取了个"狮子头"的绰号。

尼米兹很不喜欢这个绰号。开始的时候，有人这样叫他，他总是怒目而视，然后愤然离去。但人们并没有因此而收敛。

有一次，又有一个旅客嘻嘻哈哈地招呼他说："嘿，小伙子，对，就是你，狮子头……"

旅客还没来得及说他要干什么，尼米兹就像一头发怒的雄狮一样扑上去，使尽全身的力气，朝那人的小腿踢了一脚。

正在招呼旅客的母亲听到吵闹声，立即赶来制止。当她了解了整个事情经过之后，她生气极了，狠狠地揍了儿子一顿。这名深爱着前夫的女子希望儿子能像他的父亲一样温文尔雅，这一点跟亨利爷爷的期望完全相反。亨利爷爷更希望他成长为一名具有西部色彩的粗犷型男子。成年后的尼米兹的性格中则两者兼具，很好地将两种完全相反的特质融于一身。

尼米兹挨了打，心里委屈极了。他趁着母亲不注意，跑回房间，找到一罐绿色油漆，把头发染成了绿色。一切完工后，他又躲到阴暗的洗澡间，一直等到油漆干燥之后才出来。

母亲看见一头绿发的儿子，惊叫道："天哪，这是怎么了？"

尼米兹则喃喃自语说："这样他们再不会叫我'狮子头'了。"

母亲气得发抖，四处找剪刀。她先拿了一把普通的裁缝剪刀，给儿子理发。但油漆太硬了，普通的裁缝剪刀根本剪不动。不得已，她只好用一把剪羊毛的大剪刀把尼米兹怪异的绿发剪掉。完工之时，尼米兹差不多已经成了一个秃头。

这件事过后，母亲决心阻止别人再叫尼米兹为"狮子头"。等尼米兹的头发长出来之后，她找了一名摄影师，拍了一张照片。然后，她拿着照片给客人看，并告诉他们，她的儿子有一头浅黄色的头发，这是她最骄傲的事情。从此之后，果然再也没有人叫尼米兹"狮子头"了。

1895年，尼米兹同母异父的妹妹多拉出生了。两年后，他又多了一个弟弟奥托。尼米兹和妹妹多拉相差10岁，但关系很亲密。这时，尼米兹也已长成了一个英俊的少年。作为一个男孩子，他和别人打架的次数也渐渐多了起来。据多拉回忆，少年时期的尼米兹很少主动动手，但一旦遭到挑衅，他便会毫不犹豫地予以还击。

第二次世界大战结束后，多拉在接受记者采访时说："我想，他决不会找机会打架，但也决不会在别人打他时逃跑。至于他是否曾经输在谁的手下，我可记不清了。反正，我记得他回家时，脸上经常带着伤，嘴唇上有血，但看起来神态自若，并不恼火。如果妈妈提起他的伤，他就会轻蔑地说：'你应当去看看那个人是什么样子。'他常常把妈妈气得浑身发抖……"

一切诚如多拉所说，尼米兹确实经常惹母亲生气。但不可否认的是，在母亲的心中，尼米兹一直是她最疼爱的孩子。这种感情一直保持到她去世。

四
确立人生目标，立志从军

1899年，不满15岁的尼米兹迎来了他人生的第一个转折点。这一年，姑姑给他提供了一个勤工俭学的机会——在圣·查尔斯旅馆帮忙。他的工作比较杂，什么都干，劈柴，照看火炉和壁炉，人手不够的时候还要去招呼客人。有的时候，要一直忙到晚上10点才能休息。

辛勤的付出总会有收获。姑姑除了免费给他提供伙食和住处外，每月还支付他15美元的薪水。这是一笔不小的收入。除了能够满足尼米兹自己平日里的衣食住行之外，还有不少结余。他常常利用这些钱给弟弟、妹妹买一些小礼物，哄他们开心。

对一个少年来说，收入是次要的。他在勤工俭学期间最大的收获是结识了各行各业的人物，丰富了人生阅历。像亨利爷爷一样，尼米兹很喜欢和旅客交往，向他们了解外面的世界。

有一段时间，尼米兹和从圣安东尼奥来的几名推销员走得很近。他仔细了解了这些推销员的生活方式和推销经过，很羡慕他们。推销员们也把尼米兹视为朋友，积极鼓励他离开学校后去尝试一下这种生活。

这时，即将中学毕业的尼米兹也正在考虑未来的人生走向。他的成绩并不理想，进入地方大学深造的机会不大。当时，这个小地方也没有多少人读大学。更何况，他亲眼见过大学毕业的继父整日无所事事，只会乱发脾气，对大学并没有多少好感。

尼米兹干过肉店的送货工，当过旅馆的杂工，这两样工作干得都不是特别开心。所以，他既不想开肉店，也不想经营旅馆。而像推销员那样到全国各地去推销各种各样的商品，似乎也不是他想要的生活。

他隐隐地觉得，自己更加渴望像年轻时候的亨利爷爷一样，到遥远广阔的大海去寻找梦想。但这个梦想到底是什么，连他自己也不知道。那段时间，他常常徒步跑回轮船旅馆，去向亨利爷爷求教。

尼米兹身材并不高大，但却是一名短跑健将。这和母亲的督促有很大的关系。他的父亲切斯特·尼米兹自幼体弱多病，最后死于不明疾病（很可能是心脏病或肺炎）。母亲担心尼米兹会像他的父亲一样英年早逝，经常告诫儿子要锻炼身体，鼓励他参加各项运动。

尼米兹很喜欢打猎，但他的家庭条件并不允许他经常性地从事这项运动。所以，他选择了经济而又有效的跑步。不管是刮风，还是下雨，他每天坚持跑步，从而练就了一副结实的体格。

从圣·查尔斯旅馆到亨利爷爷的轮船旅馆只有40公里的路程，这对尼米兹来说，算不了什么。遗憾的是，亨利爷爷的知识范畴有限，已经无法解答尼米兹提出的那些关于人生奥妙的问题了。他只能对孙子说："我一直认为，机会得自己去寻找。至于怎么去找，能否找到，我说不好。可能是通过别人的过失，也可能是由于制订了一个合适的计划。制订一个适合自己的计划是十分重要的。譬如航海，你就必须制订一份包罗万象的详尽计划。"

听了亨利爷爷的话，尼米兹更加迷茫了。他实在不知道自己的人生该走向何处，会走向何处。慈祥的亨利在这时又像一个预言家一样，预言说："我想，你大概会去航海。也许，你现在没有这个想法，但你一定会去的。"

1899年圣诞节后，一批勘探队员住进了圣·查尔斯旅馆。尼米兹对各种测量仪器很感兴趣，在一旁问东问西。勘探队队长很喜欢这个小伙子，就问："喜欢？"

尼米兹回答说："是的，很喜欢。"

勘探队队长又问："读过几年书？"

尼米兹回答说："中学马上就毕业了。"

勘探队队长高兴地说："太好了。中学毕业就足够了。如果你愿意的话，等你中学毕业了，就可以加入我们。你帮我们背这些测量仪器，我们则教你如何使用它们。"

尼米兹兴奋地说："真的？真是太好了！"

对尼米兹来说，加入勘探队是一个不错的选择。这样的话，他既可以探索未知的远方，还可以一边工作一边接受教育，真是一举两得的好事。尼米兹暗下决心，等中学一毕业，就去找他们。

如果一切都照这个方向发展下去的话，美国历史上可能会多一个优秀的勘探员，但同时也会失去一名杰出的将军。

好在，两名年轻少尉的出现使尼米兹改变了最初的选择。1900年的夏季，驻扎圣安东尼奥城外的第三野战炮兵团的一个连队越过瓜达卢佩河开赴山区进行射击训练。军队中有两名刚从西点军校毕业的少尉，分别叫威廉·赫·克鲁克亢克和威廉·特·韦斯特维尔特。他们途经克维尔的时候，住在了圣·查尔斯旅馆。

两名年轻的少尉英俊潇洒，风度翩翩，给尼米兹留下了深刻的印象。对尼米兹来说，军官离他的生活并不遥远。亨利爷爷在南北战争期间曾担任过吉莱斯皮步枪队上尉队长，轮船旅馆中也经常有军官下榻。那个时候，尼米兹还经常和军官们一起玩耍。

不过，那时的尼米兹还没有到为前途而烦恼的年龄，也就没有特别多的感触。如今，他见克鲁克亢克和韦斯特维尔特两个比他大不了几岁的青年军官已经接受完大学教育，带着军队四处游历，经风雨，见世面，不觉对军队产生了强烈的向往。

那段时间，一有空闲，他就缠着克鲁克亢克和韦斯特维尔特少尉，向他们打听军队里的事情。克鲁克亢克不善言辞，而韦斯特维尔特却是一个开朗的小伙子。他尽其所能，把自己所知道的事情全部告诉了尼米兹。

直到这时，尼米兹才知道西点军校是全美最优秀的军事院校。西点军校是美国历史上最悠久的军事学院，全称为美国陆军军官学校，又称美国军事学院。因校址在西点，人们习惯上称它为美国西点军校，简称西点军校。西点军校是美国培养陆军初级军官的学校。

西点军校的历史可以追溯到美国的独立战争。在战争中，贯穿南北的贸易、交通、军事大动脉哈德逊河，成为了美国和英国当局争夺的控制焦点，而地势险要的西点自然成了美军防御的战略要地。为了阻止英国军舰进犯，美军在此设防，用铁链封锁河面，并给英军以重创。

独立战争时期，美国大陆军缺乏训练有素的军事工程技术人员，总统华盛顿等人不得不依靠外国专业军事技术军官。对此，美国的创建者们非常担忧。独立战争胜利后，战争的经验、教训使以开国元勋华盛顿为首的一批领导人和政治家意识到，必须建立一所自己的军事院校，以培养为战争这门艺术服务的职业军官和军事技术人才。华盛顿强调："创办这所学校，是美国发展的头等大事。"

1802年，美国第三任总统詹姆斯·杰弗逊下令在西点建立一所正规的军官学校。之所以选择西点，是因为这里曾是独立战争时期的战略要塞，当年由外国军事工程师在这里设计、修筑了大量的坚固工事，正好可以充当学生的教学实物。同时，杰弗逊也希望硝烟尚存的战争遗迹可以让学生体会到先辈们的艰苦经历。

1802年7月4日，美国独立纪念日这一天，美国历史上的第一所军校——西点军校宣告成立了。到了19世纪末之时，这座学校的威名已经蜚声欧美，被誉为"将军的摇篮"。

第二章
年轻的少尉候补生

一
考入安纳波利斯海军军校

在韦斯特维尔特的影响下，尼米兹决心中学毕业后报考西点军校。亨利爷爷很支持孙子的想法，并带他去见圣安东尼奥的国会议员詹姆斯·斯赖顿。

尼米兹向参议员说明了自己的来意。詹姆斯·斯赖顿有些为难地说："亲爱的切斯特，你知道，我们这里有很多军队。一般来说，我必须优先推荐军人的子女入学。现在，我手上的名额已经满了。"

尼米兹毫不掩饰自己的失望。他说："先生，这听上去真是太遗憾了。"

詹姆斯·斯赖顿沉思了一会，又对尼米兹说："如果我推荐你进安纳波利斯海军学校，你愿意吗？"

尼米兹毫不犹豫地回答说："我愿意！"

实际上，他完全没有听说过安纳波利斯海军学校。只不过，他不愿白白放弃一个免费接受大学教育，同时又能进入军队，探索远方的机会。

安纳波利斯海军学校的历史比西点军校稍短，名气也稍逊一筹。陆军建立西点军校后，海军也一直想拥有一所培养专业化海军人才的学校，却苦于一无经费、二无地皮，计划始终搁浅。直到1845年，时任美国海军部长的乔治·班克罗夫特趁国会休会、陆军部长离职在外，暂代美国陆军部长之机，以闪电般的速度把马里兰州安纳波利斯的塞文堡陆军兵营划归海军，接着命令所有的海军候补军官都从海上返回，在塞文堡接受训练。

同年10月10日，50名海军学员和7名教官来到了安纳波利斯。至此，美国海军才有了一所属于自己的军官学校——安纳波利斯海军学校。到19世纪末期之时，安纳波利斯海军学校成为了唯一一所能够和西点军校相提并论的军事院校。虽然它的规模和名气稍逊，但在挑选学生方面却一样严格。

安纳波利斯海军学校

  遗憾的是，由于美国海军在19世纪中期之后曾被忽略长达20余年之久，海军学校的发展也受到了影响。到1878年之时，美国海军的实力仅排在世界第十二位，甚至比中国清王朝的水师还弱。在这种情况下，海军这个军种对年轻人的吸引力自然无法和陆军相提并论。

  19世纪最后20年，美国海军军官中的有识之士开始大声呼吁，希望能够提高社会和政府对海军的重视程度。一些目光远大的国会议员也意识到了问题的严重性。得克萨斯州的民主党参议员塞缪尔·马克西就曾在议会上明确指出："世界上任何一个一等强国，都必须有强大的海军作为后盾。"

  1890年，时年50岁的美国海军中尉阿尔弗雷德·塞耶·马汉正式确立了他的海权理论。这对美国海军，乃至全世界海军的发展都是一个不能不提的里程碑事件。

  马汉于1840年9月27日出生在西点军校的教授楼里。他的父亲老马汉是西点军校历史上最年轻的教授和校长之一。但马汉并没有追随父亲的足迹，成为一名陆军军官。1854年，14岁的马汉考入哥伦比亚学院。两年后，他转入安纳波利斯海军学校三年级就读。1859年，马汉以第二名的优异成绩从海军学校毕业并进入海军服役，曾任炮舰舰长。

1885年，马汉开始担任海军学校教授，讲授海军史及海军战略。也就是从这个时候开始，马汉开始研究他的海权论。马汉认为制海权对一国力量最为重要。海洋的主要航线能带来大量商业利益，因此必须有强大的舰队确保制海权，以及足够的商船与港口来利用这一利益。马汉也强调海洋军事安全的价值，认为海洋可保护国家免于在本土交战，所以海军对战争的影响比陆军更大。

马汉主张美国应建立强大的远洋舰队，控制加勒比海、中美洲地峡附近的水域，再进一步控制其他海洋，从而与西欧的英、法等老牌资本主义国家共同利用东南亚与中国的海洋利益。简单地说，马汉海权论的核心论点是：海洋对于帝国的兴衰至关重要，谁控制了海洋，谁就将拥有整个世界。

马汉的海权论一经确立，立即传遍全球，对各国政府的政策影响甚大。美国在这方面则近水楼台先得月，率先扩展海军。1893年，时任美国总统克利夫兰和他的海军部大力支持海军的发展，使美国海军的实力得到了很大的提高。

到19世纪末之时，美国海军的人数和装备均有了质的提升。也是从这个时候开始，美国开始将传统的沿海防御战略转为主动扩充的态势。1898年2月，美西战争爆发。在战斗中，美国海军凭借先进的装备和灵活的战术，一举击溃西班牙海军，从而夺得了古巴、波多黎各、菲律宾、关岛等殖民地。

美西战争的胜利大大提高了海军的威望。1900年，曾在美西战争期间担任助理海军部长的西奥多·罗斯福当选为副总统。此后，美国海军迎来了一个发展的黄金时期。他促使国会通过了一项法案，每年至少建造一艘战列舰。同时，安纳波利斯海军学校也得到了资金和政策上的支持，发展迅速。

尼米兹决定报考海军学校之时，正值海军和安纳波利斯海军学校复兴的大好时机。不过，此时安纳波利斯海军学校对学生的挑选也严格了许多。想要进入学院，不但要经过严格的考试，还得有总统或国会议员的推荐。入学之后，学员必须接受各种残酷的训练，成绩不达标者直接淘汰。

当然，如果能够坚持到最后，前途也是一片光明。

1900年最后几个月和1901年春，尼米兹每天凌晨3点就从床上爬起来，先看两个半小时的书，然后开始处理旅店里的杂活。等到一切都忙完了，也该去上学了。没时间吃早餐，他就拿块面包，一边走一边吃。

那几个月里，他那大学毕业的继父也找到了用武之地。他发挥自己的特长，帮助尼米兹补习几何。城里的其他人也都热心地来帮助尼米兹。学校的教员来帮助他补习功课，比他小一些的年轻人则到旅馆帮他处理杂务。有时候，甚至连陌生的旅客都会亲自去烧壁炉，以便尼米兹能有更多的时间准备入学考试。

1901年4月，尼米兹参加圣安东尼奥的预选考试，成绩高居榜首。亨利爷爷欣喜若狂，专门在轮船旅馆为孙子举行了一次盛大的宴会。这时，他想起了尼米兹出生时，他说的那句祝酒辞："为美国海军未来的将军——我的孙子干杯。"

看着满面春风的孙子，亨利爷爷再次端起酒杯，向来自四面八方的亲朋好友说："来吧，让我们为美国海军未来的将军——我的孙子干杯！"

众人举起酒杯，齐呼道："为美国海军未来的将军干杯！"

母亲安娜也开心地忙前忙后，似乎她的儿子已经是一名将军了。尼米兹也很开心，因为他从亨利爷爷和安娜的脸上看到了由衷的笑容。

7月，尼米兹告别家人，跟着国会议员詹姆斯·斯赖顿去安纳波利斯，参加入学考试。这是尼米兹有生以来的第一次远行。旅途中，他像一只第一次飞出鸟笼的小鸟一样，对一切都充满了好奇。当火车中途停在华盛顿时，他由衷地感叹道："这就是我们伟大的首都，美利坚的心脏！"

詹姆斯·斯赖顿笑而不语，他坚定不移地相信，面前这个聪明伶俐的小伙子将来一定会成为海军的中坚力量。想到这里，他欣慰极了，因为他做了一个英明的决定，把有限的名额给了这个出身不高的小伙子。

抵达安纳波利斯之后，詹姆斯·斯赖顿将尼米兹安顿在沃思茨预科学校，参加考前突击培训。一个月后，尼米兹参加了全国性的入学考试。他再战告捷，顺利通过考试，拿到了入学通知书。

二

结识"公牛"哈尔西

1901年9月7日,切斯特·威廉·尼米兹正式成为安纳波利斯海军学校第五十六期学员。该期学员共131名,是安纳波利斯海军学校建校以来人数最多的一个班。由于新的宿舍还在建造之中,大部分新学员都必须住在临时宿舍里。临时宿舍的环境比较恶劣,夏天热得像火炉,冬天冷得像冰窖。

不过,这对已经习惯了艰苦生活的尼米兹来说并不是什么障碍。他依然保持着过去的学习习惯。每天凌晨时分,他就起床了。等到起床号吹响之时,他已经看了好几个小时的书了。在他的带动下,他的舍友艾伯特·丘奇学习也十分努力。到第一学期末的时候,两人的成绩不分伯仲,都名列前茅。

这时,班里的一些同学就提出,将尼米兹和丘奇分开,分别同学习较差的同学住在一起,帮助他人。热心助人的尼米兹爽快地答应了。他选择和来自肯塔基州的约翰·森普特住在一起。开始的时候,森普特对他很不友好,总是在他起床学习时嘀咕说:"嘿,嘿,小伙子,你影响到我休息了!"

尼米兹总是笑着回答说:"森普特,你知道,多学一些东西对我们来说总不会有坏处的。"

森普特揶揄他说:"总不能每个人都考第一吧!"

尼米兹说:"但总有人考第一,不是吗?"

森普特无言以对,不再理会尼米兹。

此后不久,尼米兹因为洗冷水澡患了肺炎,不得不卧床休息一个月。大家都在为他的功课而担心,森普特也不例外,因为他落下了太多的课程。

不过,对尼米兹这样富有主动学习精神、自学能力又强的学生来说,课堂并没有想象中那么重要。他完全可以依靠自己的计划来领会学习内容,几乎不需要老师的讲解。

有一次，数学教员出了一道很难的演算题，让大家计算结果。很多学生都被难住了。教员便让几个平日里学习比较用功的学生到黑板前给大家做示范。尼米兹自然也在其中。只见他走到黑板前，拿起粉笔，举重若轻地写出了演算过程和结果。

大家都惊呆了！他不是缺课一个月吗？怎么还这么厉害！教员也大吃一惊，因为尼米兹用的方法连他也没有见过。

教员问："尼米兹，这个方法你是从哪里学来的？"

尼米兹回答说："我从一本书上看到的。"

教员立即夸奖他说："很好，很好！"

下课后，森普特找到尼米兹，对他说："你知道吗？刚才我担心极了，以为你要挂了！没想到你这么厉害！那个方法你真是从书上看来的吗？"

尼米兹笑着回答说："当然！我就是趁你在被窝里做梦的时候，从书上看来的。"

森普特被打动了。从此之后，尼米兹起床读书的时候，他也跟着起来了。渐渐地，他也养成了早晨读书的好习惯。学年末，尼米兹的成绩再次名列前茅，而森普特也取得了不错的成绩。

在此后的几年中，每个和尼米兹住在一间宿舍的同学成绩都会在短时间内有很大的提高。这也使得尼米兹成了班上最受欢迎的学员之一。

对尼米兹在海军学院所取得的成绩，亨利爷爷感到非常自豪和满足。1902年2月19日，在尼米兹17岁生日的前一个星期，亨利爷爷给孙子写了一封短信。信上说："下星期一你就满17岁了，我写信祝你身体健康，祝你在学习三角和西班牙语等新课程中取得进步。但愿你在学习中不致发生困难，像过去学习其他学科那样取得好成绩。你的成绩单收到了。我和你父亲以及查尔斯叔叔对你的学习成绩都很满意……任何人都不能再有更高的期望了……希望冬天最冷的日子已经过去，你能到户外锻炼去了……"

尼米兹不但在学习上十分努力，还积极参加各种体育活动。和西点军校一样，安纳波利斯海军学校也有侮辱新生的传统。高年级学生千方百计地戏弄新生，让新生们将蚁冢里的蚂蚁一只只弄出来，背诵无聊的故事和诗篇，长时间伸臂平举体操棒，双腿在桌下伸直坐着进餐……新生不准反抗，一旦反抗或者闹出乱子，就会成为学员生涯中的污点，被人嘲笑。

当然，什么好事都是高年级学员的，新生只能等待时间把自己变成高年级学员。每年最火爆的橄榄球联赛季节完全是高年级学员的表演舞台。

虽然尼米兹的身体状况不是太好,但他很喜欢橄榄球运动。进入安纳波利斯海军学校的第一个赛季,尼米兹一有空闲就跑到球场边上凑热闹。那些高年级的学员指使他干这干那,一刻不让他休息。对这一切,尼米兹都泰然处之,非常听话地服从高年级学员的指挥。

时间一长,大家自感没趣,也就不折磨他了。直到这时,尼米兹才发现,自己的性格发生了很大的变化。回想起少年时代的"狮子头"事件,再看看眼前的场景,他深切地体会到自己长大了,已经从一个小男孩变成了真正的男子汉!

第二年的校园橄榄球赛季,尼米兹终于如愿以偿地踏上了赛场。在赛场上,他认识了比他高一年级的比尔·哈尔西。哈尔西比尼米兹大3岁,出身于新泽西州的一个海军世家。这对他选择海军生涯不无影响。但遗憾的是,哈尔西中学毕业时并没有获得安纳波利斯海军学校的入学资格,只得考入弗吉尼亚大学攻读医学。

直到1900年,他才从时任总统麦金莱处获得推荐,直接进入海军学校学习。据说,这一切都是他母亲在幕后运作的结果。在校期间,哈尔西学习成绩平平,但却酷爱橄榄球运动。由于他身材魁梧,性格火暴,一上赛场就像一头发疯的公牛一样,横冲直撞,便获得了一个"公牛"的绰号。

一次偶然的机会,尼米兹结识了哈尔西,并和他成了好朋友。哈尔西的父亲威廉·弗雷德里克·哈尔西海军中校是船艺系主任,他有一艘"切萨皮克号"帆船。每逢周末,哈尔西便邀请尼米兹等几名好友,乘坐父亲的帆船到海上训练。

有一次,哈尔西和尼米兹等人驾驶着"切萨皮克号"顺切萨皮克湾而下,穿过弗吉尼亚角进入大西洋,然后又折回缅因州的哈伯湾,经历了一次独特的海上旅行。旅途中,尼米兹想起了亨利爷爷年轻时在海上的经历。现在,他也到了海上。这是不是上帝在冥冥之中早就安排好了的呢?

从此之后,尼米兹爱上了海上旅行。在毕业前,他曾利用假期乘坐老战列舰"马萨诸塞号"、"印第安娜号"和一艘驱逐舰出海航行。在乘驱逐舰旅行时,发生了一个小小的意外。有一次,他不小心把海水灌进了耳朵,导致耳朵出现了脓肿。但当时舰上并没有医生,舰长便用一个没有消毒的喷油器将硼酸注入他发炎的耳朵里。结果,耳朵里的炎症虽然消失了,但他的听力也受到了不小的影响。后来,为了弥补听力上的缺陷,尼米兹便会在和别人交流时仔细观察对方的口形变化,猜测对方话中的意思。

三
裁缝店里的"啤酒事件"

尼米兹成绩优秀，性格开朗，热心助人，但他从来都不是一个没有个性的"老好人"。和大部分青年学生一样，尼米兹也喜欢搞一些无伤大雅的恶作剧。从某种意义上来讲，这种无伤大雅的恶作剧也是一个男子汉成长的必经过程。

有一次，哈尔西突然找到尼米兹，请他帮忙。尼米兹问："我的'公牛'，出了什么事？"

哈尔西为难地说："我们穿制服打球的时候被海泽上尉发现了。你知道，这是违反规定的。海泽已经给违纪的4个人记了过。我已经有3次记录啦！再有一次的话，以后的星期天就只能被封闭在球场训练了。怎么办呢？我可不打算在星期天练球。"

尼米兹沉思了半晌，回答说："海泽上尉向来严谨，不大可能会通融的。"

哈尔西着急地说："那怎么办？"

尼米兹想了一会，贴在哈尔西耳边小声说了几句话。哈尔西惊讶地反问道："这，能行吗？"

尼米兹双手一摊，无奈地说："只好一试了。否则，还有什么办法？"

每周星期三，海泽上尉都会出去购物。通常他回来的时候，双手都会拎几个沉重的旅行包。那里面装着他一周的食物和各种日常用品。从校门口到教员的单身宿舍要经过5个路口。

这天，海泽上尉购物回来，手里果然拎满了旅行包，看上去有些手忙脚乱。他走到第一个路口的时候，突然有一名学员快步上前，双脚一并，举起右手，向他行了一个军礼。按照规定，士兵向军官敬礼，军官必须还礼。

海泽只得放下手中的旅行包，双脚一并，举起右手，还了一礼。学员离开后，他又弯下腰，把散落在地上的旅行包重新归置好，拎起来向前走。

没走多远，来到第二个路口，又有一名学员跑过来向他敬礼。海泽上尉无奈地放下包裹，还了一礼。就这样，他在第三、第四个路口又遇到了同样的事情。到第五个路口的时候，海泽上尉有些受不了了，对着向他敬礼的学员大声吼道："稍息！"

当晚，尼米兹笑嘻嘻地对哈尔西说："你猜海泽上尉现在在想什么？"

哈尔西大笑道："他肯定在想，去他妈的规定！"

第二周的星期三，海泽购物回来，学员们又如法炮制，向他敬礼。海泽上尉知道众人是故意的，咆哮道："你们要干吗？我要上报校方，开除你们这帮小坏蛋！"

尼米兹策划的闹剧结束了，哈尔西等人穿制服打球的事情也不了了之了。哈尔西笑着对尼米兹说："谢谢你，切斯特。我就知道，你的高招会奏效的。"

尼米兹大笑道："我只是想让海泽上尉明白，有时候，规定最好去见鬼！我想，他现在总算明白了！"

1904年，哈尔西从海军学校毕业了，被分往"堪萨斯号"战列舰上服役。尼米兹依依不舍地为好友送别，同时期待他在未来的日子里取得辉煌的成绩。此后，他们两人一直保持着密切的联系，并在第二次世界大战期间成为了最佳拍档。

无论是海军学校，还是西点军校，都不允许学员在校内喝酒。俗话说"上有政策，下有对策"，无论多么严格的规定，总会有违反。有时候，学员们会爬上建筑工地正在建造的大楼顶上，利用周围遮拦网把自己隐藏起来，举行啤酒宴会。尼米兹也是这种聚会的常客之一。

校园里没有卖啤酒的地方，必须到校外去买。每次，众人都会采用抽签这种原始而又公平的办法决定由谁去买啤酒。

1904年9月，尼米兹和他的同学们顺利升入了四年级，成了高年级学员。由于在过去的3年中表现突出，尼米兹被任命为第八连连长。此时，号称世界上最高最大的学生宿舍班克罗夫特大楼的一个侧楼已经竣工，正式交付校方使用。尼米兹和他的同学住进了新楼。众人纷纷提议到顶楼上举行一次啤酒宴会。尼米兹同意了。

按照规定，四年级的学员应身着袖上三条杠、领上三颗星的新制服。而当时，学员的制服并不是由学院统一配发的，需要学生自己到裁缝店定制。新学期刚刚开始，附近的裁缝店人手有限，没办法一下子赶制出这么多制服。为了方便学员们督促裁缝店制作制服，学院特别允许四年级的学生自由出入校门。

这是一种特权，而尼米兹等人便充分利用了这个特权。抽签的时候，尼米兹抽中带有特殊标记的纸条。众人笑眯眯地看着他，打趣道："连长先生，劳烦你走一趟吧！"

尼米兹耸了耸肩，双手一摊，无奈外加无所谓地说："这是鄙人的荣幸！"

他穿着新制服，提着空旅行箱，装作一副若无其事的样子走出了校门。卫兵见他是四年级的学生，便没有阻拦他。尼米兹在沾沾自喜的同时，也有些害怕，他担心卫兵要他解释手中的旅行箱是怎么回事。

穿过几条马路，尼米兹来到一家裁缝店。裁缝店的小老板迎上来说："有什么能够帮助你的，先生？"

尼米兹警惕地望了望四周，并没有熟悉的人，只有一个身材高大、相貌英俊的陌生中年男子站在柜台边上。他放了心，对老板做了一个喝啤酒的手势，说："冰的，一打。"

小老板笑着从他手中接过旅行箱，向后院走去。原来，这家裁缝店兼售啤酒，但又不好公开发售，便把啤酒都藏在了后院。

过了几分钟，小老板提着旅行箱出来了。尼米兹笑着递给他几张纸币，连声道谢。

尼米兹走后，一直站在柜台边上的中年男子微笑着对小老板说："这家伙比我们那时候聪明得多！"

尼米兹返回的时候更加害怕了，但还是硬着头皮向校门走去。卫兵奇怪地看着他和他手中的旅行箱。尼米兹几乎不敢看卫兵的眼睛。幸运的是，他并没有受到盘查，很顺利地走了进去。

尼米兹回到宿舍，众人迎了上来，一把抢过他手中的旅行箱，高呼道："连长先生，我们爱你！"

那天，尼米兹的同学们度过了一个愉快的晚上。但尼米兹却显得有些闷闷不乐，因为他突然发觉站在裁缝店柜台边上的那个中年男子看上去像

海上骑士 尼米兹 *haishangqishi* *nimizi*

一个军人。

第二天上午，尼米兹带着他的连队去领航课。一走进教室，他就惊呆了。昨天站在裁缝店里的那个中年男子赫然坐在教员的位置上。他悄悄低下了头，坐到了自己的位子上。这时，那名中年男子自我介绍说："学员们，大家好，我是你们的领航课教员利瓦伊·卡尔文·贝托利特海军少校。我们是校友，我是1887届的毕业生。不久前，我才接到调令。这是我的第一堂课，请大家多多关照！"

听到贝托利特少校的自我介绍，尼米兹几乎绝望了。他都干了些什么事情嘛！昨天在裁缝店里买啤酒的时候，他还故作潇洒地摆了一个手势，现在看来真是太傻了！如果少校向校方告发的话，他很可能会受到严厉的处罚。

整整一节课，尼米兹都惶恐不安，唯恐少校下课后找他谈话。下课后，他故意在门口等了一会。贝托利特少校离开的时候，朝他微微一笑，说道："连长先生，还不走吗？"

尼米兹连忙回答说："这就走。"

这下，尼米兹更加迷惑了。这是怎么了？难道贝托利特少校已经忘了自己吗？不，不可能。但他为什么不找自己谈话呢？难道他要直接向校方告发？一连好几天，这些疑问就像一根根针一样，不停地刺着尼米兹的心。

好几个星期过去了，尼米兹一直没有听说校方要处罚自己的消息，这才放了心。直到几年之后，尼米兹才明白，贝托利特少校并没有忘记自己，只是想给自己一个改过的机会罢了！他说："这次违反规定的行为给我上了一课。少校使我明白了在海军学校剩下的日子里应该如何对待连队里的学员。它也使我懂得了宽容和谅解的作用。对待初次违反规定的人，我们都应该采取宽容的态度，期待他们自己的觉醒，这是一种尊重，也是一种信任。因为几年后，他们很有可能会成为优秀的指挥官。"

后来，尼米兹把这件事情写信告诉了亨利爷爷。亨利爷爷宽慰他说："孩子终归是孩子，我希望那是德国啤酒。"

四

到"俄亥俄"战列舰实习

1905年1月30日，尼米兹和他的同学们光荣地毕业了。那天，他们穿着崭新的海军军官制服，一个个神采奕奕，精神勃发，怀着无比美好的梦想离开了安纳波利斯海军学校。

入学的时候，全班有131名学员，顺利毕业的只有114名。在所有获得毕业证的学员中，尼米兹的毕业成绩名列第七。这是个不算特别好，但绝对是一个能让人终身骄傲的成绩。在这一届学员中，后来有16人获得海军少将以上的军衔，真可谓将星云集，其中包括罗亚尔·伊·英格索尔（第二次世界大战时期的大西洋舰队总司令）。

按照规定，海军学校的学员毕业后必须到部队实习2~3年，成绩合格方能授予相应的军衔（一般为少尉）。尼米兹被分往了"俄亥俄号"战列舰实习，身份是少尉候补生。到部队报到之前，尼米兹匆匆返回故乡，去看望年迈的亨利爷爷和饱经风霜的母亲。

故乡的景物依然熟悉，亨利爷爷的轮船旅馆依然散发着岁月的气息，弗雷德里克斯堡和克维尔还像他离开时那么亲切。唯一不同的是，这里的人都老了。亨利爷爷已经须发全白，身体也变得佝偻了。人到中年的安娜也微微有些发福了，但性情还是那么开朗。

当他们看到尼米兹穿着崭新的海军军官制服归来时，个个都无法抑制内心的激动。亨利爷爷抱了抱尼米兹的肩膀，这是一个男人和男人的拥抱，纯粹而又温情。母亲则站在一旁，乐呵呵地看着儿子。尼米兹抽空和全家照了一张相，然后又去看望了儿时的玩伴。

几天后，尼米兹告别家人，和同班同学布鲁斯·卡纳加一起从圣安东尼奥出发，乘火车去了西海岸的旧金山。"俄亥俄号"战列舰就停在那里等着他们去报到。

"俄亥俄号"战列舰是一艘新造舰艇，是当时世界上比较先进的战舰。舰艇排水量1.2万吨，载有4门300毫米和16门150毫米口径的火炮，最大航速17节。

舰上的军官大都毕业于海军学校。舰长莱维特·洛根海军上校是1867年的毕业生。他很照顾尼米兹和卡纳加。而尼米兹的突出表现也让上校另眼相看。很快，他就被任命为船艇官和舰面助理等职务。洛根上校对他的评价也很高，说他是"一个优秀的军官"。

尼米兹登上"俄亥俄号"战舰之时，对东亚局势影响甚大的日俄战争已经接近尾声。日本战胜沙俄已成定局。

明治维新之前，日本处于德川幕府的统治下，政治腐败，经济凋敝，与同时期的清王朝一样，都面临着沦为半殖民地半封建社会的危险。1842年，英国殖民者以坚船利炮打开了中国的大门，把这个古老的东方古国带进了半封建半殖民地的深渊。11年后，美国海军准将马休·佩里率领舰队进入江户（今东京），把美国总统米勒德·菲尔莫尔写给日本天皇的信交给了德川幕府，并以武力相威胁，强迫日本与美国签订了《日美亲善条约》（又称《神奈川条约》）。史学界将此事件称为"黑船事件"或"黑船开国"。

在面临着沦为西方列强殖民地的危境下，日本的有识之士通过倒幕运动、明治维新等一系列自上而下的改革，向西方学习，迅速摆脱落后挨打的局面，实现了"脱亚入欧"的战略目标。一般认为，日本的明治维新具有资产阶级革命的性质，是日本由弱而强的转折点。然而，这场自上而下的资产阶级革命极不彻底，保留了大量的封建残余，如天皇具有至高无上的权力。这一切都为日本日后走上军国主义道路埋下了隐患。

刚刚摆脱沦为殖民地之危机的日本迅速将侵略的矛头对准了中国和朝鲜。此即所谓的"大力充实军备，耀国威于海外"的方针，这就是日后"大陆政策"的雏形。为了实现这一战略目标，日本政府接连多年以国家财政收入的60%以上用于发展海军、陆军，扩充军备。从1893年开始，明治天皇还每年从自己的宫廷经费中拨出30万元，再从文武百官的薪金中抽出10%，补充造船经费。

在这种背景下，日本的海军实力迅速提升。日本朝野见挑起战争的时机已经成熟，便趁着中、日两国出兵干预朝鲜东学党起义事件，袭击北洋水师。1894年7月，日军不宣而战，在朝鲜丰岛海面袭击了北洋水师的"济远号"、"广乙号"。同时，日本联合舰队第一游击队"浪速号"又悍然击沉了清政府借来运兵的英国商船"高升号"，制造了"高升号"事件。至此，甲午战争全面爆发了。

这场惨烈的大战持续了数月之久，最后以北洋水师全军覆没和清军陆军严重受挫而结束。1895年4月17日，中日代表在马关签订了《马关条约》。条约规定：中国承认朝鲜独立自主，废绝中朝宗藩关系（日本此举乃是为日后吞并朝鲜做准备）；中国割让辽东半岛、台湾及其附属岛屿及澎湖列岛给日本；赔偿日本军费白银两亿两；开放重庆、沙市、苏州、杭州为商埠；日本可以在中国通商口岸设立工厂；日本在中国享受片面最惠国待遇。

《马关条约》是外国侵略者强加在中国身上最恶毒、最不平等的条约之一，它使日本得到了巨大的利益，同时也适应了各帝国主义国家向中国输出资本的愿望。条约签订后，由于俄、法、德等国的干涉，日本将辽东半岛退还给了中国，但中国也付给日本"酬报"白银3000万两。

日本得到了巨额赔款和台湾等战略要地，极大地促进了本国资本主义的发展，同时也助长了日本军国主义日后对东亚地区的侵略和扩张。

甲午战争结束后，在侵略战争中尝到甜头的日本政府在军国主义道路上越走越远。《马关条约》刚刚签订，陆军大臣山县有朋大将就在有关扩张军备的建议书中进一步提出了"扩大利益线"的主张，他说："为了使这次战争（甲午中日战争）的效果不至落空，进而成为东洋的盟主，就非谋求扩大利益线不可。"

同年9月，日军参谋本部提出了扩张军备的"十年计划"。按照这项计划，日本要在现有的7个师团兵力的基础上再增加7个师团，使常备军达到15万，战时的兵力达到60万。同时还要迅速扩充炮兵和骑兵以胜任近代化的战争。海军则以击败俄国与法国可能联合派到东方的舰队为目标。为此，日海军加紧配备世界先进水平的大型舰队，即所谓由6艘战列舰和6艘巡洋舰组成的"六六"舰队，以便"掌握东洋的制海权"。

为此，明治政府动员国内报刊，极力向日本人民宣传，即使"节约三餐为两餐，也要扩张海军"。在日本天皇制政治体制日趋完备和不断发动对外侵略战争的过程中，日本社会思潮越来越趋向于民族主义和军国主义。

五

赴日考察日本海军的发展

　　甲午战争之后，日、俄两国在东北亚地区的矛盾日益尖锐。从19世纪末开始，沙俄就不断通过军事压迫手段向外扩张。1896年，沙俄诱逼清政府接受《中俄密约》，随即攫取了修筑中东铁路及其支线等特权。1897年底，俄国舰队擅自闯进旅顺口；翌年3月，沙皇政府以军事压力为后盾，强行向中国政府"租借"旅顺、大连及其附近海域，霸占整个辽东半岛，从而在东亚取得了梦寐以求的不冻港。

　　沙俄的举动无异损害了日本在中国东北的利益！不过，当时的日本尚无法与庞大的俄罗斯帝国一争高下，只能忍气吞声，默默等待机会。明治天皇就曾在"三国干涉还辽"后不久明确地表示："为期不远，一定会从朝鲜或其他地方有再战的时机到来。"

　　精通中国文化的日本人开始效仿中国古代越王勾践的故事，提出了"卧薪尝胆"的口号，要国民勒紧腰带节衣缩食，为10年后再战作准备。于是乎整个日本国内到处都充斥着加强军备、准备再战的空气，军国主义思潮大泛滥。军人自然而然成了最受青年人青睐的职业！

　　1900年，沙俄以镇压东北义和团运动为名，以国防部长兼陆军大臣库罗帕特金为总参谋长，征调13.5万余官兵，编成四个军，大举入侵中国东北，迅速占领奉天（今沈阳）、锦州、铁岭，控制了中国东北所有的战略要地。

　　很明显，沙俄侵占了中国东北，继而插手朝鲜事务，严重威胁了日本"大陆政策"的实施。此时，日本发动对俄战争的准备已经基本完成。两国之间的大战已经无法避免。剩下的问题就是在什么时间、以何种方式发动这场罪恶的战争了。

　　1904年2月6日，日本政府利用沙俄战争准备不足和英国在背后支持的有利条件，正式与沙俄断交，两天后的深夜不宣而战。对交战双方而言，日俄战争都是非正义的，完全是一场帝国主义争夺战。具有讽刺意味的是，这场战争的主战场竟然位于中国东北。腐朽透顶的清政府竟置国家主权和人民生命财产于不顾，宣布"局外中立"，划辽河以东地区为日俄两军"交战区"，并严令地方军政长官对人民群众"加意严防""切实弹压"。

战争爆发前，日本已经实现了所谓的"六六舰队"目标，即以6艘战列舰和6艘装甲巡洋舰为主力的舰队，在太平洋地区建立起了足以与俄国太平洋舰队相抗衡的实力。日本联合舰队司令东乡平八郎上将凭借强劲的军事实力，充分的战争准备和得力的指挥，迅速歼灭了俄国的太平洋舰队，连俄国海军中将、太平洋舰队司令马卡洛夫都葬身鱼腹了。日本人牢牢控制了黄海的制海权。美国海军军官马汉的海权理论在东亚地区再一次获得了印证！

为了挽回局势，沙俄将波罗的海舰队改称第二太平洋舰队，增援东亚战场，与日军决一死战。1905年5月20日，东乡平八郎在对马海峡设伏，以逸待劳，迅速击溃俄国第二太平洋舰队。经过1.8万海里（1海里=1.852公里），从波罗的海远赴亚洲的第二太平洋舰队几乎全军覆没。舰队共38艘军舰，其中19艘被击沉，5艘被俘，11艘逃往中国后被解除武装，只有巡洋舰、驱逐舰、运输舰各一艘逃到了海参崴。舰队司令罗日杰斯特文斯

签订《朴茨茅斯和约》的日俄双方代表

基以及6000人被俘，4000人葬身海底。而日本联合舰队在本次战役中只损失了3艘鱼雷艇，伤亡也比俄国人小得多。

对马海战是日俄战争中的决定性战役。此战结束后，日俄战争也随之以俄国的惨败而结束了。1905年6月9日，美国向日俄两国政府提议媾和。在美国的斡旋下，经过双方一番激烈的讨价还价，最后签订了《朴茨茅斯和约》。

和约规定：俄国承认日本对朝鲜"政治军事经济上均享有卓绝的利益，如指导、保护、监理"的权利，凡是日本认为必要的措置，俄国均"不得阻碍干涉"（此时的朝鲜已经事实上沦为了日本的殖民地）；"俄国政府以中国政府之允"，将俄国从中国攫取的旅大租借地及其附属的一切权益、公产均转让给日本；俄国政府将从长春至旅顺段的中东铁路支线及其所属的一切权利、财产，包括煤矿，均移让给日本。日、俄两国可在各自霸占的铁路沿线每公里驻护路兵15名；俄国取消在东北的一切有违机会均等主义的权益；俄国将北纬50度以南的库页岛及其附近一切岛屿并该处一切公共营造物及财产之主权，永远让予日本。

这场罪恶的帝国主义争夺战为日后日本完全侵占朝鲜和中国东北铺平了道路。时任美国总统西奥多·罗斯福曾说："日本取得了令人惊异的胜利，获得了显著的成果。日本获得了满洲及韩国的驾驭权，得到了旅大和库页岛南部，又因为击败俄国的海军而自然地拥有强大的海军力量，在太平洋内除英国之外，造成了任何国家也难以匹敌的优势。"

日俄战争的胜利让日本政府尝到了甜头，同时也看到了海军在现代战争中的巨大作用。此战结束后，日本海军的发展又跃上了一个新台阶，开始向拥有"八八舰队"的大海军发展。初提这一计划时，日本海军打算建成由8艘战列舰和8艘装甲巡洋舰组成的舰队，后来曾多次更改，但目的未变，均是为了提高海军实力，与敌对决。

日本海军的扩张让美国人十分不快。两个毗邻太平洋、同时又都实行向外扩充政策的大国自然不能和平相处。更何况，日本的"大陆政策"必然会威胁到菲律宾、关岛等地的安全和美国在中国的利益。日俄战争前后，两个国家虽然表面上还保持着亲密的关系，但实际上都已暗暗将对方视为竞争对手了。

尼米兹在海军学校读书时就曾专门研究过对付日美关系，并将日本联合舰队作为潜在对手，和其在太平洋上"打了一仗"。美国海军进行军事演习的时候也经常以联合舰队为假想敌。

中国的《孙子兵法》有云："知己知彼，百战不殆。"与中国文化一脉相承的日本对这句话自然非常熟悉。他们一直渴望了解美国，尤其是其海军的发展。美国人也渴望了解日本海陆军的发展情况，以及他们在日俄战争中的战略、战术的运用。

战争期间，美国陆军曾派出亚瑟·麦克阿瑟少将等人为成员的战时观察员远赴中国东北和日本考察。值得一提的是，后来在第二次世界大战期间叱咤西南太平洋，并和尼米兹产生过诸多纠葛的道格拉斯·麦克阿瑟将军（亚瑟·麦克阿瑟少将的儿子，时为中尉）也在他父亲的帮助下以麦克阿瑟少将助手的身份游历了东亚各国。

日俄战争结束不久，美国海军也派出了以"俄亥俄号"为旗舰的亚洲舰队驶往日本，考察日本海军的发展情况。尼米兹有幸成为这次考察的成员之一。

"俄亥俄号"抵达东京湾的时候，整个日本都沉浸在胜利的喜悦之中。日本天皇特意在御宫花园为东乡平八郎等将领设宴，欢庆胜利。出于礼貌，日方向泊于东京湾的"俄亥俄号"战列舰的美国客人发出了邀请。

舰上的大多数军官对日本人表演不感兴趣，但又不能不派出代表参加。否则的话，日本人肯定会以他们看不起日本为由，挑起事端。于是，舰长便委派了6名年轻人前去赴宴，其中包括尼米兹。

当时，东京已经成为一个繁华的大都市，车水马龙，交通拥挤。尼米兹等人赶到的时候，宴会已经开始了。皇宫花园里摆满了桌子，达两三百张之多，几千名日本海陆军官兵全都静悄悄地坐在桌子旁，显得十分恭敬。

日本人把尼米兹等人安排在靠近出口的一张桌子旁坐了下来。这些年轻的军官第一次来到东方，完全被眼前肃穆的景象惊呆了。他们不明白，本该热闹非凡的宴会为什么会如此安静。直到了解了日本之后，他们才知道，这是日本官兵对天皇表达敬畏的方式之一。

宴会快结束的时候，日本海军的英雄东乡平八郎等人准备离席退场。他一边和官兵们打招呼，一边走向门口。这时，尼米兹突发奇想，要邀请这位炙手可热的当红人物喝一杯。

其他人纷纷赞同，并推举尼米兹上前邀请。尼米兹鼓足勇气，站起来，走向东乡平八郎，说道："将军阁下，很冒昧地邀请你赏光，敬你一杯。"

　　东乡平八郎很愉快地接受了尼米兹的邀请。他走到桌前,和几名年轻的美国军官一一握手,喝了一小口香槟。然后,他用流利的英语和众人聊了几句。尼米兹等人对这位战功显赫却又平易近人的上将充满了敬意。

第三章
耐心地等待时机

一

出任"迪凯特号"战列舰舰长

宴会结束后不久,"俄亥俄号"战列舰奉命开回本国港口。尼米兹和卡纳加等人则被留在了亚洲,转到停靠在马尼拉湾的"巴尔的摩号"巡洋舰上服役。在很长一段时间里,尼米兹都对皇宫花园的宴会念念不忘。日本人给他留下的印象实在太深刻了。

尼米兹日后的对手山本五十六也参加了这次宴会。只不过由于人数众多,而山本五十六和尼米兹一样,只是一个默默无闻的少尉候补生,两人未能见面。

山本五十六原姓高野,后过继给长冈藩原藩主山本带刀为孙,改姓山本。他出身于长冈的一个旧武士之家,自幼深受军国主义思想的熏陶。后考入江田岛海军兵学校,在校期间,成绩优异,曾担任第九分队队长等职务。他的指挥风格沉着、冷静、顽强,屡立战功,深受高级指挥官的器重。他的同学也给他取了一个绰号叫"顽强的五十六"。

同时,他还染上了赌博的恶习。一般认为,山本五十六爱上赌博,与他争强好胜的性格有很大的关系。山本酷爱日本的将棋,经常找人搏杀。他

山本五十六

的性格阴沉，眼疾手快，头脑清醒冷静、博闻强记，做事执着、果敢凶狠。一旦认定了目标，即使撞得头破血流，他也不会回头，完全是一种赌徒的性格。久而久之，山本便迷上了赌博，"好赌成癖，从不计较胜负。"

1904年11月，在日俄战争打得难分难解之际，山本五十六从海军兵学校毕业，直接开赴战场。在著名的对马海战中，山本五十六表现突出，虽然左手食指和中指被俄国人的炸弹炸飞了，但依然顽强抵抗，深受各级指挥官的器重。这为他在海军内的发展提供了必要的"资历"。这次宴会结束后不久，山本五十六便被正式授予海军少尉军衔。

尼米兹获得少尉军衔则是一年多之后的事情了。1906年12月，21岁的尼米兹参加了少尉军衔考试。在给亨利爷爷的信中，尼米兹高兴地说："过关应该没有问题，我正在努力争取自己指挥一艘舰只。现在，我已获得通知，'帕奈'号炮艇正式编入现役之后，我就要去当艇长了……"

"帕奈号"是一艘新式炮艇，1906年底被编入亚洲舰队服役，巡航区域在菲律宾群岛南部海域。1907年1月31日，尼米兹和他的同学卡纳加一起获得了少尉军衔。随后，尼米兹出任"帕奈号"炮艇艇长，卡纳加则被任命为"巴拉圭号"炮艇艇长。

两位年轻的少尉常常一起出海巡逻。在和平时期，这种巡逻是非常有意思的事情。他们在海上看着蓝天、白云，靠岸寻找那些富有东方特色的美食……菲律宾南部海域很大，有很多小岛，日子过得非常充实。

尼米兹还奉命兼管波洛克军港。军港位于棉兰老岛一个狭窄的港口里，那里驻有22名海军陆战队队员。这里没有季节之分，没有寒冬，也没有酷暑，气候温暖宜人。尽管基础设施比较匮乏，但尼米兹还是很喜欢这里。

港口的海面上栖息着很多野鸭。尼米兹在工作之余总喜欢带着三两个士兵，乘坐小艇到海上打猎。他的枪法很准，枪声一响，必有收获。一个士兵打趣说："少尉，这样下去，我想这里将来再也不会有野鸭了。"

尼米兹爽朗地笑了。

港口的夜很漫长，又没有什么娱乐。尼米兹就给他的士兵讲故事。那些故事大多来自亨利爷爷。他遗传了亨利爷爷讲故事的天赋，总能把一个看似平淡无奇的故事讲得娓娓动听。士兵们都很喜欢这些故事。后来，他的这些故事在美国海军中广为流传，几乎成了尼米兹的标志。

海上骑士·尼米兹

7月,美日发生了外交冲突,双方关系骤然紧张起来。为了威慑日本,西奥多·罗斯福总统下令将停泊在大西洋上的战列舰悉数调到西海岸,同时要求亚洲舰队做好战斗准备。尼米兹奉命将他的炮艇从棉兰老岛开往甲米地海军基地。

"帕奈号"刚刚抛锚,基地司令官尤·罗·哈里斯少将派来的通信兵早已在岸上等尼米兹了。尼米兹身穿白色的制服,精神抖擞地来到岸上。通信兵向他敬了一个军礼,报告说:"少尉,将军命你立即赶往司令部报到。"

尼米兹回了一礼,回答说:"我正要前去报到。"

通信兵笑着说:"战争是军人舞台,少尉表演的机会来了。"

尼米兹不明所以,一脸疑惑地跟着通信兵到了基地司令部。他走进司令官的办公室,双脚一并,举起右手,向哈里斯少将敬了一礼,报告说:"将军,'帕奈'号艇长切斯特·威廉·尼米兹少尉向您报到。"

哈里斯冷冷地盯着尼米兹,立即发布命令说:"现任命你为'迪凯特'号驱逐舰舰长,立即赴任。你的任务是设法让这艘尚未服役的驱逐舰尽快能够投入战斗!"

尼米兹一愣,完全没有想到将军会交给他一个如此重要的任务。通常情况下,绝对不会让一个年仅22岁的少尉担任驱逐舰舰长的。和尼米兹同时期的很多军官得到这个职位的时候都已经是上尉或少校了。

哈里斯见尼米兹有些犹疑,提高了嗓门,大声道:"少尉,还在等什么?难道没有听到我的命令吗?"

尼米兹这才回过神,回答说:"我立即回去准备一下。"

哈里斯少将不满地说:"不,不用准备。我马上派人把你送到'迪凯特'号。你必须在48小时之内把它弄到奥隆阿波干船坞,修缮待命,做好一切准备。"

几个小时后,尼米兹来到了"迪凯特号"上。这艘驱逐舰和"俄亥俄号"建于同一时期,是当时世界上最先进的战舰之一。遗憾的是,由于长期未投入使用,舰上的情况非常糟糕,没有粮食,没有淡水,许多零部件也出了问题……

尼米兹在舰上转了半天,才有一个菲律宾士兵走上前来,询问道:"先生有什么事?"

尼米兹看了看那名菲律宾士兵,回答说:"我是'迪凯特'号新任舰长,我命令你立即通知全体成员归队。"

几个小时候,官兵们陆续抵达,向尼米兹报到。尼米兹向众人说明了情况,立即设法把舰艇开到了奥隆阿波干船坞。

随后,他展开"外交"手腕,设法让后勤部门以最快的速度运来了大批装备和其他补给品。在短短的两天内,"凯迪特号"便检修完毕,并做好了一切战斗准备。

这时,日美关系也开始缓和。日本政府向美国表达了他们的和平愿望,并邀请美国舰队访问东京。西奥多·罗斯福总统立即成立了一支由16艘战列舰组成的"大白舰队"进行环球航行,向世界各国,尤其是日本展示美国海军的实力。

西奥多·罗斯福的国防部长威廉·霍华德·塔夫脱则作为和平使者开始出访东方国家。尼米兹奉命安排塔夫脱在菲律宾期间的航行和安保活动。塔夫脱身材高大,是当时难得一见的胖子。尼米兹亲自为他准备了一张特制的躺椅,还为他讲了很多从亨利爷爷那里听来的故事。

塔夫脱对尼米兹的表现很满意。据说,他当选总统后为体验"得克萨斯迷人的西部生活",还特意在那里买了一栋两层的小别墅。这表明,尼米兹这个党派倾向并不明显的年轻人不但善于和普通士兵打交道,还能"伺候"好那些高高在上的当权者。

二

平凡而甜蜜的恋爱与婚姻

时光荏苒,岁月如梭,转眼就到了1908年的夏天。东方的生活虽然充满异国情调,浪漫而又富有传奇色彩,但尼米兹无时无刻不思念自己的家人。就在这时,发生了一个小小的意外,让他满足了回国的愿望。

当年7月,尼米兹指挥"迪凯特号"返回马尼拉湾。当驱逐舰来到马尼拉湾南部的八打雁港口时,正值落潮时分。由于航行图没有标明此处有浅滩,谁也没有想到这次惬意的航行会出意外。

突然,驱逐舰一震,不动了。尼米兹大惊道:"不好,搁浅了!"

他急忙登上甲板,察看情况。但一切都晚了,巨大的舰身已经陷入泥沙,无法前进了。这时,太阳已经下山,天色渐渐晚了。尼米兹使尽了浑身解数,想把战舰弄出去,但均告失败。

深夜时分,尼米兹镇定了一些,命令全体成员回舱休息,等待救援。他知道,这次意外很可能使他面临军事法庭的审判,甚至会因此而断送在海军中的前程。但又有什么办法呢?既然发生了,一切就顺其自然吧!

第二天黎明,有一艘汽艇从八打雁港口路过。尼米兹立即发出求救信号,请求来人帮忙把"迪凯特号"拖出浅滩。事情进展很顺利,"迪凯特号"很快就恢复了正常的航行。

这时,考验尼米兹的时候到了。如果他命令全体成员当作什么事情都没有发生,就可以使自己免除军事法庭的审判。不过,这样做也要冒很大的风险。一旦事情败露,他受到的处罚可能会更加严重。当然,尼米兹也可以选择主动向基地司令部汇报,勇敢地面对审判。他选择了后者。

不久,尼米兹被传讯到"丹佛号"巡洋舰上出庭受审。临时法庭鉴于尼米兹能够主动承担责任,认错态度良好,而且是初犯,决定从轻处罚。另外,美国海军的航行图并没有标明八打雁地区有浅滩,也是这次事故的重要原因之一。最后,军事法庭宣判:由驻菲海军司令部以"疏于职守"

罪进行处罚，撤销尼米兹的舰长职务，同时予以当众警告处分。

年底，尼米兹和几位回乡探亲的同学一起乘坐"兰杰号"炮艇驶往美国西海岸，从波士顿辗转回到了得克萨斯。这时，亨利爷爷的健康状况已经非常糟糕，甚至已经无法起床了。尼米兹第一次如此深切地感受到了岁月的无情。他强忍着内心的痛苦，给亨利爷爷讲述了他在海上的经历。

亨利爷爷很欣慰，对他说："做得好，我的孩子。"

探亲结束后，尼米兹接到了新的任命，前往第一潜艇支队服役。当时，潜艇作为特殊攻击性武器的作用还没有显现出来，一切刚刚起步。美国海军似乎对它也不是很重视。相反，日本海军倒是在发展主力舰的同时，大力发展潜艇。

被从巡洋舰舰长的职位上拉下来，填到潜艇支队服役，尼米兹感觉自己被放逐了。但他很快振作起来，全身心地投入到了工作当中。在第一潜艇支队，尼米兹先后指挥过"潜水者号"、"甲鱼号"、"独角鲸号"等潜艇。他还对潜艇进行了改造，用新型柴油机取代了原先的汽油机，大大提高了潜艇的性能。

尼米兹在第一潜艇支队任职期间还迎来了他的爱情和婚姻。1909年11月，尼米兹越过中尉军衔，直接被擢升为上尉，任"独角鲸号"潜艇艇长兼第三潜艇分队队长。当时，"鲤鱼号"潜水艇正在建造之中。负责安装柴油机的是一家位于马塞诸州昆西地区的船舶公司。由于尼米兹是公认的柴油机专家，再加上他即将出任"鲤鱼号"潜艇艇长，监造任务自然而然落在了他的肩上。

于是，尼米兹便把"独角鲸号"潜艇开到了昆西。他在海军学校时的好友普伦蒂斯·巴西特海军上尉刚好在这里服役。两位老友不期而遇，分外高兴。

傍晚时分，巴西特邀请尼米兹前往他位于沃拉斯顿的家中共进晚餐。尼米兹愉快地答应了。巴西特的母亲很热情地招待了他。

晚饭过后，巴西特对尼米兹说："我想，我们该出去走走。你应该去见见弗里曼先生。"

"弗里曼？"尼米兹不解地问。

"是的。"巴西特回答说："他可是这里最出色的船舶经纪人。我想这对你的工作有帮助。"

一向喜欢交朋友的尼米兹开心地说："走吧，现在就去。"

路上，巴西特问了一些尼米兹近年来的情况。尼米兹一一作答。他还特别问到尼米兹有没有交女朋友。尼米兹羞涩地说："还没有。"

巴西特笑着说："弗里曼先生有两个女儿，大女儿伊丽莎白今年25岁，是镇上有名的美女。她有很多追求者呢，不乏一些海军军官。"

尼米兹笑了起来，这才意识到这位老友想给自己当月老。

弗里曼是一个典型的商人，精明能干，善于应酬。他热情地招待了两个年轻英俊的海军上尉，并邀请他们打桥牌。不巧的是，巴西特特意向尼米兹介绍的伊丽莎白偏偏有应酬出去了。弗里曼只好把小女儿凯瑟琳叫来，凑人数。

凯瑟琳性格腼腆，但定力很强，一旦认准什么事情，就会毫不犹豫地付出，直到达到目标。在打牌的过程中，尼米兹被这个不动声色的女孩子吸引了。

凯瑟琳也在悄悄留意尼米兹。后来，她回忆当时的情景说："当我们坐着喝茶的时候，我仔细端详了普伦蒂斯带来的这位年轻的海军军官。他是我这一生中看到的最美的男子。他有一头浅黄色的卷发，由于长时间没有打理，显得有点长。我想，这可能是由于他在海上待的时间太长了吧。他眉清目秀，笑容和蔼可亲，真是太可爱了。"

就这样，两个年轻人的心在不知不觉中就走到了一起。弗里曼当然看出了这一点。此后，他就不断邀请尼米兹到家里做客，给女儿创造机会。尼米兹感激极了，心想："这真是一位可爱的先生。"

不久，尼米兹又奉命在昆西监督"鲟鱼号"潜艇。在此期间，他结识了一位绰号叫"海因尼"的海军上尉。两人一见如故，很快结成了好友。弗里曼先生再邀请他去吃饭时，他就会拉上"海因尼"。

正所谓"千里姻缘一线牵"，让尼米兹没有想到的是，"海因尼"很快就和伊丽莎白走到了一起。

当尼米兹和"海因尼"完成工作，随"鲤鱼""鲟鱼号"潜艇驶往南方的切萨皮克湾之时，两对年轻人全部陷入了热恋。当时间来到1912年夏季的时候，尼米兹已经打算和凯瑟琳步入婚姻的殿堂了。

1912年8月28日，尼米兹给母亲安娜写了一封信。他在信中说："亲爱的母亲：请祝福我吧！我已与马萨诸塞州沃拉斯顿的凯瑟琳·弗里曼订婚了。我们将在1913年四五月间我调离潜艇等候岸勤工作时结婚……"

这年冬季，尼米兹被提升为大西洋潜艇分队司令，率领着"鲤鱼号"

和由"海因尼"任艇长的"鲟鱼号"驶往古巴海域巡航。整整一个冬天，两位处于热恋中的情侣不得不忍受相思之苦，同时又憧憬着未来的幸福。他们几乎每天都要通信。尼米兹告诉恋人他在部队中的情况；凯瑟琳则告诉他，他们婚礼的准备工作正在有条不紊地进行着。

1913年4月7日，尼米兹抵达沃拉斯顿。第二天，他们的婚礼便如期在弗里曼先生家里的客厅举行了。除了弗里曼的家人之外，参加婚礼的全部是海军军官。伴娘由凯瑟琳的姐姐伊丽莎白担任，伴郎则由尼米兹的好友乔治·斯图尔特海军上尉担任。

婚礼过后，尼米兹携带妻子进行了一次愉快的蜜月之旅。他们去了纽约，后来又去了得克萨斯的克维尔，见母亲安娜。一切都很平凡，但也很甜蜜！

三

美国被卷入第一次世界大战

　　1913年5月,尼米兹接到岸勤(即海军官兵在岸上执行任务)工作的命令,随同纽约船厂的艾伯特·克洛本伯格制图员和欧内斯特·得尔波斯工程师一起前往德国汉堡学习造船技术,尤其是大型柴油机的生产技术。

　　整个夏天,尼米兹都在一心一意地学习大型柴油机的生产和安装技术。等到秋季回国时,他在柴油机方面的知识已经不比任何人差了。不久,尼米兹奉命前往纽约海军船厂的机械部门工作,负责监造"莫米号"新油轮。这艘油轮需要安装两台2600马力的大型柴油机。

　　这时,凯瑟琳已经怀孕。为了照顾妻子,尼米兹特意在布鲁克林的华盛顿大道租了一套大房子。1914年2月22日,他们的长女凯瑟琳·万斯·尼米兹在这所房子里出生了。孩子的诞生为尼米兹夫妇带来了无穷的乐趣。

　　和大部分年轻的父亲一样,尼米兹在星期天的清晨会推着孩子到公园里晒太阳,看风景。凯瑟琳则留在家里享受一个宁静的上午,同时为丈夫和女儿准备午餐。一家人的生活简单而又温馨。

　　这年7月,第一次世界大战爆发了。整个欧洲打成了一锅粥,乱哄哄的。而尼米兹这名职业军官却只能在造船厂里对着一堆钢铁忙前忙后,这让他心里很不平衡。战场是男人的世界,更是军人的舞台。一个远离战场的军人和一条离开水的鱼到底有多大区别呢?

　　那段时间,尼米兹回到家中会装作若无其事的样子,陪着妻女。但一到了造船厂,他就像换了一个人似的,闷闷不乐,郁郁寡欢。

　　有一天,他正在新油轮上工作,突然一堆木料从高处落下,刚好砸在他的头上。尼米兹晕倒了。幸运的是,没有伤到颅骨,他很快就苏醒了。不幸的是,这次受伤给他留下了严重的后遗症。此后多年,他的后背总是隐隐作痛。

还有一次，尼米兹刚刚安装好一台柴油机，海军内部和社会上有很多人前来参观，尼米兹奉命向大家演示柴油机的工作性能。

他小心翼翼地发动机器，戴上一双白手套。他一边向众人讲解柴油机的工作原理，一边用手指指着那些飞速旋转的齿轮。突然，他的手套被两个齿轮绞住了。紧接着，左手的无名指被卷了进去。

就在这时，"咔嚓"一声，齿轮被卡住了。观众们发出了惊叫，以为尼米兹的手指被绞断了。其实，那是手上的毕业戒指卡住了齿轮。尼米兹趁机抽出了手指。

随后，众人把尼米兹送进了海军医院里。医生给他清洗、缝合了伤口，并让他留下观察几个小时。

尼米兹坐起来，忍着剧痛，说道："医生，谢谢你，我要回去。那里有很多人等着我回去演示机器呢！"

医生瞟了他一眼，有些不耐烦地说："先等一等，不要着急。你要为你的观众负责，我也要为我的病人负责。"

心情本就不太好的尼米兹突然生气了，嚷道："我必须回去！"

医生毫不示弱，以强硬的口吻说道："我告诉你，最好先进病房一个小时。我才是医生，我知道该怎么做。"

顿时，尼米兹像一只泄了气的皮球，走进了病房，静静地躺到了床上。果然，一小时后，他的手指传来了剧烈的疼痛。尼米兹还没有来得及喊医生，就痛得休克了过去。

这次意外对尼米兹来说是一次沉重的打击。他甚至想过离开军队，另谋出路。他想，与其做一只离开水的鱼，倒不如换一种生活方式。这对尼米兹来说，并不是什么难事。当时，他已经是美国海军公认的柴油机专家了，而美国市场对柴油机的需求量非常大。圣路易斯的布希·萨尔泽兄弟柴油机公司就曾以高薪为诱饵，劝说他离开海军，到该公司工作。

这时，尼米兹同母异父的妹妹多拉站出来劝说他，要坚持自己的梦想。她说，她坚信，美国不久就会参战。到时候，他就有一展身手的机会了。

1915年，尼米兹夫妇的第二个孩子切斯特·尼米兹出世了。尼米兹肩上的责任更重了。但他听从了妹妹的建议，留在了海军。

一年后，"莫米号"油轮的发动机安装完毕。1916年12月28日，"莫米号"正式下水。首批45名官兵乘坐该船前往古巴，在瓜卡纳亚博湾设置航标，同时为正在那里进行演习的大西洋舰队的驱逐舰、战列舰等补充油料和食物。尼米兹受命随船，以便随时检查柴油机的性能。

途中，"莫米号"在得克萨斯的阿瑟港停靠。从港口到克维尔只有几个小时的车程。但尼米兹无法离开，不能去看望母亲。他的妻子凯瑟琳正带着两个孩子在克维尔看望奶奶。

在"莫米号"驶往古巴的途中，尼米兹给母亲写了一封信，祝贺她的生日。他在信中说："我希望这封信能在你生日到来之际及时到达，但愿我能同家里的其他人一道为你祝贺。不管怎样，凯瑟琳和孩子们将代表我祝贺你的生日……"

1917年初，"莫米号"抵达古巴海域。就在这时，时任美国总统威尔逊宣布介入第一次世界大战，对德宣战。美国人早对德国的邪恶行径感到愤慨了。战争爆发后，德国宣布所有通往英国大不列颠群岛的航道皆为战区，所有通往战区的船只，无论是交战国的还是中立国的，都将被击沉。相比之下，英国的做法倒是比较仁慈，他们只要求停船检查，如果没有发现禁运物资，多半会轻松地放行。

1915年5月1日，德国潜艇击沉了从美国开往英国利物浦的巨型邮轮"露茜塔尼亚号"，致使船上的1198名乘客，其中大部分是美国乘客，包括291名妇女和94名儿童，葬身大海。这一惨无人道的举动引起了美国舆论的强烈愤怒，敦促美国政府参战的呼声越来越高。

德国方面声称，这次攻击主要是因为该船携带了军火。实际上，这艘船只携带了很少几箱的轻武器子弹和一些榴霰弹。这一事件引起了协约诸国的反德情绪，人们纷纷捣毁所在国中德侨的店铺橱窗，并把在重要岗位上的德国人驱逐出境。英国政府乘机把1.9万名德侨中年龄在27~45岁的男子拘禁起来。美国政府也向德国递交了一份措辞严厉的外交抗议照会。

然而，德国海军军官们被潜艇战暂时的胜利冲昏了头脑，并不理会德国外交官关于美国必将参战的警告，不断攻击美国商船，加深了美国对德国的敌视。德国的战争决策机关也认为，贪图金钱和享受的美国人只是在口头上表示愤怒，而不会同德国打一场伤亡和耗费极大的战争。另外，侨居美国的数百万德国人也不会拿起武器反抗自己的祖国。

1917年1月31日，德国宣布开始无限制潜艇作战，即德国潜艇可以在不预先警告的情况下向战区内所有船只发射鱼雷。在头3个月，德军就把130万吨以上的协约国或者中立国的轮船击沉，其中有不少是美国商船。

1917年4月6日美国总统威尔逊在国会宣布与德国断交

由于运输不足，英国只剩下够吃6周的粮食。协约国迫切需要美国参战，英国海务大臣向美国人诉苦："如果像这样的损失继续下去，我们将无法继续战斗。"

威尔逊总统大发雷霆，不断向国会两院联席会议暗示，任何导致美国人生命财产损失的行动，都将遭到武力抵抗。

而德国人却偏偏在这个时候策动墨西哥加入反美同盟，敦促其对美开战。德国人许诺，德国除了给墨西哥巨额的财政援助之外，还将在战争胜利之日，把美国的得克萨斯州、新墨西哥州和亚利桑那州割给墨西哥。

得知这一消息后，威尔逊总统再也坐不住了。他立即召开特别国会，商讨对德宣战的有关事宜。4月6日，美国参议院以82票对6票，众议院以373票对50票的绝对多数，通过了美国参战的建议。

第三章 耐心地等待时机

四

"有时，你需要耐心地等待"

1917年7月4日，以潘兴将军为总司令的美国远征军抵达法国，正式和德国人展开了厮杀。第二次世界大战中许多著名的海陆军高级将领此时都上了战场。麦克阿瑟上校（不久升为准将）是"彩虹师"参谋长，巴顿少校（不久升为上校）是坦克部队指挥官，哈尔西上校是一支驱逐舰队的指挥官……

当这些战将在欧洲战场上肆意驰骋之时，尼米兹却只能在幕后默默地付出。对于一名视荣誉如生命的军官来说，这份凄凉和寂寞可想而知。在美国对德宣战的最初几个月里，尼米兹一直在"莫米号"上服役。

"莫米号"在格陵兰以南300海里的北大西洋活动，为开赴爱尔兰的美国驱逐舰加油。尼米兹的任务就是保证加油工作顺利进行。此时，他完全是一个技术型的军官。他每天的工作就是研究驱逐舰的舱面设计图纸，了解输油阀、导缆器、系缆柱等设施。

尼米兹关注的是，如何在不降低航速的情况下，给驱逐舰加油。他和他的同事们一起设计了好几套方案。最后，他设计了一种专门的拖具，让驱逐舰和油轮保持同一航速，以便在航行中加油。

经过试验，这种方法的确是可行的。这是海上加油第一次在世界上出现。后来，尼米兹将其在美国海军中进行了推广，并取得了极大的成果。

1917年8月10日，尼米兹终于迎来了人生的又一重大转折。他被提升为海军少校，奉命转往大西洋舰队的潜艇部队服役，职务是潜艇部队司令塞缨尔·斯·罗比森海军上校的技术副官。罗比森是一名出色的指挥官，同时也是一个伯乐。他看到了尼米兹身上蕴藏的指挥才能，不断鼓励他脱离技术军官的行列，转向高级指挥官。正是在罗比森上校的指导下，尼米兹开始关注士兵和组织建设在战争中的作用。

当然，这是一个漫长的过程。在第一次世界大战最后一年多的时间里，尼米兹协助罗比森上校在康涅狄格州的纽伦敦建立了潜艇基地，考察了法国的反潜设置，研究了英美两国潜艇躲避深水炸弹和水面攻击的战术。

第一次世界大战结束后，尼米兹被调到了海军作战部，担任潜艇设计委员会高级成员。不久又转任"南卡罗来纳号"战列舰任副舰长。他的主要任务是前往欧洲接参战美军回国。和麦克阿瑟、巴顿、哈尔西这些在战场上大显身手的战将比起来，尼米兹在第一次世界大战中的表现似乎不值一提。但这毕竟是他走向高级指挥官行列的开始。

第一次世界大战的结束为第二次世界大战的爆发埋下了伏笔。1919年6月28日，第一次世界大战的各参加国在巴黎的凡尔赛宫签订了《凡尔赛条约》。这个条约的签订标志着第一次世界大战正式结束了。

主导巴黎和会的法、英、美等国从各国自身的利益出发对战败国提出了不同的惩罚措施。法国总理克列孟梭主张，法国收回德国在通过普法战争从法国获得的阿尔萨斯和洛林两省；将德国的鲁尔工业区交由法国管理，用该项收益来支付德国应承担的战争赔款；当众处死德皇威廉二世，以惩罚德国军国主义；将德军军力削减至不再对法国构成威胁的程度；由战胜国瓜分德国的海外殖民地等。

英国首相劳合·乔治也同意惩罚德国，但在具体措施上较法国为轻。劳合·乔治认识到，一旦克列孟梭提出的条件全都得到满足的话，法国就会成为欧洲大陆的超级强国。欧洲大陆的势力均衡势必会被破坏。这和英国意图维持一个均衡的欧洲的传统政策相悖。因此，他主张瓜分德国的海外殖民地，以加强英国的海上霸权；削弱德国军力至较低水平；德国进行战争赔偿但不可过分，以免激起德国的复仇心理；帮助德国重建经济。

美国总统伍德罗·威尔逊提出的惩罚措施比英、法两国都要轻。一方面，美国因为在战争中通过军火贸易而大发其财，一跃成为第一经济强国，美国政府倾向于安抚德国以保证平等的贸易机会并顺利收回战争债务。另一方面，为了避免再次发生世界大战，威尔逊反对过分苛刻的条款，以免造成德国的复仇心理。

经过长达几个月的争吵，在英、法、美三大国主导下的巴黎和会终于通过了《凡尔赛条约》。该条约共分15部分，440条，对德国的领土、经济、军事等各方面进行了严厉的制裁。根据条约规定，德国损失了13%的领土、12.5%的人口、所有的海外殖民地、16%的煤产地及半数的钢铁工业。

根据条约规定，法国收回了曾在普法战争中被德国侵占的阿尔萨斯和洛林两省，并取得了德国萨尔煤矿的开采权。萨尔区的行政权暂时交由国际联盟，15年后由公民投票决定其归属。莱茵河以西的地区由协约国军队分区占领15年，莱茵河以东50公里宽的地区划为非军事区，德军不得在此设防。

德国通过普丹战争取得的北石勒苏益格经公投归还给了丹麦。德国把18世纪侵吞的波兰领土，包括西普鲁士、波森省、部分东普鲁士及部分上西里西亚归还波兰，并给予波兰海岸线，承认其独立。

德国将东上西里西亚割给从奥匈帝国分裂出来的新国家捷克斯洛伐克。但泽由国际联盟管理，称为但泽自由市。尤本及萨尔梅迪割让给比利时，克莱佩达地区则割让给立陶宛。德国必须承认奥地利独立，并且永远不得与它合并。此外，德国的所有海外殖民地都被英、法、日等国以"委任统治"的形式瓜分了。

根据协约国赔偿委员会的决定，德国共需支付战争赔款2260亿马克（后来减至1320亿帝国马克），并且必须以黄金支付。历史学家一般认为，英、法、美等国对德国的过分制裁，以及沉重的赔偿给德国经济戴上了一副沉重的枷锁，并间接导致了纳粹党在德国的崛起，为第二次世界大战的爆发埋下了隐患。

《凡尔赛条约》除了在政治和经济上对德国进行了严厉的制裁之外，还对其军事力量进行了严格的限制。按照规定，德军必须解散总参谋部；取消义务兵役制；将陆军的规模限制10万人以下，并且不得拥有坦克或重型火炮等进攻性武器；不得拥有海军，船舰方面只能有6艘排水量一万吨以下的战列舰，不准拥有潜水艇；不得组织空军等。

1919年7月9日，德国的国民议会不得不通过了《凡尔赛条约》。此后，德国便被一股恐慌与复仇的情绪笼罩着。

尼米兹则在这时迎来了他的第三个孩子。1919年9月，女儿安娜·伊丽莎白·尼米兹（昵称南希）出生了。为了给家人一个好一点的生活环境，尼米兹把家搬到了华盛顿。

战争结束后，不少军官的军衔都从战时的临时军衔降到了正式军衔。尼米兹直接参与战争，没有临时军衔，他的军衔依然是少校。但他却面临着另外一个问题，即下一步该去何处任职。他很希望能够继续在罗比森的手下工作。这时，罗比森已被擢升为海军少将，出任波士顿海军造船厂的首席军代表。

尼米兹对罗比森说："将军，只要能够说通航海局，让我跟着你干，无论干什么我都愿意去。"

罗比森也喜欢尼米兹，但却不希望他一辈子只当一个技术军官。他说："小伙子，相信我，你总会有机会的。现在，你需要耐心地等待。"

五

主持建设珍珠港潜艇基地

罗比森说的没错,人生有时候需要默默地等待。1920年6月,尼米兹终于接到了新的任命——前往珍珠港建设一个新的潜艇基地。要一个小小的海军少校负责如此重要的任务确实有些强人所难。虽然他有海军部的直接任命,但那些军衔比他高出许多的地方部队司令根本不买他的账。

尼米兹手下有4名能干的军士长。他们在尼米兹的领导下,发挥了一个独特的专长,那就是"偷"。尼米兹和他的军士长们越过了地方部队的司令官,直接和一些中下级军官打交道,悄悄地把一些急需物资运到了珍珠港。

有一个军士长甚至悄悄地为尼米兹搞了一辆汽车。当汽车在珍珠港被

珍珠港(尼米兹在此建造该区第一个潜艇基地)

卸下来的时候，尼米兹大吃一惊，惊恐地问："这是怎么回事？"

那名军士长回答说："少校，这完全是为了方便展开工作。"

尼米兹很生气地批评了那名军士长，但并没有向上级报告。这并不是因为他看上了那辆汽车，而是爱护自己的部下。在此后的几十年里，他一直如此。即便是他的部下有错在先，他也不愿别人对其展开批评。

同年年底，珍珠港潜艇基地正式完工。尼米兹被提升为海军中校，担任该基地的司令官。不久，他又把妻儿接到了珍珠港，一起生活。

尼米兹在珍珠港任职期间，世界局势发生了很大的变化。战后，英、法、德等国受到了严重的削弱，美国、日本等国则因为远离战场，迎来了一个发展经济的黄金时期。这使得各国对东亚地区的资源和市场的争夺愈发激烈了。为了重新分配在这一地区，尤其是在中国的利益，并解决巴黎和会上未能解决的海军力量对比问题，美国于1920年提议在华盛顿召开会议，展开谈判，史称华盛顿会议，又称太平洋会议。

正在美国哈佛大学深造的日本海军中佐山本五十六奉命作为驻美大使币原喜重郎的助手，与美国副国务卿戴维斯就召开华盛顿会议的有关事宜进行前期谈判。谈判的焦点是寻求各国海上力量的平衡。

当时，日本正在着手执行所谓的"八八舰队计划"。按照此项计划，日本海军将在1928年之前增加8艘主力舰和8艘巡洋舰。而美国也不甘示弱，开始实施"达尼埃尔扩张案"，打算建造157艘军舰。远在欧洲的英国也没有闲着，正酝酿着建造4艘超级主力战舰，总吨位5万吨。

如果三国的军备扩张计划得以实现的话，太平洋地区很可能会爆发一次大规模的军事冲突，甚至引发新一轮世界大战。然而，第一次世界大战刚刚结束，在战争中遭受极大破坏的英国根本无力实施海军扩张计划。就是没有遭受战争破坏的日本和美国也不堪重负。

不过，相对于英、美这两个实行民主政治的国家，日本的政治体制更便于倾全国之力发展军队和军事工业。资料显示，日本1921年的海军预算已经占到国家支出的32%。英、美两国的海军军费预算占国家支出的比例虽然没有这么高，但绝对数字也大得惊人。如果长此以往的话，三国必然会爆发财政危机，继而引发全球性的经济危机。

正是在这种背景下，美国才主动向日、英抛出了橄榄枝，企图通过谈判缓和军备竞赛，调整各国在东亚和太平洋地区的势力范围。

1921年11月12日，华盛顿会议在大陆纪念堂开幕了。参加会议的日本首席全权代表是海军大臣加藤友三郎。大会选举美国首席代表国务卿休斯为主席。休斯以主席身份致辞之后，首先提出了美国关于限制海军军备的方案。

务实的美国人从经济承受能力和自身在太平洋地区的利益出发，提出了三条建议。第一，各国停止正在建造或计划建造的全部战列舰；第二，10年间停止建造主力舰；第三，参照与会各国的现役海军力量，确定各主要国家的主力舰及辅助舰的吨位比例。

根据这一原则，休斯进一步建议，英美日三国主力舰吨位是：英美各50万吨，日本30万吨，即5∶5∶3的比例。

日益丧失世界霸主地位的大英帝国对美国与其并驾齐驱虽然有所不满，但也无可奈何。更何况，他们还保住了世界霸主的面子。因此，英国政府同意了美国人提出的方案。

正在崛起、并一心想要称霸太平洋的日本就没有英国人那份雅量了。11月28日，日本政府提出三个方案，密电指示日方代表，令其在会上讨价还价，首先提出第一案，争取英美同日本的主力舰比例为10∶10∶7。如果第一方案行不通，则提出10∶10∶6.5的第二案。如果这一方案还是行不通，再接受美国人的方案，但必须加上各国保持"维持太平洋防务现状"的附加条件。

日本的这份密电在发送之时即被美国情报部门破译了。因而当加藤友三郎于11月30日正式向大会提出10∶10∶7的要求时，早已准备好应对之策的美国人针锋相对地指出，如果日本坚持它的主张，那么日本每造一艘军舰，美国就用造四艘来回答。

12月6日，英国代表贝尔福向日本提出妥协案：日本接受5∶5∶3的比例，英国则不在西太平洋建筑和加强海军基地。百般无奈之下，日本政府才接受了这一建议，并于12月15日和美英签订了有关主力舰的协定。

很明显，日本政府之所以坚持10∶10∶7的意见，目的是为了实施所谓的"八八舰队"计划，以便和美国争雄，称霸西太平洋。但经济尚不发达的日本根本无力和美国拼消耗。1921年，日本政府为实现所谓的"八八舰队"计划，拨给海军的费用占全年国家总预算的三分之一之多。如果再加上陆军的费用，总的军费开支猛增到了日本国家总预算的六成。军费开支已经成了日本政府不能承受之重！

正是在这种背景下，日本政府被迫放弃了"八八舰队"计划。当然，放弃"八八舰队"计划,亦即意味着放弃把美国作为假想敌的观点,暂时维持太平洋上的势力范围。

山本五十六中佐未能参加正式的华盛顿会议,但由于他参加了会议的筹备,加之他的最要好的知心朋友堀悌吉是会议代表团的成员,因而对会议的情况进展情况非常清楚。他和好友堀悌吉均认为,在美日势力相差悬殊的情况下,接受5:5:3的比例,是最现实,也是最无奈的选择。

甚至连一向积极推行"八八舰队"计划的海军大臣加藤友三郎都说:"……国防不单单是军队的事,战争胜败也并非完全取决于军人。不动员全国的物力、人力和财力,是无法赢得战争的。如果我们以美国为敌,就必须有强大的足以同美国抗衡的经济实力。否则,只能徒有其愿而无力实施。不能指望像日俄战争那样,用少量资金而取得了大的胜利。同今天的美国相抗争,没有资金,就如同以卵击石,不能取胜。总之,可以得出这样的结论:决不可同美国交战,唯此是我们的出发点。"

山本五十六和加藤友三郎的看法无疑是正确的。第一世界大战结束后,美国拥有世界黄金储备的40%,是20多个国家的债主,债务总额约100亿美元,成了名副其实的世界金融中心。与此同时,美国的工业生产能力也得到了极大的提高,汽车产量占全世界的85%,石油产量占66%。国民财富总值在20世纪20年代初就达到了3208亿美元,已超过欧洲各国的总和,超过日本数倍。在这种情况下和美国为敌,后果可想而知。

山本五十六主张日美亲善、保持克制。然而,他同时又是一位彻头彻尾的极端民族利己主义者。当他面临着这两种选择时,他选择的是如何在现有的条件下尽力寻找弥补日美两国海军实力差距的办法。也就是说,他的内心深处还是渴望同美国人打一仗的。

第四章
执掌教鞭育新人

一
大力推广"环形编队"

1922年春末,尼米兹中校接到新的任命,前往海军军事学院授课和进修。在担任重要职务之前到军事学院进修,这是各国军队的普遍做法。尼米兹接到这样的任命,心里自然非常开心。

尼米兹一家乘坐"阿贡尼号"运输舰,从珍珠港一路向西南,经过巴拿马运河,然后转向北方,驶抵罗德岛新港。一家人折腾了好几个星期,才在一座三层小楼里安了家。小楼里的冬天非常寒冷,需要大量的煤来供暖。可是,当时很多工人都在为争取提高工资和福利待遇而罢工,煤炭供应不足。尼米兹只好设法弄来一些劣质煤来凑数。

这下,凯瑟琳和孩子们就受苦了。屋子里不但冷得像冰窖,还有一股呛人的烟尘。后来,每当想到那个冬天,凯瑟琳和孩子们就会不寒而栗。但尼米兹那段时间却过得非常充实。他全身心地扑到了学习上,听课、研究战史、写论文……后来,他毫不避讳地说,正是在新港度过的那11个月,让他学了许多从前从未接触过的东西,为其日后的指挥生涯奠定了理论基础。

在此期间,尼米兹专门研究了日德兰海战中英、德两国海军的战斗编队及指挥。日德兰海战(德国方面称为斯卡格拉克海峡海战)是英、德双方于1916年5月31日至6月1日在丹麦日德兰半岛附近的北海海域爆发的一场海战。这是第一次世界大战中最大规模的海战,也是这场战争中交战双方唯一一次全面出动的舰队主力决战。

德国公海舰队共出动101艘战舰,分为两个编队,由南向北行驶。英国皇家海军本土舰队出动151艘战舰,也分为两个编队,由北向南航行,双方相向运动,突然相遇,生死搏斗就这样拉开了。

鏖战过后,英国舰队损失3艘战列巡洋舰、3艘装甲巡洋舰和8艘驱逐舰,共计11万吨;德国舰队损失1艘"无畏"级战列舰、1艘战列巡洋舰、

4艘轻巡洋舰和5艘驱逐舰，共计6万吨。

从战术上来看，德国海军上将舍尔率领的德国公海舰队取得了胜利，因为德国方面的损失远比英国小。但从此之后，德国公海舰队再也不敢冒险了，被英国海军死死地封在了德国港口，成为了马汉所说的"只是存在的舰队"。从这个意义上来看，英国海军上将杰利科指挥的皇家海军本土舰队取得了战略上的最终胜利。

战后，世界各国海军都将这次海战视为未来海战的模式加以研究。人们特别关注的是，在如此庞大的战斗中，双方舰队的编队和指挥情况。第一次世界大战期间，舰队通常是排成若干平行纵队前进的。相对而言，这一队形机动性更高。若干较短的纵队能比一字长蛇阵更快地转向，同时也能更快地将旗舰（通常位于中心纵队之首）的信号通过探照灯或旗语传递给整个舰队。

而在一字长蛇阵中，位于纵队之首的旗舰上发出的信号往往需要花10分钟甚至更多时间才能被传递到纵队最后的舰船。这是因为战舰烟囱中冒出的黑烟使人们很难辨认前后发来的信号，每艘船都不得不向它后面的（或前面的）船重复自己所接收的消息。而由于很多消息必须被每艘船确认收到才能付诸实施，因此这样浪费的时间可能会翻倍。

第一次世界大战中，英国皇家海军在排成平行纵队前进实战中，舰队往往会在交火之前排成一路纵队来迎战敌舰。这就需要每个纵队领航的舰只引领其率领的舰艇左转或右转来排成合适的队形。由于交战双方的舰队都是以高速行进的，因此舰队指挥官们就需要派出侦察舰队（通常由战列巡洋舰和巡洋舰组成）来报告敌方的位置、速度、航向等信息，使得舰队能够尽早地排成最有利的队形来迎战敌舰。侦察舰队同时还要尽量避免对方的侦察舰队获得类似的信息。

最理想的情况，就是己方排成的纵队正好横在对方舰队的前进路线上，构成一个"T"字或"丁"字形（己方舰队位于"丁"字一横的位置），使得己方所有前后主炮和一侧的所有舷炮都能瞄准对方，而对方只有纵队最前方的舰艇的前方主炮能够予以还击。但构成一个"T"字形队形的计划有很大一部分要取决运气：由于双方都以高速前进，很有可能因为时机没有掌握好，导致自己从丁字的一横变成了一竖，从而被动挨打。在1905年的对马海战中，日本海军上将东乡平八郎就是以"T"字形战阵毁灭沙俄第二太平洋舰队的。

海上骑士·尼米兹·nimizi

英国皇家海军本土舰队在日德兰海战中损失惨重的重要原因之一就是未能解决编队和指挥的问题。当时，杰利科将军将舰队编成多路纵队，仅战列舰就分为6路纵队。战列舰队形的前面是巡洋舰和驱逐舰的纵队，长达20海里。想要把这些战列舰展开成一路纵队投入战斗，需要准确地掌握好时间和方位，同时还得确保每一个命令都能被各舰舰长准确领会。

遗憾的是，像这样庞大的配有几个支援梯队的长方形队形，由于四面延伸，要变成纵队队形相当麻烦。杰利科将军未能解决这一问题。

这时，尼米兹在海军学校的同班同学和海军军事学院的同事罗斯科·麦克福尔海军中校提出了解决方案。他的解决方法是将舰队编成"环形编队"，即把担任护卫任务的巡洋舰和驱逐舰以战列舰为中心，编成若干环形队形。这种摆法的好处在于，整个编队可以在短时间改变航向，形成一路纵队。同时，环形编队还便于集中防空火力。

尼米兹对麦克福尔的设计非常感兴趣，立即加入了推广的队伍之中。他不断游说高级军官，向他们推介这种编队方式。不过，当时大多数人都认为将战列舰孤零零地放在环形编队的中间很不安全。

所幸的是，罗比森将军大力支持了这一建议。他认为，环形编队的机动性比较强，更容易控制和指挥。如果遭遇潜艇袭击，整个舰队可以迅速驶向相反的航向或向一侧机动。只要与基准舰保持一定的方位和距离，整个舰队就可以一起行动。在展开成一字战斗队形时，一艘指定的战列舰带

世界上第一艘真正意义上的航空母舰——"百眼巨人号"

头离开环形编队，巡洋舰和驱逐舰就能向编队的两端机动。

在罗比森将军的支持下，尼米兹和麦克福尔进行了几次环形编队实验。事实证明，这种编队确实比原先的多路纵队编队灵活。但同时也有一个问题，那就是除了在基准舰正前方、后方或横向的舰只外，其他舰只要保持编队队形非常吃力，需要不断调整航向和航速。

尼米兹和他的同事们又开始考虑将航空母舰和舰队编在一起的问题。在第一次世界大战中，坦克、飞机都奇迹般地出现在了战场上。这两种新式武器，尤其是飞机，起到了非常大的作用。据统计，各国在战争期间生产的军用飞机竟达18.19万架，投入到战场的飞机数量约为10万架。战争末期，英国人还建成了世界上第一艘真正意义上的航空母舰——"百眼巨人号"。

英国发展航空母舰的最初目的是为舰队提供空中侦察，以便及时地报告敌我双方的情况。美国海军认为这是一个创举，跟着就把一艘运煤船改成为小型航空母舰"兰利号"。1922年，即尼米兹到海军军事学院任教之时，"兰利号"正式下水服役。

尼米兹在罗比森将军的帮助下，说服了海军部，让"兰利号"航空母舰参与编队试验。结果，航空母舰和舰载机的投入，大大提高了编队舰只对方位的判断和保持队形的能力。这次编队探索对美国海军的发展意义深远，第二次世界大战中出现的航空母舰舰载机大队和各种特混舰队的编队队形都能从这次试验中看出端倪。

二
强调航母在未来战争中的作用

航空母舰出现后不久，就有人指出，航空母舰和舰载机不但是进行空中侦察的优越工具，也会成为未来战争中的攻坚武器。

由于时代因素，舰载机在第一次世界大战期间并没有作为独立作战方阵使用，而是作为舰艇的附属兵器，配合舰艇行动。这在一定程度上限制了舰载机的实战效果。不过，将舰载机投入战场，优势是任何传统武器都无法与之媲美的。一方面，舰载机在母舰上起降，这就意味着飞机的航程增大了。换句话说，距离对战争而言已经不再是什么阻碍了。另一方面，由于飞机的速度远比传统的舰船、战车快，无疑可以提高战役的突然性。

20世纪20年代初，欧洲军事学术界和军政界就航空兵在未来战争中的作用和地位问题进行了激烈的讨论。在讨论中，一种从战略高度去认识飞机的军事价值，主张大力发展航空兵以夺取制空权，进而赢得战争的理论出现了。

1921年，意大利的杜黑将军在其《制空权》一书中正式提出了这一理论。杜黑认为，任何战争样式都取决于当时的战争技术手段。飞机由于可以在三维空间中自由飞行，因而在行动和方向上享有充分的自由；飞机由于不受地面障碍约束并具有极快的速度，是一种出色的进攻性武器，因而能够自由选择攻击点并能调动最大的打击力量，使敌军没有时间调动援军。

所以，他坚信飞机"将完全改变迄今已知的战争样式"，"不可避免地会给未来战争样式带来深刻的变化，战争的主要特性必将与以往任何战争根本不同。"

杜黑将军指出，过去的战争只能在地球表面进行。为了战胜对方或控制所觊觎的地区，一方必须突破对方的坚强防线。但战场是有严格范围的，军队和平民之间有明显区分，在战线后方，交战国的平民并不直接感受战争，这时的作战如果不首先突破敌人的防线，就不能侵入敌人的领土。

而未来战争在特性和范围上都将是总体的，战场已扩大到交战国的整个国境，全体公民都将成为战斗人民。因为他们都会暴露在敌方的空中进攻之下，士兵和平民不再有明显区分，陆上和海上的防御不再能保护国家，大凡陆地和海上的胜利也不能保护本国人民免遭敌方的空中攻击，除非这种胜利能占领敌国领土，摧毁其航空兵部队赖以生存的基础。

在以往的战争中，武装部队是进行战争的唯一力量，没有参战的人力物力，无论战胜国或战败国，都能不受触动。即是说，战争的影响很难被人民感受到。

而在未来的战争中，武装力量则是人民自己，武装部队则仅是供他们使用的手段，战场上的一次胜利或多次胜利并不足以决定战争结局，国家的抵抗能力取决于交战双方的全部能力、全部资源和全部信念，战争要求聚集全国巨大的物质力量和精神力量，而空中力量则可以从物质上和精神上粉碎敌人的抵抗。

显然，航空兵的出现"有力地打破了古老的战争形式，也就打断了战争特性演变的连续性。战争演变"不再是革新，而是革命"，空军正在引起战争样式的革命。

空军制胜论的出现首先在海军中产生了广泛而深远的影响。在空军制胜论出现之前，各国一直强调的是"制海权"，即海军在战争中的决定性作用。因此，空军制胜论刚一出现，各国海军便就飞机和航空兵的作用展开了广泛而深入的讨论，争论的焦点是"飞机与战列舰究竟谁的威力更大"。

美国陆军上校比利·米切尔积极主张以"空军制胜论"为指导思想，发展航空兵。这位"一战"时期的飞行员积极奔走于陆军和海军之间，兜售自己的军事思想。可惜的是，不管是陆军，还是海军，都没人理会他。

为了证明战舰在遭到轰炸时总是处于束手无策的状态，米切尔甚至向美国海军当局建议就此进行试验，但却遭到海军反对。出于无奈，他只好向民主国家中力量最为强大的公众求助。通过报刊的大力宣传，美国公众开始相信米切尔的观点是正确的。

在强大的舆论压力下，海军部终于在1921年7月批准了米切尔的计划。海军部将"一战"时期缴获德军的3艘舰艇调拨给米切尔使用，其中包括号称"不沉"的"东弗里斯兰号"战舰。

试验在切萨皮克湾进行，结果让海军部大吃一惊！米切尔驾驶一架"马丁"型轰炸机从陆地机场起飞，一举将3艘军舰全部炸沉了。事后，海军部找了一个又一个借口，替自己辩护，就是不承认飞机在机动性方面优于舰艇。

1921年8月10日，美国建立了内战以来第一个航空局。航空局把根据华盛顿条约准备报废的3.3万吨的巡洋舰"列克星敦号"和"萨拉托加号"改装成航空母舰。这是美国大力发展航空母舰和舰载机的开始。比利·米切尔在这一伟大的创举中功不可没。

罗比森将军和尼米兹等一批富有战略眼光的海军军官都很赞同米切尔的主张。不过，此时的尼米兹更加关注的是后来被称为特混舰队的舰队编队问题。就在这时，尼米兹结束了在海军军事学院的短期培训。与此同时，罗比森将军也被任命为美国海军战列舰队司令。罗比森设法把尼米兹弄到自己的旗舰"加利福尼亚号"上，担任副官、助理参谋长和战术官。

尼米兹全家在沃拉斯顿作短期休假后，便乘坐火车前往西海岸的圣佩德罗，终于1923年6月30日登上了"加利福尼亚号"。罗比森将军没有子女，他就像一位父亲一样，关爱着尼米兹，像一位爷爷那样，关爱着尼米兹的3个孩子。在圣佩德罗期间，两家人的关系非常好，罗比森夫妇给了尼米兹一家很大的帮助。

而尼米兹也在工作中给了罗比森极大的回报。他协助罗比森进行环形编队训练和军事演习，表现突出。1923年冬天，战列舰舰队奉命开往巴拿马海域，参加陆海军保卫巴拿马运河的联合演习。

整个冬天，尼米兹都在加勒比海同侦察舰队一起参加战术演习。演习中，海军陆战队还在舰队的支持下进行了夺岛演练。这种新型战术的出现是世界军史上的一件大事。在第二次世界大战中，两栖登陆被广泛运用到了各个战场。

海军仅有的"兰利号"航空母舰也参加了这次演习。"兰利号"的主要任务是进行防御巡逻和空中侦察。舰载机偶有出动，对巴拿马运河上的假想敌进行了空袭。不过，由于当时的飞行技术和通信等问题，"兰利号"航空母舰始终和舰队保持着较远的距离，以便飞机起降。

尼米兹对这个安排很不满意。他认为，在没有护航的情况下，航空母舰很容易招致敌人潜艇和飞机的袭击。因此，他多次向海军部呼吁，希望能将"兰利号"航空母舰划归战列舰舰队，以充分发挥其作用。他认为，为了防止潜艇和飞机的袭击，水面舰艇和航空母舰需要密切配合，才能最大限度地发挥相互保护的作用。

罗比森将军非常支持尼米兹，立即把他的建议书交到了航空局。出于技术上的考虑，航空局最终否定了尼米兹的建议。因为飞机的起降、着陆拦阻装置和弹射器等技术因素尚未完全解决，飞机和航空母舰之间的通信更是一个大问题。当时，飞行员只能依靠信鸽和航空母舰保持联系。一旦发生变故，后果不堪设想。

尼米兹没有放弃。他不断进言，并请求罗比森将军帮忙。1924年11月，航空局只能无奈地把"兰利号"划归战列舰舰队。此后，尼米兹在罗比森将军的帮助下进行了几次航母编队训练。

结果表明，航空母舰完全可以和整个舰队配合得天衣无缝。当飞机起飞时，整个舰队随之转动，保持队形，以便得到舰载机的掩护。而舰队也能为航空母舰和舰载机提供炮火保护。一旦飞行员不幸落海，附近总有驱逐舰能够及时赶到，进行营救。

尼米兹创造的这种编队后来经过福雷斯特·谢尔曼将军等人的改进，形成了环形特混舰队编队。在第二次世界大战中，几乎所有参战国的海军都采用了这种编队形式。航空母舰成了主力，而战列舰、巡洋舰、驱逐舰等曾经的主力舰只能降格为护卫舰了。

三

训练海军后备军官训练团

当米切尔、罗比森和尼米兹等富有战略眼光的军官大力推动美国发展航空母舰和航空兵之时，日本也有一个人正在积极寻找弥补日本海军和美国海军实力差距的办法。这个人就是业已升为海军大佐的山本五十六。

1923年7月，日本政府决定遣使考察华盛顿会议后的欧美现状。山本五十六第三次踏上了美国国土。看到英、美等国强劲的经济和军事实力，他的内心不禁有些担忧。从当前的实力对比来看，无论是海军本身的力量，还是经济力量，日本都无法和英、美等国抗衡。一旦和英美开战，日本必然会是失败者。

然而，日本和美国在太平洋上的角逐日益激烈，两国的矛盾也一日深过一日。照此发展下去，两国之间必有一战。如果战争真的爆发了，日本该如何应对呢？日本海军又该如何同美国海军争雄呢？

敢于正视现实的山本五十六并没有被眼前的困难吓倒。当他的双脚再次踏上美国的土地之时，一个大胆的想法便在心中产生了——以舰载机作战距离受限小和发动战役突然性大的特点来弥补日本海军的实力缺陷，与美国海军"赌"上一局。

回国后，山本五十六立即就两件事情展开了活动。第一件事情是劝说日本石油公司到美国开发油田，为将来可能爆发的战争储备战略资源。遗憾的是，日本石油公司的高层并没有山本五十六那样的远见。这件事情最后便不了了之了。

第二件事情是劝说日本政府重视并大力发展海军航空兵。与英美这两个民主国家不同的是，日本的君主立宪制在很大程度上依然是独裁政体，天皇（当时大正天皇在位，但因病重无法主持军政事务，由年轻的太子裕仁亲王摄政）具有至高无上的权力。不管什么事情，只要天皇一声令下，就没有办不成的，而摄政裕仁又是一个军国主义思想十分浓厚的青年。因此，日本具有集中全力发展海军航空兵的先天优势。

在这种背景下，当英美两国的陆海军还就是否要发展航空兵争执不休时，日本已在1921年成立了霞浦航空队，培养优秀的海军航空兵。1923年，日本海军又建造成了"凤翔号"航空母舰。该舰长160米，排水量7000多吨，航速25节，能搭载21架飞机。此后，日本的航空母舰和海军航空兵步入了发展的快车道。

山本五十六的建议刚好符合日本海军的发展趋势，自然引起了军界高层的注意。海军为了发展航空兵，破例将山本五十六派到了霞浦海军航空队，担任副队长兼教育长。为了将航空兵的优势发挥到极致，40岁的山本五十六还亲自学习飞机驾驶技术。

随着对航空兵的了解越来越深刻，山本五十六愈发相信，未来的海军航空兵完全有可能弥补日本海军主力舰与英美的差距。当然，这一切必须建立在近乎残酷的严格训练上。只有这样，日后的日本海军才有可能建立一支航空母舰特混舰队，出其不意地战胜强大的美国海军。

为达目的，山本五十六率领全队利用码头和模拟飞行甲板的驳船夜以继日地进行着实战演练。无论是细雨霏霏的白昼，还是伸手不见五指的黑夜，霞浦的上空从未宁静过。由于训练过于残酷，因训练事故而死亡的事件大幅度增加。山本将死亡名单挂在自己的办公室。每当有新学员入队时，他都会领着众人来到办公室，向死亡名单敬礼，以激发队员的好勇斗狠性格。

在任航空队副队长的一年多时间里，山本五十六训练出了一头头野兽——不顾生死、一心只想置敌于死地的野兽。若干年后，当这些野兽翱翔在太平洋的上空时，曾令美国海军吃尽了苦头，闻之色变！

这时，尼米兹和罗比森也迎来了新的契机。1925年10月，罗比森将军升任美国舰队总司令。尼米兹继续担任他的副官、助理参谋长和技术官。1年后，两人又同时被海军部调离舰队，执行岸勤。

尼米兹的新工作是到伯克利的加利福尼亚大学组织海军后备军官训练团。为了充实国防力量，拓宽海军军官的选拔范围，美国海军部决定在哈佛大学、西北大学、华盛顿大学、耶鲁大学、加利福尼亚大学等著名地方高校建立"海军后备军官训练团"。被选入后备训练团的学生由军方资助，平时在校接受训练，寒暑假则到部队实习，毕业后直接进入现役。尼米兹在军界的声誉使他成为了6名首批到地方大学任职的军官之一。

1926年秋天,尼米兹来到了加利福尼亚大学伯克利分校。招生广告刚贴出去,就吸引了大批青年学生。根据规定,伯克利分校的后备军官训练团只能招收60名学员,但报名的人数却达到了80人。无奈之下,尼米兹只能参照每个人的档案,从中选择了较为优秀的60人。

学员第一次集合时,尼米兹遗憾地对众人说:"诸位,我感到非常抱歉,我不得不从报名的学员中去掉20人。不管怎么说,你们都是最优秀的学员。希望我们此后的日子里能够相处得很好。"

从此之后,尼米兹便和地方大学的学生、教职员一起生活了近3年的时间。凯瑟琳也带着孩子来到了学校附近,和教员的家人为邻。在尼米兹看来,地方大学的教员都是各行各业的专家,但他们的知识面过于狭窄,有些人的性格也很古怪。不过,他们都是好人,和他们相处并不难。

尼米兹讲授的是领航课,重点内容是航海天文。他虽然没有接受正规的学位教育,但见多识广,经验丰富,又诙谐幽默,很快就赢得了学员的欢迎。课后,他还经常和学员一起打手球、网球。

有一次,一个叫奥尼·拉图的学员邀请尼米兹等人到家里吃饭。尼米兹穿着漂亮的海军制服,和一名同事乘车前往。

当他们走到拉图家的小院时,拉图正在和哥哥打闹,两人以互相扔水袋取乐。巧合的是,一个水袋不偏不倚正好砸中了尼米兹的胸口。水袋破了,他的制服湿了一大片。大家都愣住了,心想这下糟了。不料,尼米兹却像什么事情都没有发生一样,径直走到屋里,和主人畅谈起来。

吃饭的时候,他的衣服还在滴水。拉图显得很不自在,而尼米兹却很高兴。

星期六时,尼米兹还会邀请一些学生到家里吃饭。凯瑟琳总是热情地招待这些年轻的学生。她和尼米兹的母亲安娜一样,总是能在考虑经济实惠的同时,把饭菜安排得非常可口。

后备军官训练团的学员们也由衷地把这位已人到中年的中校当成了朋友。这群喜欢热闹的年轻人很快就成立了加利福尼亚大学伯克利分校海军军官俱乐部。周六的晚上,他们常常会邀请一些女同学,举行舞会。每次,他们都会邀请尼米兹夫妇参加。只要有空,尼米兹一定会满足学员们的心愿。通常,他和学员们邀请的舞伴跳舞,而凯瑟琳则陪着年轻的学员跳舞。

四
改革军官训练团的教育制度

在加利福尼亚大学伯克利分校工作的时候，尼米兹陪伴家人的时间也相对多了一些。为了把两个大孩子的名字同父母区别开来，家人把长女凯瑟琳称为凯特，把长子切斯特叫切特。3个孩子年龄相仿，常常因为一些大人无法理解的原因发生争执，甚至动武。

有一天下午，尼米兹夫妇带着孩子到一个同事的家中做客。大人们在客厅里聊天，3个孩子则跑到屋后的空地上玩耍。不知什么原因，切特和南希打了起来。切特把南希掀翻在地，用手紧紧掐住她的脖子。

凯特吓坏了，赶紧跑到客厅去喊父母。

尼米兹夫妇赶到屋后的空地时，形势已经发生了逆转。南希趁哥哥不注意，顺手抄起一块锈迹斑斑的车牌，砍向切特。

切特受了伤，鲜血直流。南希吓坏了，大声哭起来。

尼米兹赶紧抱起儿子，奔向医院。这次串门还不到20分钟就匆匆结束了。

回到家中之后，南希不可避免地受到了处罚。

每年暑假的时候，尼米兹还会带着家人到外地度假，或者按照孩子的要求，带着他们去野营。这时，尼米兹已经有了一辆雪佛兰牌轿车。他把帐篷、折叠桌、行军床绑在车顶，供孩子们使用；汽车后备厢则被改装成了一个小小的厨房，那里有凯瑟琳准备饭菜所需的一切材料。晚上的时候，孩子们住在帐篷里，睡在行军床上，而尼米兹夫妇则把汽车座椅放下来，睡在车中。

在旅行的途中，孩子们大多数时候都能相安无事。但当众人坐在汽车里闲下来的时候，就容易出事了。一般情况下，汽车发动的时候，尼米兹充当驾驶员，凯瑟琳坐在副驾驶座上，3个孩子坐在后排。

走着走着，后排便成了孩子们的战场。他们争吵、打架，甚至还会流血。这时，尼米兹不得不停下汽车，让最大的凯特坐到副驾驶座上，让凯瑟琳坐到后排，把两个小一点的孩子分开。

对孩子们来说，这样的旅途应该比较刺激。但对尼米兹夫妇来说，这无异于活受罪。有一次，旅程结束的时候，尼米兹开车载着全家人往回赶。由于带的东西比较多，凯瑟琳抱着最小的南希坐在副驾驶座上，凯特和切特坐在后排。

突然，两个孩子毫无征兆地打了起来。切特一拳打碎了凯特的眼镜。凯特惊叫道："哦，天哪，我的眼睛！"

尼米兹马上停车，让凯瑟琳查看凯特的伤情，并把两个孩子分开。好在，情况并不严重。

尼米兹坐在驾驶座上，冷冷地盯着切特。过了半晌，他一边发动汽车，一边说："切特，这次回到家里，我一定要打你的屁股！"

回到家里之后，尼米兹真的打了切特。不过，像这样的体罚在尼米兹家中并不经常发生。通常情况下，他会像朋友那样，对孩子们进行说服教育。

这时，尼米兹最大的心愿就是能把3个孩子教育好。他希望儿子切特能像自己一样，将来到安纳波利斯海军学校读书，而两个女孩最好能进入加利福尼亚大学伯克利分校。

日子就这样一天天过去了。1927年9月，尼米兹顺利升为临时海军上校，命令自1927年6月2日算起。1928年1月2日，他又从临时海军上校升为正式海军上校。虽然这种升迁多少有些论资排辈的意味在里面，但尼米兹在后备军官训练团的出色工作表现也起到了不小的作用。

尼米兹不大相信地方大学的学术自由。他认为将来的海军军官要比普通大学毕业生掌握更多的知识。所以，他授课的方式更多地借鉴了海军学校的做法。每次上课前，尼米兹都会准备一些纸条，上面写着当天课程中的重点和难点。

上课之后，他先让学生们随机抽取纸条，按照他们自己的想法把答案写在试卷上。然后，他把试卷收上来，开始讲解那些问题。这个过程一般持续半个小时左右。

一切结束后，尼米兹才开始正式上课。课堂气氛比较轻松，他允许学生自由表达自己的观点，也允许他们随时提出自己不懂的问题。

下课后，尼米兹会尽快批阅学生的考卷，然后把它们放在信箱里由学生们自己取回。

尼米兹认为这种方法比地方大学一个月一次的考试更能激发学生们的积极性。同时，经过批阅的考卷也会成为学生复习最好的资料。

罗比森将军认为尼米兹这种富有创造性的做法非常好。1928年，罗比森从海军第十三军区司令的职位退下来，开始担任安纳波利斯海军学校校长。他立即在学校推广了尼米兹的教学方法。

罗比森之后，海军学校的历任校长都坚持这种做法。甚至第二次世界大战之后很长一段时间，海军学校还坚持一天进行一次测验、天天记分的制度。直到1970年，海军学校进行教学改革，普遍采用地方大学的教育制度，以便提高学生学习的自信心和独立思考的能力，尼米兹的创造才正式退出海军学校的舞台。

1929年6月，尼米兹出色地完成了创建后备军官训练团的工作。这时，加利福尼亚大学伯克利分校海军后备军官训练团已经有150名学员了，由6名现役海军军官和6名军士长负责训练。

尼米兹奉命将后备军官训练团的工作交给他的老朋友布鲁斯·卡纳加海军上尉，然后赶赴圣迭戈，并在年底正式接任潜艇第二十支队司令之职。

就在这时，尼米兹在海军学校的同窗威廉·弗朗寄来一封信。弗朗在信中告诉他，1905届毕业生正在编辑一份年鉴，准备在他们毕业25周年的时候出版。所以，每一个1905届的毕业生都要寄给他一张照片和一份简历。

回首前尘，尼米兹惊讶地发现，马上就是他们毕业25周年的纪念日了。他不禁感慨："时间真是

尼米兹1905年的全身

过得太快了。"

尼米兹按照弗朗的要求，寄去了一张身着上校制服的全身照片和一份简历。他在简历的结尾处写了一段可以被算是毕业25周年总结的话："回顾过去，我很难找到一个比现在更能吸引我的工作，我喜爱委派给我的每一项任务。在过去的时间里，我认真地钻研每一项工作，并竭尽全力在实践中培养兴趣。我在海军的生活非常愉快，其他任何职业都比不上我现在的工作。我的长女凯瑟琳·万斯已经16岁，马上就要进入大学了。我的小男孩小切斯特·威廉15岁，我很希望他能在1931年春天考上海军学校。我的小女儿，也是最后一个孩子，安娜·伊丽莎白10岁，正在读小学。我的妻子、孩子和现在的工作让我感到非常满意，并使我成为了一个幸福的男人！"

五

"参宿七星"上其乐融融的生活

尼米兹担任了两年第二十潜艇支队司令，直到1931年6月被任命为圣迭戈驱逐舰基地司令。有趣的是，在他搬往旗舰"参宿七星号"上的第二天，他的第四个孩子玛丽·曼森·尼米兹出生了。他的同学和同事纷纷打来祝贺电话，有人还打趣说："这应该是你最后一个孩子了吧！"

尼米兹不得不说："我为我之前说过的话感到抱歉。"

"参宿七星号"既是尼米兹的旗舰，也是他的新家。凯瑟琳和孩子们都住在这里。3个大点的孩子都喜欢这里的环境，浪漫而不乏温馨。周末的时候，他们偶尔会带朋友或同学前来参观。

家里常常充满了欢笑，孩子们的关系也随着年龄的增长而变得融洽起来。凯特在准备加利福尼亚大学伯克利分校的入学考试；切特对他的宠物狗波利和小猫欧库里照顾得很细心；南希则喜欢跑到机器房和木工房看水兵们干活，据说她使用电焊的技术比水兵们还熟练。

一家人过得其乐融融。当年秋天，凯特考入了加利福尼亚大学伯克利分校，只有周末才偶尔回家住两天。切特横跨北美大陆，远赴安纳波利斯，准备1932年春天的入学考试去了。南希则大部分时间都住在学校里。偌大的"参宿七星号"立即变得冷清起来。不久，连切特的宠物狗波利也因患上肺炎而死掉了。

由于在圣迭戈工作的时间比较长，尼米兹在那里有很多好朋友。只要条件允许，不影响照顾小玛丽，他总是设法和妻子一起参加各种舞会，会会老朋友。

此时正逢资本主义世界最严重的经济危机。从1929年开始，持续的大萧条让无数美国人陷入了饥寒交迫之中。《幸福》杂志估计，除了农村1100万户正处于苦难之中的家庭之外，城市中也至少有3400万人没有任何收入。他们完全依靠微不足道的社会救济和可怜的储蓄度日。无数的人因为交不起房租被房东赶出了门外，组成了一支浩浩荡荡的流浪大军。那些有房子的人也有相当一部分因为交不起煤气水电费而被迫加入了流浪大军之中。

据估计，当时至少有几百万人露宿在丛林、公园、街头、车站。美国20世纪著名的作家托马斯·沃尔夫描述了他亲眼所见的景象："他们就像破木烂船一样，随处漂流，举目四顾，前途渺然。正派诚实的中年人贫穷劳累，满脸皱纹；青年男子满头长发，从不梳洗。他们穿城过镇，或是搭乘铁路上的货车，或是搭乘私人的顺风车。这些无家可归、走投无路的美国公民，走遍了整个美国。直到冬天来了，他们才在各大城市集中起来。忍饥受冻，四处碰壁，肚子空空的人们心烦意乱，辗转奔波。"

实际上，托马斯描述中的人们尚属于幸运者，他们至少保全了性命。当时有相当一部分人因为饥寒交迫而倒在了路边、街头，从此再也没有站起来。

中产阶级情况也好不到哪里去。不少人因破产、失业等原因加入了赤贫的行列。他们失去了原先那种光鲜又有尊严的生活，不得不在朋友和熟人面前遮遮掩掩地过着窘迫的日子。实际上，朋友或熟人的日子也不比他好过！从前的体面、优雅、财富、尊严，连同道德羞耻感一起都被大萧条的飓风刮得荡然无存！

与城市贫民忍饥挨饿相比的是，农民生产出来的农产品却卖不出去。因为农产品的价格极低，连最基本的生产成本都赚不回来。奶农将挤出来的牛奶倾倒在了河里，因为将它们运到城里去的运输成本远远超它们本身的价值；牧场主用枪把大部分牛羊都射杀了，然后扔进山沟，因为饲料价格太贵，而将牛肉、羊肉运到市场的运费甚至比这些肉还要贵；农民将玉米棒子当成柴火烧掉了，因为这比把它们卖掉买煤要划算得多！

大萧条给美国带来了严重的危害，而且这种危害并不是短时期的，而是长期的。当时，美国的结婚率和人口出生率都大幅度降低，虽然离婚率并没有明显变化，但实际上名存实亡的家庭比比皆是，因为人们已经懒得去办离婚证了。侥幸出生的孩子都带有一个明显的特征，那就是身材瘦小，面黄肌瘦。大萧条给美国人的肉体和心灵上都留下了难以抚平的创伤！

和平民相比，军人是幸运的，大萧条并没有对军队产生太大的冲击。他们依然和往年一样，如期举行社交季活动。1931~1932年的圣迭戈社交季,以海军第十一军区组织的舞会达到高潮而结束。军区司令的妻子汤姆斯·琼斯·森夫人充当主持人。她仪表整洁,举止优雅,但非常高傲,给人一种难以接近的感觉。

周末的时候,凯特会从学校回到家里住两天。尼米兹夫妇问她:"凯特,你能否照顾一下妹妹?我们要去参加舞会。你知道,这对我们非常重要。"

凯特答应了父母的请求。尼米兹和妻子凯瑟琳立即换上晚礼服,准备出发。再次来到客厅时,尼米兹笑着对女儿说:"看,这是我上学时的礼服。我想已经没有几个上校会保留当时的礼服了。我刚把上衣上的金镶边拆掉了!"

凯特打量了一下父亲的礼服,笑着说:"简直棒极了!"

然后,尼米兹便和妻子一起出去了,留下凯特和玛丽在家中。不一会,玛丽就睡着了。凯特则坐下来看一本侦探小说。看着看着,也打起了瞌睡。

夜深了,凯特被一阵急促的脚步声惊醒了。她看见尼米兹快速通过客厅,直接走向卧室。母亲凯瑟琳则慢慢跟在后面,大声笑着。

凯特问:"什么事?这么高兴!"

凯瑟琳笑得更厉害了。过了半晌,她停下来,说道:"嗨,我们的上校今天糗大了!舞会刚开始,尊贵的森夫人把她的长柄眼镜掉在了地上。上校弯下腰去帮她捡起来,嗯,捡起来。你知道发生了什么吗?他的裤子撕破了,露出了里面的衣服,哈哈……"

凯特笑着问:"后来呢?"

凯瑟琳幽默地说:"后来,后来他就靠着墙,站了一个晚上!"

第二天,尼米兹想想当时的情况,也不禁笑了起来。吃早饭的时候,他对妻子凯瑟琳说:"我要给森夫人打个电话,告诉她我昨晚见义勇为的行动破费了我90美元。"

凯瑟琳和凯特再次大笑起来。

第五章
在风起云涌中被委以重任

一

世界政治局势风起云涌

20世纪30年代的大萧条虽然没有给尼米兹的生活带来太多冲击,但却极大地改变了世界局势。甚至可以说,第二次世界大战已经开始上演了。在东亚,日本加速了侵略中国的步伐。

1928年6月3日,日本关东军制造了骇人听闻的"皇姑屯事件",炸死了不愿和日本合作的东北军阀张作霖。在中国人民反日斗争的推动下,东北军少帅张学良民族觉悟有了很大的提升,再加上对日军杀害其父一事深怀不满,少帅于7月4日接受国民政府的号召,悬挂"青天白日旗",宣布东北易帜。中华民国在形式上完成了祖国大陆的统一。

另外,张学良还在东北着手修建与"满铁"平行的铁路,开工修建葫

"柳条湖事件"中日军诬陷中国守军的"物证"

芦岛港。此举给了日本人极大的震动。因为张学良的铁路一旦建成，"满铁"在东北的垄断地位将不复存在，日本人想要掠夺中国的钢铁、煤炭、木材等战略资源也就没有那么容易了。

就在此时，一场席卷资本主义世界的经济危机爆发了。受此影响，中国东北的大豆、豆饼等农产品的出口额显著减少，居民购买力也严重下降，日本对华销售的工业产品出现了滞销现象，"满铁"的收入也大幅下降，甚至开始出现赤字。

为了摆脱危机，寻找出路，日本政府将中国东北当成了"救命稻草"。再加上，日本一直希望将东北变为日后入侵苏联的跳板，法西斯右翼势力遂加快了占领东北的步伐。

1931年9月18日晚上10点30分，日本关东军按照参谋本部的既定部署，以一小股工兵炸毁了东北军驻地北大营附近柳条沟一段不足1米长的南满铁路路轨，诬陷中国守军。随后，关东军炮轰北大营，次日凌晨发动大规模的军事入侵。此即历史上著名的"九·一八"事变。

事变爆发后，中国方面举国震惊，但以蒋介石为首的国民政府却高喊着"攘外必先安内"的口号，不予抵抗。结果，数十万东北军奉命撤入关内，给关东军以可乘之机，使其仅耗时3个月就占领了美丽富饶的东北三省。

日军虽然占领了东北，但依然没能把日本从经济危机的泥潭中拉出来，但极大地改变了日本的政治格局。当时，日本经济受经济危机的影响十分严重，工厂倒闭，工人失业，整个国家一片萧瑟！再加上日本海军在20年代的两次国际裁军会议（华盛顿会议和第一次伦敦裁军会议）上未能取得和英、美对等的地位，少壮派军官认为文人内阁再也无法领导整个国家和民族了。他们决定发动政变，推翻政府，建立军阀统治。政治身价倍增的少壮派法西斯军官策划、发动了一连串的暗杀事件，给日本法西斯运动涂上了一层血淋淋的斑迹。前藏相井上准之助、三井财阀的董事长团琢磨等人均死于暗杀。

这个时候，对日本侵略中国问题上极尽妥协绥靖之能事的国联也站了出来。这主要是因为日本的侵略野心并不局限于中国东北，而且日本要独霸中国的企图也与英美发生了矛盾。1933年1月，国联在特别大会上通过了谴责日本侵略和要求日本退出中国东北的决议。日本蛮横地拒绝了国联的要求。3月29日，日本宣布退出国联。从此，日本逐步走上了与英美武力对抗的道路。

同年5月15日，一批法西斯青年军官与农本主义者橘孝三郎所领导的爱乡塾学员合谋，袭击了首相官邸及内大臣官邸、政友会本部、三菱银行、首都警视厅、变电站等处，妄图制造混乱，乘机实行政变。结果首相犬养毅被暗杀，这就是日本历史上有名的"五·一五事件"。

"五·一五"事件11天后，即5月26日，日本成立了以海军大将斋藤实为首的所谓"举国一致"的内阁。至此，日本政党内阁时代结束，随之而来的是军事独裁政府。

欧洲方面，纳粹党党魁希特勒也借大萧条之机，大肆宣传他的独裁理论。他一方面宣称经济危机是"政府无能"，是政府接受《凡尔赛和约》和战争赔款及奉行"社会主义"政策的结果；一方面对各阶层人民不断做出符合其愿望的慷慨许诺，宣称纳粹党不是一个阶级政党，而是"大众党"，并重点向中下层的中产阶级发动讨好攻势，以争取得到他们的支持。

纳粹党迅速壮大，经济危机爆发之前，纳粹党只有10.8万人，到1932年时已经超过了100万。在1932年7月31日举行的国会选举中，纳粹党获得了37.3%的选票，一跃成为国会中最大的党派。希特勒趁机施展手段，于1933年1月30日登上了德国总理的宝座。魏玛共和国宣告垮台了，德国正式进入了希特勒法西斯独裁统治时期。

尼米兹也在这个时候迎来了他一生中最为重要的调令之一。1933年夏，尼米兹奉命出任在中国上海重组的亚洲舰队旗舰"奥古斯塔号"重型巡洋舰舰长。随后，尼米兹便登上了"奥古斯塔号"，从西雅图出发，历经21天，横跨半个地球，驶抵上海的黄浦江。

"奥古斯塔号"的主要任务是在西太平洋地区显示美利坚的实力。通常，春秋两个季节，它会在上海附近海面游弋；夏季开往青岛；冬季则停靠在菲律宾的马尼拉湾。从本质上说，这也是一种赤裸裸的侵略行径。

二

人尽其才，委以重任

在尼米兹出任"奥古斯塔号"重型巡洋舰上校舰长之时，他未来的对手山本五十六已经是一名海军少将了。这个疯狂赌徒虽然依然专心致志地研究着航空兵，尤其是舰载机的使用。

从1928年3月开始，山本五十六先后被任命为"五十铃号"巡洋舰舰长和"赤城号"航空母舰舰长。这使他得到了一个实践舰载机理论的大好机会。与此同时，他也促使日本海军省把原先准备用于发展主力舰的经费用来建造航空母舰，发展海军航空兵。

1930年春，美、英、日、法等国在伦敦召开第一次伦敦裁军会议，限制各国海军的力量对比。经过长达3个月的争吵，美、日达成妥协。妥协方案规定，日本辅助舰的总吨数可保持在美国的69.75%，但大型巡洋舰的比例仍维持6∶10，潜艇的比例与美国相等。

事后，山本五十六对他的朋友说："在这种军备比例下，假如有一天和强劲的美国海军作战应该怎么办？假如我们不理会裁军条约而建造主力舰，他们也同样会造，何况美国的工业技术又超出日本一筹。解决这一问题的唯一办法是，在开战之初以空袭痛击对方，使对方和我国的比例趋于相等。因此当务之急，日本必须优先发展空军。"

正是在这想法的推动下，山本五十六又先后出任海军航空本部技术处长和第一航空战队司令等职。在20世纪30年代之前，日本的工业制造技术极其薄弱，还不能独立制造飞机。第一次世界大战以前，日军装备使用的为数不多的飞机，大部分是仿照法国和英国的飞机而制造的。第一次世界大战后，日本又转而学习德国的技术。

不得不承认，日本人的模仿堪称世界一流。他们模仿英、法等国的飞机甚至比原机还要出色。那时，只要有较先进的新式飞机出现，日本政府都会斥巨资购进一两架，然后将之拆卸，反复研究，在此基础上稍加改

· 81 ·

装,便定型投入批量生产。

飞机制造业的落后局面严重束缚了日本航空兵的发展。与陆军航空兵相比,海军航空兵由于起步较晚,发展更为落后。目光如炬的山本五十六敏锐地意识到了这一问题。上任伊始,他就提出,技术处不但要大力进行飞机技术改造,制造有耐久力的全金属高性能飞机,还要实现国产化。他提出的口号是"一切国产化","使用国产品,否则就没有日本航空的独立和发展"。

为此,山本在海军省的支持下于1931年创建了第十四基地航空队,又于1932年成立了集飞机维修、制造于一体的综合实验机构,大力进行开发研究。在以美国海军为假想敌这个前提之下,山本五十六首先考虑生产一种大型化的远程陆基机。他希望依靠这种远程飞机来有效地削弱美国海军的力量,以便扭转日本海军的劣势地位。山本设想,如果美国凭借强大的海军优势横渡太平洋,向西进攻日本的话,日本海军便可以使用这种飞机,到近海以外的海域上空予以阻击。

山本的目的很明确。他希望这种大型的远程陆基机可以在美国舰队抵达日本近海之前,将其力量削弱到与日本海军的力量大致相当,甚至是劣于联合舰队。要实现这一战略目标并不容易,但也并非全无可能。日本海军与美国海军相比,虽然处于劣势,但在某些方面也具备一定的优势。比如,日本占领的南太平洋各群岛便可作为远程陆基机的基地,即山本五十六所说的"不沉的航空母舰"。

1933年,山本五十六设想的远程陆基机终于研制成功了,被命名为"八试特种侦察机"(1933年为日本天皇纪年昭和八年)。除了主持研制"八试特种侦察机"之外,山本五十六还参与了几种中型攻击机、战斗机和轰炸机的研制工作,其中包括著名的"零"式战斗机。

1933年10月3日,山本五十六卸任航空本部技术处长之职,转任第一航空战队司令官。这又给了他试验飞机和训练一流飞行员的机会。

山本五十六如此着急发展海军航空兵,是因为他判断,随着日美两国在太平洋上的矛盾日益尖锐,两国之间的战争已经无法避免。他预计,这场战争降临的日期已经不远了,多则10年,少则5年,战争就会爆发。

尼米兹上校在仕途上确实不如山本五十六顺利,但却和他一样,都是一名技术兼指挥型的杰出军官。尼米兹培训军官的一个原则是:人尽其才,委以重任。

通常情况下,他分配给每个人的任务都要比他们认为自己能够承担的责任多一些。为了更好地锻炼新手,他还会把上一级军官的权力下放给他们，然后提高上一级军官的职权，直到最高一层。如此一来，他就有更多的时间来思考指挥和行政管理等重大问题了。

他最不能容忍的是，一个军官只会干下一级军官可以完成的工作。他常说："我最讨厌的是一个中级军官只会掌舵。在驾驶舱指挥掌舵，那是少尉的工作。"

尼米兹还善于调动和发挥每个军官的特长。1934年初，"奥古斯塔号"来了一位刚从安纳波利斯海军学校毕业的实习生赖伊。尼米兹从他的档案中得知，赖伊在领航课六分仪的考试中成绩优异，马上召见了他，对他说："据我所知，你非常适合当领航员。"

领航员是非常重要的工作，一般不会让新手来担任。赖伊吞吞吐吐地说："这，这，我不确定自己能够做好。"

尼米兹鼓励他说："相信我，小伙子，你将会是一个优秀的领航员。这样吧，你先从助理领航员做起。"

就这样，赖伊刚毕业就被委以重任。后来，他果真成了海军中最优秀的领航员之一。

有一天晚上，一名善于吹号的少尉威尔逊·莱弗顿在甲板执勤。他在当童子军的时候就是有名的号手，曾被推举在华盛顿无名军人墓前吹安息号。

大概为了炫耀自己，莱弗顿少尉让号兵去睡觉，亲自吹了归营号和熄灯号。莱弗顿优秀的表演很快传到了尼米兹的耳中。

第二天，尼米兹便召见了莱弗顿少尉。他说："你是一个很棒的号手。我告诉你，这里的号兵都没有你吹得好。我给你一个月的时间，把他们训练好。"

莱弗顿坚定地回答说："先生，保证完成任务。"

后来，莱弗顿对朋友说："千万不要在不恰当的时机表现你的才能，这可能是你倒霉的开始。"

尽管他表面上这样说，但内心里却非常自豪。此后的一个月时间里，他每天花一个小时的时间，在舰尾或者机房训练号兵，很快就把他们训练得和自己一样出色了。

在尼米兹的领导下，"奥古斯塔号"很快就成了海军中最杰出的巡洋舰之一。在各项技术比赛和体育比赛中，它总是名列前茅。仅1934年，"奥古斯塔号"就赢得了射击奖杯、"铁人"运动奖、美英海军橄榄球对抗赛冠军等多枚奖牌。到了冬天的时候，舰上的木工不得不专门做一个盒子，用来放置所有的奖杯。

三
越过准将直接晋升为少将

1935年4月12日，尼米兹卸任"奥古斯塔号"舰长之职，和妻子凯瑟琳、女儿玛丽一起乘坐"林肯号"邮轮，返回美国，前去接任海军部航海局助理局长的职务。

尼米兹新工作主要是坐在办公室，处理各种政治事务。他对这种工作很不适应，不过也有一点好处——他们一家人又团聚了。刚从加利福尼亚大学毕业不久的凯特又考入了华盛顿大学攻读图书馆学，切特周末的时候也回到家中，南希进入了切维·蔡斯·贝赛斯达中学，玛丽被送进安吉尔小姐在切维·蔡斯幼儿园。

还有一件让尼米兹感到高兴的事，那就他和老朋友布鲁斯·卡纳加上校又重逢了。两人住得很近，又同在海军部工作，经常一起上下班。有时候，他们会中途下车，一起走一段距离，共同回忆年轻时的时光或者搞一些和他们的年龄看起来十分不相称的恶作剧。

尼米兹很喜欢鲜花和野生的蘑菇。散步就成了他采集鲜花和蘑菇的大好机会。有时候，他看到别人花园里有怒放的花朵，便会毫不犹豫地闯进草坪，旁若无人地摘几朵。主人看到了，他还会厚着脸皮和人家搭讪。

尼米兹笃信"偷来的水果最甜"的说法。他散步的时候常常拿着一根手杖，那并不是用来支撑身体的，他还没到那个年龄。当看到别人家的果树上挂满果实时，他便会用手杖钩住树枝，摘几颗。他的这种举动经常让和他一起散步的子女感到难堪。而尼米兹总是若无其事地说："难道你们不知道吗？偷来的水果最甜！"

有一次周末，尼米兹和卡纳加等人到郊区散步。途中经过一个农家小院，院中有一棵樱桃树，上头挂满了鲜艳的果实。有几根树枝已经伸到篱笆的外面来了。尼米兹停了下来，对众人说："嘿，多好的樱桃啊，你们等我一下。"

卡纳加难为情地说："请不要这样！"

尼米兹笑了笑，信步走过去，用手杖钩住一根树枝，摘下了一大把樱桃。当他们正在品尝樱桃时，女主人出现了。

女主人惊讶地看着眼前这几个身着军官制服的中年人，半天没有说话。尼米兹则依然美滋滋地吃着樱桃。突然，女主人发怒了，高声责骂起来。

尼米兹笑呵呵地看着她，等她停下来才说道："嘿，你种的樱桃真是难得一见的好品种。我一看见就忍不住想要尝尝。据我所知，全美能种出这么好的樱桃的人没有几个。"

听到尼米兹夸奖自己种的樱桃好吃，又说自己是个行家，女主人气消了大半。尼米兹又和她讨论起在院子里种植樱桃的好处来。这一下，女主人的气全消了。她笑呵呵地向尼米兹道歉，还请他到院子里多摘一些樱桃呢！

1936年6月，切特从海军学校毕业了。尼米兹夫妇专程前去参加了儿子的毕业典礼。不久，切特便奉命前往"印第安纳波利斯号"巡洋舰报到，成为了一名美国海军。

同年秋天，凯特也从华盛顿大学毕业，进入公共图书馆总馆的借阅部工作。不久，她被任命为音乐部助理主任、代理主任直至最后升为主任。她晋升为主任后，愉快地跑回家去，看见父亲在剪草坪，她大声对他说："我得了一个长期的工作了！你看怎么样？"

尼米兹很高兴地看着女儿，从口袋里掏出一张5美元的纸币，递给女儿说："拿去，跑到拐角处去买瓶杜松子酒，让我们来庆祝一下。"

这些可能是尼米兹在海军部工作的两年间最愉快的事情了。单调的办公室生活直到1938年才结束。这年5月，尼米兹接到调令，准备于7月前往圣迭戈报到，出任第二巡洋舰支队司令。6月，他越过海军准将，直接晋升为海军少将。

尼米兹能从海军上校直接晋升为海军少将，这和他本人在工作上的出色表现有很大的关系，但还有另外一个原因——战争正在迫近。

欧洲方面，希特勒正在一步步挑战英、法等国的忍耐极限。他登上德国总理的宝座之后，他开始大力排挤其他政党，施展手段迫使总统兴登堡解散了国会，并指使已经发展到数百万人的冲锋队、党卫队和钢盔团成员组成"辅助警察"，接管了各地的警察部门。

随后,他在冲锋队和党卫队的参与下,对德国各邦特别是那些不在纳粹党掌握之中的邦进行了自上而下的夺权。从此,各邦的主权被纳入"一体化",德国这一法制国家趋于瓦解,纳粹党一党独裁的统治基础基本确立。

1934年6月30日,希特勒又策划了"长刀之夜"事件,以冲锋队政变为借口,铲除了冲锋队头目罗姆及前总理施莱切、前军情局局长布利多等大批要员。在这次事件中,希特勒大肆镇压、打击及削弱党内反对派,并获得了国防军及总统兴登堡的支持,巩固了自己的独裁势力。

就这样,希特勒在上台后的一年多时间里基本上结束了从上到下的夺权活动,建立了纳粹党一党独裁的法西斯极权统治。不可否认的是,希特勒在政治和经济上采取的一系列措施确实让德国暂时摆脱了经济危机的威胁,并在一定程度上恢复了德意志民族的民族自豪感。

1935年4月,希特勒正式向全世界宣布,德国将再次实行普遍兵役制,建立一支规模为12个军、36个师约50万人的强大军队。这一惊人的举措宣告德国已经完全废弃《凡尔赛和约》对其所施加的军事限制,德国的扩军备战从偷偷摸摸的地下状态进入了堂而皇之的公开阶段。

1936年3月7日,希特勒在国会宣布,他准备重行占领莱茵兰地区。随后,一支小规模的德军部队象征性地跨过莱茵河上的桥梁,开进了莱茵非军事区。结果,英、法等国对此只是吵吵嚷嚷了一阵子,便默认了德军出兵莱茵非军事区的事实。从此之后,希特勒的行动更加肆无忌惮了!对于德国这一公然违反《凡尔赛和约》的行动,英国的一些媒体居然报道说:"说到底,这不过是德国人回到他们自己的土地上罢了。"

1938年3月11日,德军越过边界迅速占领了奥地利全境,打开了通向捷克斯洛伐克的门户。根据《凡尔赛和约》的规定,德国永远不得与同以德意志民族为主体的奥地利合并,但希特勒根本没有把《凡尔赛和约》放在眼里。占领莱茵兰和吞并奥地利之后,希特勒的胃口越来越大,他的下一个征服目标直指捷克斯洛伐克。

英、法两个欧洲传统大国对德国挑战《凡尔赛条约》的行径一再忍让。两国民众也因对第一次世界大战所造成的破坏记忆犹新,几乎全部站在和平主义的立场上,主张大规模地裁军。一些有识之士,如第二次世界大战期间出任英国首相的丘吉尔敏锐地看到了在欧洲上空密布的战争阴云。他愤怒地写道:"我们以吃惊和忧伤的心情看到:残忍的暴力和好战的狂热甚嚣尘上,对少数民族进行残酷无情的虐待,仅以种族为借口而拒绝对文明社会为数众多的个人提供正常的保护。"

英、法两国对德国的挑衅一忍再忍,时任美国总统罗斯福则在大萧条和孤立主义的双重压力下不得不对欧洲的态势保持适度的沉默。如此一来,德国纳粹就更加肆无忌惮了。

四

"帕奈号"事件始末

德国纳粹的挑衅行径刺激了日本的侵略野心。"九·一八事变"爆发后，日本迅速扩大对中国的侵略。日本对中国的侵略无疑会损害英、美两国的在华利益。如此一来，日本和英、美等国在东亚和西太平洋地区的矛盾也进一步激化了。在东西方均剑拔弩张的态势下，整个世界就像是烈日下的干柴堆，只要一颗火星，就能燃起熊熊大火。

1936年1月15日，日本政府宣布退出伦敦裁军会议。由此，世界海军强国进入了毫无限制的造舰竞赛时期。2月26日清晨，日本陆军发动政变，刺杀了藏相高桥、内大臣斋膝实海军大将、教育总监渡边锭太郎等人，史称"二·二六事件"。这是一次旨在排除异己，巩固军事独裁统治的恐怖活动。

广田内阁正是在这一形势下出现的军部傀儡。陆军和海军的首脑们通过一纸恢复陆海军大臣现役武官制的法令，从而掌握了挑选每届内阁陆相和海相的特权。如此一来，一旦高级将领对内阁不满，便可以通过召回陆相和海相的办法，搞垮内阁。

广田内阁上台伊始，为服从法西斯的意志，加快对外扩张的步伐，于8月通过了《帝国国防方针》和《国策基准》，确立了"在确保帝国在东亚大陆地位的同时，向南方发展"的根本国策。紧接着，广田内阁又于11月和德国签订了《反共产国际协定》，迈出了和德国法西斯结盟的第一步。"向南发展"这一国策的制订，表明日本政府已经将矛头公开指向了美国。

已经升为日本海军中将的山本五十六便是在这种背景下从航空本部部长的职位上升任海军省次长的。这时，日本军国主义势力正在以中国东北为基地，积蓄力量，执行所谓的"五年战备"计划，准备对付其对外扩张的主要障碍——苏联和美国。与此同时，他们又不断在中国挑起事端，企图尽快解决所谓的"支那问题"。

对发动全面侵华战争，日本军部内部分为两派，一派为强硬派，一派为不扩大派。强硬派认为，中国不堪一击，日本应在积蓄力量对付苏联和美国的同时，顺便彻底解决中国问题。不扩大派的人则认为，中国看似不堪一击，但地大物博，将其消灭绝非一朝一夕之事。当前，日本应该全力以赴地执行"五年战备"计划，不能将力量消耗在中国战争的泥潭中，而给美苏以可乘之机。

1937年7月7日，"卢沟桥事变"结束了日本军部内部的纷争。当天，驻丰台日军第一联队第三大队第八中队由中队长清水节郎带领在宛平县城北举行军事演习。

晚上11时许，日军以"仿佛"听到宛平城内的枪声而使1名日本士兵失踪为由，要夜闯县城搜查。中国驻军第二十九军三十七师一一〇旅二一九团金振中营果断拒绝了日军的无理要求。

已决心利用这次机会制造战端的日军立即向中国守军开枪。翌日凌晨，日军又加强攻势，炮轰宛平城，挑起战争。第二一九团团长吉星文忍无可忍，下令还击。这便是历史上著名的"卢沟桥事变"，又称"七七事变"。

"卢沟桥事变"拉开了日军全面侵华的序幕，同时也标志着中华民族全面抗战的开始。也有历史学家将这一事件视为第二次世界大战亚洲战事的开端。不过，主流观点依然将后来的德国入侵波兰之战视为第二次世界大战的开端。

在日军的疯狂进攻下，北平、天津等地相继沦陷。罪恶的侵略者又在华东地区开辟了新战场。中国守军奋起抵抗，淞沪会战爆发。打了3个多月的淞沪会战是中国抗日战争中第一场重要的战役，也是规模最大、战斗最惨烈的战役之一。据战后统计，中国守军各部队共计伤亡30余万人。日方宣布，日军伤亡4万余人。

中国军队虽然未能保住上海，但已经尽最大之努力，粉碎了日军"三个月内灭亡中国"的狂妄计划，同时也为国民政府从上海等地搬迁厂矿机器及战略物资争取了时间。

上海失守后，日军迅速侵占苏州等地，威逼南京。1937年12月12日，中国守军在南京保卫战中失利，各部队慌不择路，夺道而逃。5万余日军逼近城下，马上就要攻进来了。各国驻华使馆人员慌忙向后方撤退。

下午1时左右，日本海军航空兵奥山上尉率领一个中队的轰炸机正在沿江追踪轰炸中国溃军。突然，满载美国使馆人员和西方记者的美国炮艇"帕奈号"映入了奥山的眼帘。

尽管炮艇上的美国国旗清晰可见，但已杀红了眼的法西斯分子还是欣喜若狂地向炮艇冲去。由于缺乏史料，现在已经很难说清奥山轰炸美国炮艇的目的何在。或许，他仅仅只是"杀红了眼"，寻求屠杀的快感；也有可能是得到了高层的指示，借此试探美国人的反应。从当时美、日关系来看，后者的可能性比较大。

一番狂轰滥炸之后，"帕奈号"缓缓沉入浑浊的长江，两名水手和一名意大利记者当场丧命，另有多人受伤，其中包括副舰长阿瑟·安德斯。

"帕奈号"事件激怒了美国人！但由于孤立主义和和平主义思潮依然在国内占据主导地位，再加上战争准备不足，美国人对此采取了相对温和的态度。

这个时候，日本人也意识到，与美国开战的时机未到。日本外相立即照会美国大使，"深表歉意"并愿意赔偿一切损失。与此同时，惶惶不可终日的海军省次长山本五十六中将也发表声明说："这次事件的责任全在日本方面，海军应该诚恳认错。"

随后，海军省将事件的直接责任者海军第二联合航空队司令三井贞三少将免职查办，政府向美国递交了一张2214007.36美元的赔款支票。

五

出任第一战列舰支队司令

"帕奈号"事件极大地刺激了美国政府和时任总统富兰克林·罗斯福。正是在这种背景下,海军部提拔了一大批富有远见卓识的中青年军官。尼米兹也是这次提拔的受惠者之一。

1938年6月,凯特和南希两姐妹在华盛顿的Q街2222号定居下来。后来,这里也成了尼米兹一家的寓所。凯瑟琳正在收拾行李,准备前去格罗顿参加为一艘新潜艇命名的仪式,然后赶赴马雷岛海军造船厂附近的教堂,参加儿子切特的婚礼。切特和一名叫琼·拉伯恩的姑娘在那里相遇,并决定于6月18日步入婚姻的殿堂。

6月6日,尼米兹少将来到格罗顿,把那艘新潜艇命名为"棘鬣鱼"。刚刚7岁的玛丽还没有见过如此严肃和恢宏的场面,被轰鸣的汽笛声吓得"哇哇"大哭。

凯瑟琳不断安慰着女儿,但毫无作用。玛丽只是吵着:"妈妈,我要回家,我要回家!"

仪式结束后,尼米兹夫妇立即带着小女儿驱车前往马雷岛。途中,突然下起了暴雨,天色一下子暗了下来。只有偶尔划破长空的闪电,把雨景照得异常瘆人。"轰隆隆"的雷声紧随闪电而来,仿佛在追着汽车跑。

巧合的是,尼米兹一家刚好经过一块墓地。不远处有一处新坟墓,旁边的花圈在雨水的冲洗下显得异常鲜艳,在闪电的映射下,闪闪发光。

玛丽瞅着窗外,天真地说:"坟墓上的花朵真好看。我知道,我们死后在我们的坟上也会种上花的。"

尼米兹和凯瑟琳都笑了起来。原先紧张的气氛一下子消失得无影无踪了。

尼米兹夫妇终于赶上了儿子的婚礼。但时间紧迫,他们很快就和新郎、新娘告别,驱车前往圣迭戈去了。7月初,尼米兹准时抵达圣迭戈,

海上骑士 尼米兹

出任第二巡洋舰支队司令职务。可能是由于连日劳累，他突然得了疝气，不得不入院治疗。这次突如其来的意外让尼米兹备受打击。在医院的一个半月时间里，他百无聊赖，烦躁不安，生怕因为这次意外使自己失去宝贵的机会。

事实上，尼米兹多虑了。这次意外非但没有让尼米兹失去宝贵的升迁机会，反而使他因祸得福，成了梦寐以求的第一战列舰支队的最高指挥官。

8月17日，尼米兹登上第一战列舰支队的旗舰"亚利桑那号"，正式就职。这时，华盛顿方面已经预料到，美、日之间在太平洋上开战的可能性很大。美国必须加强海军的建设，提高部队的作战能力，尤其是两栖作战的能力，以便应对将来可能爆发的战争。曾任海军部助理部长的罗斯福总统也竭力督促海军按照第二次伦敦裁军会议协议所规定的最大限度去发展武装力量。

与此相对应的是，国会提出了一个每年拨款10亿美元的海军建设计划。海军部也有两个比较大的动作。一个是大规模地征兵，集中培训，然后将新兵送到各地服役；另一个是展开实战演习，尤其是两栖登陆作战演习。

1939年初，海军部在加勒比海地区进行了一个代号为"舰队布局20"的演习。美国舰队大部分舰只都开到了中美洲。尼米兹则奉命留守西海岸，负责指挥第七特混舰队。第七特混舰队由"亚利桑那号"等驱逐舰、1艘大型巡洋舰、1艘油船、若干辅助舰组成，主要任务是研究海上加油和两栖登陆作战的战术。

旗舰"亚利桑那号"

在演习中，尼米兹发现小型登陆艇很难达到抢占滩头阵地的目的，而是自身损失很大。于是，他便建议海军部设计一些专门用于登陆的运输车、登陆艇。海军部采纳了这一建议，并加快了研究进程。

参与这次演习的海军陆战队第二旅后来也成为了美国海军的主力。在太平洋战争中，攻占瓜达尔卡纳尔、格洛斯特角、冲绳岛等岛屿的战斗都有这支部队的身影。

而这时，欧战的爆发已经无法避免了。整个欧洲就像是一堆泼了汽油的干柴，只需要一颗火星儿，就能燃起熊熊大火。1938年秋，英、法两国在慕尼黑会议上无耻地出卖了捷克斯洛伐克，将苏台德区割让给了德国。

波兰和匈牙利也趁火打劫，各自分割了捷克斯洛伐克的一块土地。就这样，捷克斯洛伐克这个曾经的工业强国就这样被肢解了。根据慕尼黑协定，希特勒得到了他所要求的一切。德国强迫捷克斯洛伐克割让了2.8万多平方公里的苏台德区，上面住着360多万日耳曼人和捷克人。在这个地区内，有着当时欧洲最为牢固的防御工事之一，只有法国的马其诺防线可以与之媲美。

更加令人不安的是，希特勒从捷克斯洛伐克获得了大量的作战物资。据统计，捷克斯洛伐克被肢解以后，丧失了60%的煤、80%的褐煤、86%的化学工业、80%的水泥工业和纺织工业、70%的钢铁工业和电力工业、40%的木材工业。

慕尼黑会议对英、法来说不但是一次耻辱，也是一次沉重的打击。慕尼黑会议之后，捷克斯洛伐克被肢解了，原先部署在坚固的山地工事中的35个装备精良的捷克师也撤离了。要知道，35个捷克师牵制了大批德国军队。如今，这一支重要的军事力量几乎无法发挥任何作用了。更为重要的是，慕尼黑会议让英、法两国的信誉在东欧各国中遭到了沉重的打击，谁还会相信英、法政府信誓旦旦的保证呢？波兰、罗马尼亚等国都争先恐后地想在为时尚不算太晚的时候，同希特勒搭上桥，谋求保全自己，免遭大害。

1939年3月10日，捷克斯洛伐克中央政府解散了亲德的斯洛伐克地方政府，并逮捕了一批追随纳粹德国的分裂主义分子。希特勒抓住这一事件，立即向部队下达了于3月15日占领捷克的命令。3月15日凌晨2点，德军大举侵入捷克境内。与此同时，德军空军元帅戈林和德国外长里宾特洛甫不断向捷克总统施压。年迈的捷克斯洛伐克总统埃米尔·哈查心脏病突发，昏了过去。醒来后，他极不情愿地在《德捷协定》上签字，"邀请"

德军入境。

　　至此，希特勒的诡诈伎俩已经达到登峰造极的地步。签完字之后，希特勒冲进了他的办公室，拥抱了在场的每一个人。他狂妄地宣告："捷克斯洛伐克再也不存在了！孩子们！这是我生平最伟大的一天！我将以最伟大的德国人而名垂青史！"

　　德军占领捷克斯洛伐克不久，希特勒就从捷克斯洛伐克掠夺了95亿马克的资金、100多万支步枪、4.3万挺机枪、1500多架飞机、2100多门大炮、500多门高射炮、300多万发炮弹、10亿发子弹和400多辆坦克。东欧当时最大的军工厂斯科达也被德军占领了。与此同时，希特勒还把大批捷克斯洛伐克青年男女掳去当兵和服劳役。德国的军事实力得到了很大的加强。德国空军总司令戈林在德军占领捷克斯洛伐克一个月后曾对墨索里尼说："捷克斯洛伐克巨大的生产能力转归德国而产生的经济因素显著加强了轴心国对付西方国家的能力。不仅如此，如果发生更大的冲突，德国现在无须保留一个师的兵力去防御那个国家了。"

第六章
临危出任太平洋舰队司令

一
征召新兵，扩充海军队伍

1939年春，尼米兹少将接到调令，返回海军部担任航行局局长。尼米兹这次海上任职的时间尚不足一年，但在当时一点也不奇怪。为了让更多的高级指挥官获得海上指挥经验，当时几支主要舰队的指挥官调动都很频繁。因为战争正在一步步逼近。

3月21日，德国政府在侵占了捷克斯洛伐克之后又向立陶宛提出了领土要求，要求其立即派全权代表到柏林签字，把默默尔交给德国人统治。弱小的立陶宛不敢违拗希特勒的意见，不得不于3月22日派代表到柏林在协约上签了字。

希特勒不等谈判结束，便在斯维纳明德登上了"德意志号"袖珍战舰前往默默尔，炫耀他的"丰功伟绩"。德国又一次兵不血刃地完成了新的征服。从苏台德区到奥地利，从捷克斯洛伐克到立陶宛，法西斯德国已经兵不血刃地将其领土扩大了数倍。

得意忘形的希特勒随即将矛头指向了波兰。第一次世界大战结束后，德国割让给波兰的出海口，即通往波罗的海的"波兰走廊"则将原本连成一片的德国领土分成了两块，位于"走廊"之东的东普鲁士成了远离德国本土的"孤岛"。但泽则被辟为了自由市，国际联盟管理。德国人一直对失去但泽和"走廊"地区耿耿于怀。

吞并奥地利和捷克斯洛伐克之后，希特勒企图用恫吓和军事两种手段，迫使波兰同意德国合并但泽自由市，并允许德国在"波兰走廊"建造一条治外法权的公路来连接东普鲁士和德国本土。值得玩味的是，仅仅在半年之前，波兰政府还跟在希特勒的身后，在德国占领了苏台德区之后也趁火打劫地侵占了捷克斯洛伐克一小块领土。仅仅半年的时间，希特勒便翻脸不认人，开始对他的波兰"小兄弟"下手了。

波兰政府拒绝希特勒的所有要求，并于3月30日得到英、法的承诺，保卫波兰的国家主权。但希特勒坚信英、法不会为波兰向德国开战，便决定对波兰采取军事行动。4月28日，德国发表声明，终止了《波德互不侵犯条约》。随后，希特勒便下令德军总参谋制订了一项"闪击波兰"的作战计划。

5月，法国与波兰签订了一个协议，法国承诺会在波兰侵入后15日内加入战争，援助波兰。8月25日，英国也与波兰签订了成为军事盟友的条约。但实际上，英法两国对法西斯德国依然抱有一丝幻想，不愿意相信德国会发动对波兰的战争。

但波兰军队根本不具备长期抵抗德军进攻的能力。即使是法军，也无法对付德军的闪电战攻势。因此，法、英两国对波兰的承诺在军事上并不具有现实意义。英、法两国政府都清醒地意识到，如果不能及时地同苏联建立政治和军事联盟，波兰就毫无生存下去的可能。

不过，由于英、法两国对社会主义苏联的敌视，直到英国无条件地承诺捍卫波兰的领土完整之后，才提出了同苏联签订协议，实现和解。但此时，希特勒也已经意识到了与苏联结盟的重要性。在希特勒看来，与苏联签订协议是使德国避免在两条战线上同时作战的唯一办法。

结果，英、法两国与苏联的谈判破裂了。德国外长里宾特洛甫却在希特勒的授权下，于8月22日在莫斯科与苏联秘密地签订了《苏德互不侵犯条约》。如此一来，形势就变得对英、法更加不利了。一旦爆发大规模战争的话，德国便可以毫无顾忌地把全部兵力投入到西线战场对付英、法了。

9月1日凌晨，德军大举越过德波边境，分北、西、南三路，向波兰首都华沙进逼。这是人类历史上第一次大规模的机械化大进军。德军的轰炸机群呼啸着向波兰境内飞去，目标是波兰的部队、军火库、机场、铁路、公路和桥梁。德军趁势以装甲部队和摩托化部队为前导，以每天50~60公里的速度向前突进。德军闪击波兰，标志着第二次世界大战欧洲战事正式拉开了帷幕！

德国闪击波兰的第三天，英国政府对德宣战。法国也在同一天加入了战争。战争爆发之初，单纯从军事力量和经济实力上来讲，英、法等国占有一定优势。当时，波兰有40个步兵师和12个骑兵师；法国约有110个师的兵力。而当时德国只动员了98个师。在经济实力方面，英、法拥有广阔的殖民地，战略资源丰富，然而，德国却缺乏铁砂、橡胶和石油等重要的战略物资。

但是由于英、法没有做好应战的准备，而且不想真正打仗，在行动上磨磨蹭蹭，甚至根本没采取真正的军事行动。张伯伦就曾宣称，这是一场"晦暗不明的战争"。所谓"晦暗不明"，实际上是指"战"与"和"还在两可之间。正是因为英、法两国首脑处于这样一种精神状态之中，盟国在战争初期一直处于被动挨打的局面。英、法违背了自己许下的"如果德意志帝国胆敢入侵波兰，英法联军将直捣鲁尔谷地"的诺言。法国屯集重兵，却躲在马其诺防线后面，眼睁睁地看着波兰独自抵抗着强大邻国的侵略。

从1939年9月1日到1940年5月10日，这段奇特的历史时期在德国被称之为"静坐战"，而其他国家则称之为"假战"。英、法两国的"假战"助长了法西斯德国的侵略野心，同时也让自己在后来付出了沉重的代价。

尼米兹立即以航行局局长的身份敦促海军各部队加强训练，同时加强征兵工作。为了吸引青年入伍，他在许多报纸上都登了征兵广告，以许多妙趣横生的小故事来宣传参加海军的好处。此外，他还把新兵的训练时间从8周缩短为6周，以便加快补充兵员的速度。

在军官培养方面，尼米兹规定：每个国会议员向海军学校推荐学员的名额由原来的4名提高到5名；海军学校的4年制暂时改为3年制；地方大学里的后备军官训练团由原先的8个扩充到26个；合格的预备役军官经过考核合格可以直接转到正规部队任职。

为了尽可能地增加战斗人员的人数，尼米兹还把文书及其他非军事工作交给文职人员来处理，而不是像第一次世界大战期间那样，由预备役人员来承担。不过，他不同意使用女性。因为他认为女性的工作效率比男性低，而且穿着军装的女性看上去"很不成体统"。

据统计，从尼米兹担任航行局局长开始，到1941年5月15日，航行局里的文职人员从280名增加到了950名。尼米兹对他们的工作非常满意。他在一份报告中如此写道："包括新老雇员在内的大多数雇员在工作中忠心耿耿，自愿加班加点。他们尽全力为国防工作服务的精神，将载入史册，永志不忘。"

二
拒绝出任太平洋舰队司令

1940年春,德国的机械化兵团打破了平静的欧洲战场。挪威、丹麦、卢森堡相继沦陷,比利时、荷兰、法国等国也岌岌可危。

法国人万万没有想到,德国庞大的装甲部队竟从马其诺防线的北端,法、比边境的阿登山区绕过法军的防线。马其诺防线没有延伸到阿登山区,也是法、比军队防守最薄弱的地方。因为法军总参谋长甘默林等人深信,德军大规模的装甲部队无法越过崎岖的阿登山脉。

5月10日,德军的"镰刀行动"拉开大幕。当天,军事力量薄弱的卢森堡就不战而亡了。闻知这一消息,英国上下一片震动。当天下午6点,英王乔治六世在白金汉宫召见了丘吉尔,授权他组织政府。丘吉尔这位历史巨人随即组成了英国历史上最为著名的战时内阁,开始担负起领导英国民众抗击法西斯侵略的光荣使命!

但由于战争准备不足,英、法的防线很快被德军突破。到5月26日黄昏时分,英国海军部不得不下令执行代号为"发电机"的撤退行动,将被围困在敦刻尔克的40万英法联军撤到不列颠。

撤退行动很成功,到6月4日下午2点23分,"发电机"行动结束之时,从敦刻尔克撤向英国本土的英法联军达33.5万人。敦刻尔克大撤退保存了英法联军的有生力量,粉碎了希特勒在敦刻尔克消灭英法联军主力的幻想,为最终取得反法

英国首相丘吉尔

西斯战争的胜利创造了条件。

敦刻尔克大撤退虽然保住了英、法军队的有生力量,但却丢弃了大量的武器装备。英法联军的2300门大炮、4万辆坦克、12万辆车辆以及大量的枪支弹药都成了德军的战利品。敦刻尔克撤退之后,英国几乎没有任何反坦克炮和反坦克弹药,坦克不到200辆,野炮不足500门。这就意味着,英、法两国在短时间内根本无法装备足够数量的军队来对抗德国的入侵了。

6月10日,墨索里尼见德军已经逼近法国首都巴黎,想趁机捞一把,随即对英、法宣战。意大利在北非的驻军随即向驻守在埃及的英军发起了进攻。丘吉尔立即命令英军中东总司令韦维尔将军组织反击。墨索里尼的加入让德军如虎添翼。同日,法国政府匆忙地撤离巴黎,迁到了图尔,法军总参谋部则设在布里阿尔附近。

6月14日,形势进一步恶化。德军第十八集团军就顺利开进了不设防的法国首都巴黎。巴黎的铁塔上立即升起了纳粹的"卐"字旗。3天后,时任法国总理雷诺辞职。勒布伦总统召见第一次世界大战时期的英雄、如今的投降派贝当元帅,命他组阁!第二天,贝当元帅便通过广播号召全国军民"停止战斗"。

希特勒和法国的停战谈判是在贡比涅森林中的一块小小的空地上举行的。就在这个地方,22年前法国人接受了德国人的投降。法国福煦元帅与德国人签订停战条约的那节卧车还保留在博物馆里。如今又轮到法国向德国投降了,历史发展让人多么的诧异啊!6月22日下午,法国代表和凯特尔在停战协定上签了字。趾高气扬的希特勒以轻蔑的神气注视着法国于1918年为庆祝胜利而树立的纪念碑,仿佛在说:"1918年的仇已经报了。"

法国投降了,英国不得不单独面对强大的德、意法西斯。为了号召法国人民继续抵抗下去,并为将来反攻欧洲大陆做好准备,丘吉尔支持戴高乐将军在伦敦成立了流亡政府——"自由法国运动"。从此,法国出现了两个政府并存的局面,以戴高乐将军为领袖的法国称自由法国;以贝当元帅为首的法国因首都设在维希市,称维希法国。

法国沦陷后,美国总统罗斯福宣布全国进入紧急状态,并命海军部和陆军部加强征兵工作,应对随时可能爆发的战争。

作为海军高级官员,尼米兹必须定期向罗斯福总统汇报工作。这时,为了更好地协调海军未来的指挥工作,罗斯福总统也开始亲自拔选海军高级指挥官。他看中了尼米兹,想让他担任太平洋舰队总司令之职。

1941年初,罗斯福向尼米兹透露了这一想法。然而,出人意料的是,尼米兹拒绝了这一建议。他认为自己的资历过浅,不适宜担此重任。他说:"如果我在和平时期越过50多名比我资深的军官,一定会给我带来不良后果。更何况,我的好朋友、精明能干的赫斯本德·金梅尔海军少将也是候选人之一。"

由于尼米兹的退出,金梅尔少将晋升为临时海军上将,出任太平洋舰队总司令之职。这可能是尼米兹一生中做过的最正确的决定,但同时也是金梅尔的不幸。

1941年的夏天特别闷热,尼米兹看起来忧心忡忡,因为太平洋的局势恶化的速度远比想象的要快。7月,急于从中国战场脱身的日本人通过他们的德国盟友向维希政府施压,终于得以进入法国在印度支那(今越南、柬埔寨等地,当时为法国的殖民地)的海空军基地,直接威胁到婆罗洲、菲律宾和新加坡等地的安全。

虽然罗斯福不愿在太平洋上开战,但美国也不能容忍日本不费吹灰之力就占领东南亚。总统采取的对策是对日本实施钢铁和石油禁运。因为日本这个弹丸之地资源匮乏,石油储备最多用到1942年春。

包括尼米兹在内的美国军界高层大多认为,日本人要解决石油储备的矛盾有三条路可走。第一条是,和美国达成妥协,使华盛顿方面解除对日的石油禁运。但这条路不太可能走通,因为华盛顿方面提出的要求是日本必须从东南亚和中国撤兵,停止侵略行径。

第二条路是停止侵略,缓和与英、美等国的关系。对日本人来说,这是不可能的事情。他们不可能放弃业已到手的广阔土地。

那么,就只有第三条路可走了。那就是侵占石油和钢铁资源丰富的东印度群岛(马来西亚)。如果真是这样的话,就意味着日本必须和美国开战。因为菲律宾位于东印度群岛到日本列岛航线的战略要地上。要想安全地把东印度群岛丰富的石油和钢铁资源运到本土,日本人就必须入侵菲律宾、香港,乃至关岛。而出于政治上的原因,美国政府绝对不会对自己的殖民地遭受入侵而坐视不理。

尼米兹站在太平洋地图前,双手环抱,目光紧紧盯着菲律宾群岛、关岛、香港等地。遗憾的是,出于血缘和信仰纽带的关系,大多数美国人这个时候更加关注的是欧洲战场。包括罗斯福在内,大部分人都认为应该先打败德国,然后再着手处理亚洲方面的事务。因此,罗斯福试图在政治上安抚日本,以牺牲中国乃至荷属东印度群岛的某些利益为条件,同日本达成暂时的妥协。

正是出于这种考虑,欧战爆发后,美国舰队的主力已经调到了大西洋,用于运输船只的护航飞机也基本上都部署在东部海岸。而英国、荷兰两个国家的海军主力也都在欧洲战场上和德国鏖战。因此,美、英等国在太平洋上的海军实力和日本相比,相对处于劣势。一个明显的例子是,当时日本在太平洋上部署有10艘航空母舰,而美国只有3艘,英、荷一艘都没有。一旦日本联合舰队对美国在太平洋上的重要海军基地,如珍珠港发动偷袭的话,后果不堪设想。

从这一思路出发,尼米兹越想越害怕,甚至刻意控制自己的思路向好的方向去想。日本和美国的整体经济、军事实力相差太大。日本未必敢向美国宣战。而且,尼米兹还得知,业已升任日本联合舰队司令的山本五十六大将竭力主张不和美国开战。他预测,日本的下一个目标很可能是新加坡。

尼米兹点上一支烟,静静地吸了一口。然后拿起笔,在日本联合舰队的进攻方向上向南画了一个箭头,又在新加坡一词上圈了一个红色的圆圈。

三

山本五十六密谋偷袭珍珠港

尼米兹无论如何也不会想到，正是那位不愿和美国开战的日本联合舰队司令山本五十六大将提出了偷袭珍珠港的计划。早在1940年11月，山本五十六就指出：鉴于对美作战的特殊形势，日本联合舰队应该摒弃在西太平洋迎击美国太平洋舰队，以舰队决战歼灭美国舰队的传统战略思想，应该在"开战之初，就猛攻并击沉敌人主力舰队，挫伤美国海军及美国国民的士气，使之达到无可挽救的程度。""只有这样，才能确保日本立于不败，维持大东亚共荣圈的建设"。

山本强调，"在战争爆发之际，我们应该竭尽全力，要有决胜败于第一天的决心"。他还具体设想了执行这一方案的几种情况：第一，在敌主力舰大部分泊于珍珠港内时，"以飞机队彻底击溃之，并封锁该港"；第二，在敌主力舰艇泊于珍珠港外的情况下，"按照第一种情况处理"；第三，在敌主力舰艇首先从夏威夷出击并发动进攻的情况下，"派决战部队迎击，并一举歼灭之"。

在兵力的使用上，山本计划使用第一航空战队（航空母舰"赤城号"、"加贺号"）和第二航空战队（航空母舰"苍龙号"、"飞龙号"）待月夜或黎明，以全部航空兵力对敌人发动强袭，以期全歼；使用一个水雷战队，负责搭救被敌机反击而沉没的航空母舰上的官兵；使用一个潜水战队，逼近珍珠港，迎击狼狈出动之敌（如可能，于珍珠港入口处断然击沉敌舰，利用敌舰封锁港口）；以数艘加油船充实部队，为第一、第二战队和水雷战队、潜艇战队提供后勤补给。

当然，山本也没有忽视日本的主要目标。"夏威夷作战要和菲律宾、新加坡方面的作战同一天实施。但只要击灭了美主力舰队，菲律宾以南的杂牌部队就会丧失士气，不敢逞能。"

"尽管夏威夷作战损失可能很大，但如果我们对其采取守势，等待敌人来攻,那么敌人就有可能一举袭击我本土,烧毁帝国首都及其他大城市。如果发生这样的事态,国内舆论哗然,我们海军将受到舆论的谴责,国民的士气也将跌落。"

在最后,山本小心翼翼地说:"虽然此次作战之成功并非容易,但有关将士若能上下一体,坚定以死奉公之决心,可期天佑以获成功……卑职真心希望自身担任攻击珍珠港的航空舰队司令长官,亲自指挥夏威夷作战。"

这是山本五十六第一次正式提出偷袭珍珠港的军事计划。坦白地说,这是一份接近完美的计划,但却有一个致命的缺陷,那就是山本的设想是以日本消灭太平洋舰队之后美国民众的抵抗意志完全崩溃为前提的。他没有预料到,日军偷袭珍珠港将会极大地激发美国人的抵抗意志,更没有预料到这将会帮助罗斯福说服美国的孤立主义者,同意参战!

随后,山本五十六又和他的助手们不断完善该计划,并进行了多次沙盘推演。结果表明,这是日本战胜美国海军的唯一机会,而且胜算很大。嗜赌如命的山本五十六决定拿日本联合舰队和日本帝国的命运赌一把。

1941年11月1日,日本东条英机内阁和大本营的联席会议通过了《帝国国策实施要领》。该要领明确指出:一、帝国为摆脱目前的危险局面以实现自存自卫并建立大东亚的新秩序,现在决心对美、英、荷开战,并采取以下措施:发动武装进攻的时间定为12月初,陆海军要完成作战准备;与美国的谈判根据附件规定的甲乙两案进行;设法加强与德意两国的合作。二、假如与美国的谈判在12月7日(东京时间)凌晨零时以前取得成功,即中止发动武装进攻。

随后,日本海军军令部总长永野修身和山本五十六商议了偷袭珍珠港的具体时间。两人决定将12月上旬的某天(倾向于将8日定为X日)作为开战日。

与此同时,狡猾的东条英机为了迷惑美国人,掩饰日本的侵略野心,在天皇批准《帝国国策实施要领》的同一天派出来栖三郎作为特使赴美,协助驻美大使野村的谈判。来栖三郎一踏上美国领土,就向记者保证:"日美会谈形势尽管艰巨,但仍应不失信心,如果不抱希望,我何必不远万里前来谈判呢?"

一些渴望和平的人们被日本人的伎俩迷惑住了。他们甚至将栖喜三郎的飞临比喻为"好像是一线阳光刺破乌云,照射了太平洋的海面"。尼米兹对栖喜三郎的表演将信将疑，却又不便过多评论，因为他无权直接过问外交或作战，也不了解美、日之间高层谈判的详情。

尼米兹永远也不会想到，狡猾的日本人一边用外交手段迷惑美国人，一边已经悄悄集结了重兵，正准备偷袭珍珠港。11月22日，以南云忠一海军中将为指挥官的日本联合舰队第一机动舰队已经在荒凉的单冠湾集结完毕。

实际上，罗斯福也不大相信和日本的谈判会取得成功。11月25日，他在白宫召开最高军事会议，国务卿赫尔、陆军部长史汀生、海军部长诺克斯、陆军参谋总长马歇尔以及海军作战部长斯塔克这些国务院、陆海军方面的显赫人物全部到会。赫尔首先在会上发言，他说："同日本签订协定是没有丝毫希望的。对准备继续举行的日美会谈我已经感到绝望了。日本随时随地都有可能以突然袭击的办法开始新的征服行动。保卫我们国家的安全问题，掌握在陆海军的手中。对不起，我想向军事首脑们提一下，日本也许要把突然袭击的原则作为其战略的着眼点。日本有可能同时对几个地方发动进攻。"

随后罗斯福接着指出："因为日本人在不宣而战这点上本来就是臭名昭著的，所以美国有可能在下星期一，也就是12月1日前后遭到攻击。"

沉默了半晌之后，罗斯福又以他那富有魅力的声音说："诸位，如果战争爆发了，我们应当如何应对呢？"

遗憾的是，美国的陆海军将领们并没有意识到日本将直接拿美国开刀，反而以为日本会对东南亚发动攻击，可能会首先进攻马来亚或泰国。当天下午，海军作战部长斯塔克在给太平洋舰队司令金梅尔将军的信中还自信满满地宣称："我认为，日本向泰国、法属印度支那和滇缅三个方面采取行动的可能性最大。"

与此同时，似乎是为斯塔克的观点提供证据，史汀生收到了一份报告："日本陆军的大批部队从上海搭乘由四五十艘运兵船组成的一支船队正沿着中国海岸南下，驶往台湾南部……"

史汀生马上把这一情报打电话通知了总统和国务卿。这一情报加深了美国首脑们关于日军主要攻击方向是在东南亚的判断。

他们谁也没有想到，就在这场会议结束4个小时后，即东京时间1941年11月26日清晨6点30分，南云麾下的攻击部队正从单冠湾拔锚起航，驶往珍珠港。这支庞大的舰队由空袭部队、警戒部队、支援部队、巡逻部队、破坏中途岛部队和补给部队等6支部队组成，共有包括6艘航母在内的33艘舰艇。

此时，美国太平洋舰队停泊珍珠港的主要舰只约为40艘，其中战列舰9艘、轻巡洋舰3艘（另有4艘已入坞）、驱逐舰17艘（另有两艘已入坞）、潜艇领舰3艘，其他船只许多。而且，美国太平洋舰队根本不知道他们将在一天后遭遇毁灭性的打击。赫斯本德·金梅尔上将认为，夏威夷眼下不会受到威胁，因而没有命令部队全部位于戒备状态，没有安装防鱼雷网，也没有开始进行空中搜索。除了把飞机集中在机场防破坏之外，金梅尔没有采取任何行动。实际上，如果他当时派出飞机搜索的话，很容易发现日军已经逼近了夏威夷水域。

造成这一疏忽的很大一部分原因来源于美国人对日本的轻视。他们认为，日本的军舰和飞机是模仿美国装备制造的，质量低劣；近视的日本飞行员不能击中目标。因此，他们绝不敢在谈判破裂之后进犯美国本土。就算是美日两国发生直接的军事冲突，战场也一定会在亚洲。一家小报甚至刊登了一篇文章，绘声绘色地描写了美国人如何在60天的时间里战胜日本的假想。

罗斯福并不这样认为，他知道一旦爆发战争，日本将是一个十分可怕的对手。在国务卿赫尔与日本特使进行着毫无成果的会谈之时，罗斯福也要求国会领导人不要连续休会3天以上，以便应对随时可能发生的战事。

情报机构提供的关于日本军舰动向的报告不断送到罗斯福的手上。通过已经破译的密码可以得知，东京外务省已经通过它的驻外务使馆烧毁了外交密码。这表明日本即将与美国断交，但没有任何迹象表明日军即将袭击珍珠港。

实际上，美国军方在此时已经知道了日本军舰已经驶离港口，不知去向。但大部分人都判断，它在向南朝着新加坡的方向驶去。在内阁会议上，甚至有一个人乐观地宣称："日本舰队出海也许是进行演习。"

四
临危受命，出任太平洋舰队司令

仅仅几个小时后，悲剧发生了。夏威夷时间12月7日凌晨，负责指挥轰炸珍珠港的日本海军中佐渊田美津雄指挥着由354架飞机组成的强大攻击力量，迎着正冉冉升起的太阳，飞向了瓦胡岛。

夏威夷时间7点49分，渊田美津雄掏出信号枪，打出一颗信号弹，偷袭开始了。此时，珍珠港的官兵们正在餐厅里吃早餐，军乐队则排着整齐的队伍，迎着初升的太阳，走向广场，准备8点准时升旗。

突然，天空中响起了飞机的轰鸣声。7点53分，第一枚炸弹落在了福特岛上，发出了巨大的爆炸声。美国海军少将弗朗以为是在演习，自言自语地说："多么粗心愚蠢的飞行员，竟照看不好自己的投弹器。"

当日本的机群从战舰上空掠过之时，几乎每个人都认为这是喜欢特技表演的海军飞行员又在炫耀自己的本领。几秒钟后，一阵喧嚣打破了港湾的宁静！珍珠港里有六七艘战舰同时中弹爆炸。美国人这才注意到头顶上的飞机全部印着太阳旗，有的人立即高呼起来："是该死的日本人！"

警报响了起来，太平洋舰队司令部的值班参谋在刺耳的警报声和轰隆隆的爆炸声中给金梅尔上将打了一个电话。与此同时，他命令通信兵马上向海军作战部部长斯塔克、美亚洲舰队司令哈特、美大西洋舰队司令金等拍发了一系列特急明码电报：

"SOS……attacked by Jap bombers……（SOS……这里遭到日本轰炸机的攻击……）"

"Oahu attacked by Jap.dive bombers from carrier……（瓦胡岛遭到日本从航空母舰上起飞的俯冲轰炸机的攻击……）"

"Jap——this（is）the real thing（日本进攻，这是真的）。"

此时的华盛顿正值周日的午后，尼米兹正和家人共度周末。太阳懒洋洋的，照在身上很舒服。午餐过后，尼米兹像往常一样，和夫人回到卧

海上骑士·尼米兹

珍珠港事件中一艘美国战舰被击沉

室,躺在躺椅上,一边看报纸,一边收听哥伦比亚广播公司播出的音乐节目。

突然,疾风暴雨般的旋律戛然而止。随即,收音机里传来播音员近乎歇斯底里的声音:美国在夏威夷的海军基地——珍珠港遭到日本偷袭。

尼米兹一惊,从椅子上跳了起来。看来,他低估了日本人的野心。这个疯狂的民族真的什么事情都干得出来。他快步走进办公室,抓起大衣和帽子,准备去海军部了解太平洋舰队的损失情况。

正准备向外走,电话铃声响了。尼米兹抓起电话,里面传来助手约翰·弗·谢弗罗斯上校的声音。上校显然已经知道了珍珠港遇袭的事情,他说:"将军,请稍等,我马上开车接你去海军部。"

尼米兹把电话放下,对妻子说:"马上通知拉马尔少校,请他直接赶赴海军部的办公室等我。"

拉马尔少校是尼米兹的副官兼秘书。凯瑟琳打完电话,问尼米兹:"什么时候回来?"

尼米兹神情冷峻,以少有的沉重语气说:"恐怕只有上帝才知道我什么时候才能回来!"

尼米兹抵达海军部后,立即和海军部长诺克斯和作战部长斯塔克通了电话,了解最新进展。遗憾的是,他们也不大清楚前线的情况。斯塔克将军告诉尼米兹,他已经获得罗斯福总统的同意,通过电台向巴拿马和太平洋地区各级司令官下达了美国海军的第一号战斗命令:"对日本进行不受限制的空战和潜艇战。"

战斗结果统计出来之后,包括尼米兹在内的所有美国人心中都充满了悲伤和仇恨。在此役中,日本仅仅用1小时45分钟的时间,便取得了重大的战果：共击毁美机188架，击伤159架，击沉或重创战舰18艘，美国太平洋舰队的主力完全被消灭了。此外，希卡姆、惠勒、福特岛、卡内欧黑和埃瓦等机场也遭到了毁灭性的打击。美军阵亡2403人，受伤1178人。不过，为了迷惑日本人，华盛顿方面隐瞒了损失。

相对而言，日本人的损失要小得多，只损失了29架飞机、55名飞行员、1艘大型潜艇和5艘微型潜艇及其艇上人员。在这场以日本帝国的前途为赌注的赌博中，山本五十六取得了胜利。

当天，东京的广播电台发布了天皇的"宣战大诏"："朕兹对美国及英国宣战。帝国今为自存自卫，已蹶然奋起，必当摧毁一切障碍！"

接着，东条首相以"拜受大诏"为题，发表对全国的讲话："胜利永存于皇威之下。"

随后，东京广播电台播出了贝多芬的交响曲《命运》，并在播放过程中一再叫嚣："帝国海军终于振奋起来了，""帝国海军终于振奋起来了。"

12月8日上午，美国总统罗斯福在长子詹姆斯的搀扶下走向众议院的讲台，以他那沉稳而富有魅力的声音发表了对日宣战演说："……我要求国会宣布：自1941年12月7日日本进行无缘无故和卑鄙怯懦的进攻时起，合众国和日本帝国之间已处于战争状态。"

罗斯福的讲话结束后，参议院没有像往常一样展开辩论。在一个小时之内，参议院便以全票通过批准了罗斯福的请求。议案提交众议院时只有一个人投了反对票。就这样，美国在1941年12月8日正式对日宣战了。与美国同时向日本宣战的还有另外一个强大的国家——英国。次日，中国政府在与日本实际交战多年之后，正式对日宣战。紧接着，对日宣战的国家增加到了20多个。

德意日三国同盟条约的第三款规定：任何一方遭受攻击，其他方会尽全力协助，包括政治、经济和军事等。根据这一规定，德国于12月11日对美国宣战，意大利也紧随其后。

美国直接介入到第二次世界大战中来极大地改变了战争的格局。至此，第二次世界大战中的阵营结构最后形成了。德国、意大利、日本三大轴心国及芬兰、匈牙利、罗马尼亚等国为一方，美国、英国、苏联、中国等反法西斯同盟和全世界反法西斯力量为另一方，在全球范围内进行了一场规模浩大的战争。

尼米兹的生活彻底被突如其来的战争打乱了。他整天都坐在办公室里，处理千头万绪的工作。当务之急，便是组建一支战时海军，尽快开赴太平洋战场。此外，他还要通知在珍珠港阵亡的官兵家属，运送遗体，到阿林顿公墓参加阵亡官兵的葬礼……

尼米兹忙得焦头烂额，以致胃口也受到了很大的影响，吃的东西很少。凯瑟琳不得不专门赶到海军部，为丈夫做饭。

深夜，当他拖着疲惫的身体回到家里时，还有一些激动不已的国会议员打来电话，要求参加海军。尼米兹总是心平气和地对他们说："我们需要拨款，请回到国会投票给我们拨款吧！"

实际上，尼米兹自己也在考虑奔赴前线的事情。作为一名军人，他更渴望在战场上和敌人一决雌雄，而不是坐在远离战场的办公室里着急上火。同时，他心里也很明白，这个时候绝不是强出头的好时机，金梅尔将军就是一个很好的例子。珍珠港事件发生后，金梅尔随时面临着被以玩忽职守罪为由解除所有职务的可能。

虽然，金梅尔对珍珠港遭遇偷袭之事负有责任，但主要责任并不在他。一方面，太平洋舰队的许多战舰都被借调到了大西洋，导致珍珠港的防御空虚；另一方面，军政界高层的政策导向也存在很大的问题，并没有在珍珠港遇袭之前发出预警。从这个意义上来说，金梅尔只不过是一只替罪羊罢了！

想起拒绝罗斯福总统的提名时，他倍感欣慰。如果他当时答应了出任太平洋舰队总司令的话，现在被当作替罪羊解职的就不是金梅尔，而是他尼米兹了。不过，尼米兹这位来自得克萨斯的勇士还是希望尽快前往太平洋。他似乎已经隐隐听到了海洋的召唤、海浪的奔腾以及熟悉军号声。换句话说，他对出任太平洋舰队总司令这件事情，既期待，同时又有隐隐的不安之感。

12月16日，海军部长诺克斯前往白宫，求见罗斯福。两人很快达成一致，解除金梅尔的所有职务，并由尼米兹出任太平洋舰队总司令之职。总统的意见很坚决，他大声对诺克斯说："告诉尼米兹，到珍珠港去收拾残局，然后留在那里，直到战争胜利为止。"

诺克斯回到海军部，立即让人去通知尼米兹。连日来，尼米兹已经累得筋疲力尽。当他拖着沉重的步伐来到部长办公室的时候，激动不已的诺克斯没等他坐下来，就直截了当地问："你最快能在什么时候出发？"

极度疲惫的尼米兹有点不耐烦地回答："这要看我到什么地方去，在那里待多久。"

诺克斯回答说："去指挥太平洋舰队，我想时间会很长。"

尼米兹沉思了半晌，缓缓道："我要找人接替我的职位。"

诺克斯问："你要找谁？"

尼米兹回答说："兰德尔·雅各布斯上校。"

雅各布斯海军上校是航行局助理局长。他和尼米兹的关系很好，工作也非常认真，是除尼米兹之外，唯一一个对航行局整体情况了如指掌的军官。

诺克斯有些不耐烦地说："你不要找他，罗斯福不喜欢他。"

尼米兹勃然大怒，骂道："该死的，他是唯一能胜任这个工作的人！"

诺克斯沉默了一会，终于妥协了。他问："他在哪里？"

尼米兹回答说："雅各布斯现在大西洋舰队，我能找到他。"

诺克斯无奈地说："好吧。你尽快找到他，早点出发。"

五
思考珍珠港事件后的危局

尼米兹神情恍惚地离开部长办公室，沿着走廊向外走去。突然，一个矮个子军官在他面前停了下来。尼米兹惊叫道："雅各布斯？"

雅各布斯双脚一并，右手五指并拢，在前额一掠，向尼米兹敬礼，回答说："我在前往诺福克的途中听说珍珠港遇袭，就马上折回来了解情况了。"

尼米兹还了一礼，斩钉截铁地说："跟我走。"

两人一前一后来到办公室。坐定后，尼米兹说："从现在起，你就是航行局的局长了，好好干吧！"

说完，尼米兹便把一脸惊讶的雅各布斯丢在一旁，专心处理手头上剩余的工作了。

当天下午，尼米兹和诺克斯一起被罗斯福召到白宫谈话。然后，他像往常一样，步行回家。但不同的是，他看上去忧心忡忡。

凯瑟琳正生着病，仍躺在床上。尼米兹走进卧室，在妻子身边坐下来，沉默了好一会才问："你还发烧吗？"

妻子看出丈夫有心事，回答说："不，亲爱的。什么事？发生了什么事？"

尼米兹有点不安地说："我就要成为太平洋舰队的新司令官了。"

凯瑟琳说："你总想去指挥太平洋舰队，你认为那是崇高的荣誉。"

尼米兹双手一摊，无奈地说："亲爱的，不能让这里的别人知道，但我不得不告诉你，舰队已经沉入海底了。"

凯瑟琳一脸惊讶地叫道："哦，天哪！"

当时，除了军政界高层之外，大部分美国人都不知道太平洋舰队在珍珠港事件中的真实损失。凯瑟琳也不例外。

这时，凯特、南希、玛丽和儿媳琼一起走了进来。凯特和南希兴高采烈地叫道："你要去珍珠港了！"

凯瑟琳笑着说："我对你说过，她们会猜到的。"

尼米兹苦笑着承认了。当晚，他用铅笔在便笺上写第二天将要发布的声明："这是一个重大的使命，我将全力以赴……"

写完后，尼米兹把便笺传给大家看，征求众人的意见。众人一致通过。这时，凯特突然把写有声明的一页撕下来，对父亲说："我相信这就是历史，你另写一份吧。"

尼米兹又写了一张。二女儿南希又把它撕下，小心翼翼地收藏起来。紧接着，儿媳琼也获得了一张同样的便签。

1941年12月17日，切斯特·威廉·尼米兹晋升为海军上将，正式接任太平洋舰队总司令的职务。随后，他前往白宫，参加了由罗斯福总统主持的特别会议。会议的主题是商讨重振太平洋舰队的办法。

这时，太平洋舰队的大部分舰只已经沉入海底，只有"萨拉托加""企业""列克星敦号"3艘航母和少数护卫舰得以幸存。会上，众人一致同意以3艘幸存的航母为基础，组成3支特混舰队。"列克星敦号"编队负责对马绍尔群岛发动佯攻，"萨拉托加号"编队负责支援威克岛，"企业号"编队作为预备队驻守珍珠港。

珍珠港事件爆发后，日军同时对香港、菲律宾、新加坡、威克岛等地发动了突袭。比第一航空舰队成功偷袭珍珠港稍晚一些，日军第十一航空舰队也在司令长官塚原二四三中将和参谋长大西的指挥下干掉了美国驻守在菲律宾的远东航空大队。两天后，英国刚刚驶抵新加坡的远东舰队旗舰"威尔士亲王号"和重战列舰"反击号"亦被联合舰队第二十二航空战队击沉。英国远东舰队司令菲利普海军上将也在战斗中阵亡。

相比香港、菲律宾和新加坡而言，威克岛的战略意义要大一些。威克岛位于中太平洋，西距关岛500海里，东距夏威夷2000海里，距中途岛1025海里。它由3个小珊瑚礁岛组成：中间是威克岛，右为皮尔岛，左为威尔克斯岛，3岛总面积不过10平方公里。3岛之间形成1个小小的内海，水深达数十米，可以进出停泊数千吨级的舰船。由于三面环礁的屏护，挡住了来自太平洋上的狂风巨浪，使"内海"成为风平浪静的理想抛锚地，并天然而成一座易守难攻的海上要塞。这里既是夏威夷和中途岛的中间站，也是太平洋舰队的前哨阵地。

第二次世界大战爆发后，随着日美矛盾的尖锐化，战争的阴云愈益笼罩在太平洋的上空，美国海军开始着手将其建成为海空军基地。经过短时间努力，岛上的防卫已初具规模：在该岛的高地上，水上飞机严阵以待；在岛的中央，分别建有2000米和1600米跑道的飞机场以及海军营房；在月牙岛所拥抱的礁湖内，美国人将水下的珊瑚礁击碎，凿成了潜艇基地。

美国人希望威克岛能成为一艘不沉的航空母舰，扼守住通往西太平洋的咽喉。在太平洋战争爆发前，威克岛上共有447名海军陆战队员，指挥官是詹姆斯·德弗罗少校，加上75名通信兵以及海军人员。此外，岛上还有1400名民工在从事军事工程建设，守岛总指挥官是温菲尔德·斯科特·坎宁安上校。

威克岛的防空力量包括一个中队的12架海军陆战队战斗机，指挥官为保罗·普特南少校。海军陆战队飞行员驾驶的F-4"野猫"式战斗机是当地时间12月4日（比夏威夷时间早一天）即珍珠港事件爆发前4天，由美国海军中将哈尔西率"企业号"航空母舰送来的。

值得一提的是，"企业号"在返航途中，由于气候恶劣，耽误了行程，结果才未能及时赶回珍珠港，得以侥幸躲过日本的轰炸。

美国的"野猫"战斗机无论在速度上，还是在机动性能方面都比不上日本"零式"战斗机。在炮火方面，守岛海军陆战队拥有3个炮群，每群有2门口径125毫米的大炮，另外还有12门口径75毫米的高射炮以及许多机关枪。

战前，这小小的威克岛俨然是一艘巨大的永不沉没的航空母舰，成为太平洋上美军最可靠的坚固堡垒之一，被日本人视为眼中钉。日本联合舰队的计划是，在南云完成对珍珠港的袭击后，即派南方部队的第四舰队、特别陆战队等组成登陆部队，完成对威克岛的占领。

12月8日，日军发动突袭，岛上守军顽强抵抗。两天后，日军的进攻受挫，稍有收敛。但大批日军正在向威克岛附近集结。对太平洋舰队而言，当务之急就增援威克岛，解除日军对这艘"不沉的航空母舰"的威胁。

可是，解围之后怎么办呢？太平洋舰队未来的命运将会如何？谁也不知道。战争爆发初期，许多海军将领都希望太平洋舰队在未来能够发挥积极作用，最好能够攻占马绍尔群岛和加罗林群岛，以便从东印度地区牵制日军的力量。然而，当太平洋舰队在珍珠港事件中的损失统计出来之后，这个计划被迫取消了。单凭太平洋舰队目前的实力而言，只能采取战略防守态势，重点保护中途岛和从夏威夷通往澳大利亚的海上运输线。

未来应该怎么办？就连尼米兹这位太平洋舰队新任总司令也毫无头绪。就任的第二天，尼米兹接到海军部长诺克斯的电话，告诉他飞往珍珠港的飞机已经准备好了。

尼米兹回答说："部长先生，我宁愿乘坐火车，而不是飞机。你知道，这些天我太累了。我需要在火车上好好休息一下，同时看看各种材料和报告。"

诺克斯同意了尼米兹的请求。随后，凯瑟琳为丈夫收拾好了。

19日一早，尼米兹像往常一样，早早起床，然后陪着夫人送女儿玛丽去学校。他已经答应女儿，要去学校观看女儿的圣诞节露天表演。中午，一家人吃了顿饭。这时，副官兼秘书拉马尔上校来到了客厅。

尼米兹像对待老朋友一样，对他点了点头。拉马尔与凯瑟琳、玛丽交谈了几句，便对尼米兹说："将军，我去车上等候。"

尼米兹缓缓说："好，就这样吧！"

尼米兹站起来，和家人一一道别。对一个海军家庭来说，这样的道别是司空见惯的事情。众人的表现都很平静，谁也没有哭。只有凯瑟琳心里颇不是滋味，她不知道丈夫这一去会是多长时间，可能是几天，可能是几个月，也可能是几年或永远。

第七章

袭扰日军，重振士气

一
枕戈待旦，争取胜利

尼米兹和拉马尔穿着便装，乘车来到海军部。诺克斯已经在办公室等他们了。简短的告别仪式后，尼米兹走出办公室，钻进了汽车。诺克斯叫住了拉马尔，交给他一个沉甸甸的包裹，嘱咐说："这个包，你一定要随身带好，过了芝加哥再交给尼米兹，让他看看里面的东西。"

拉马尔点了点头，转身离开了。

在汽车上，尼米兹和拉马尔都没有说话，显然在思考着什么。他俩很快就来到了联邦火车站。幸运的是，没有遇到熟人。根据白宫的安排，他们都必须使用化名，以防引起别人的注意。尼米兹自称"弗里曼先生"，那是他妻子娘家的姓氏。拉马尔则自称"温赖特先生"，海军少将约翰·德雷顿·温赖特是他最崇敬的人之一。

一上火车，尼米兹就像换了一个人似的。他突然变得活跃起来，给拉马尔讲笑话，讲故事，还说了很多蹩脚的双关语。拉马尔也逐渐恢复了平静。他和将军玩了会纸牌。

在芝加哥换车之后，拉马尔才把诺克斯交给他的包裹打开，递给尼米兹。尼米兹拿过来一看，里面是一叠资料，是有关珍珠港人员伤亡和物资损耗的全部报告。尼米兹认真地看了起来，这是他第一次接触珍珠港事件的一手资料。当他看到那些舰艇被击沉的照片时，心里不禁开始同情金梅尔了。他对拉马尔说："这种事是任何人都可能碰到的。"

火车继续向前行驶着，尼米兹开始静下心来给凯瑟琳写信。在和妻子分开的日子里，尼米兹几乎每天都要给她写一封信，其中大多都是关于自己的生活和心情的，偶尔会涉及战争情况。凯瑟琳是一个谨慎的人，除了那些无关紧要的信件之外，她会把一些涉及重要信息的信件看完就烧掉。

当火车驶过新墨西哥州时，尼米兹又给妻子写了第二封信。他在信中说："我睡了一个好觉，醒来后觉得心旷神怡。但在看了当天的大部分报告和情况判断之后，心情又很难好起来。或许，等到渡过了难关，情况会慢慢好起来。昨晚，报纸上公布了金（欧内斯特·约瑟夫·金上将）出任美国舰队总司令……英格索尔（罗亚尔·伊森·英格索尔上将）任大西洋舰队司令。多么大的人事变动啊！无论如何，我深信，在未来漫长的岁月中，太平洋的战斗将要比其他地方多……"

火车抵达洛杉矶后，拉马尔上校和尼米兹分手了。他已经出色地完成护送任务，要返回华盛顿报到去了。尼米兹则乘车前往圣迭戈，并从那里飞往珍珠港。

22日傍晚，尼米兹抵达圣迭戈的时候，一架"卡塔莲娜"水上飞机已经在那里等候他了。然而，由于风向原因，飞机一连两天都未能成功起飞。直到23日下午4点，尼米兹才同机组人员飞往瓦胡岛东面的莫洛凯岛。

尼米兹温和地对众人说："很抱歉，因为要护送我的原因，你们都不能和家人一起过圣诞节。"

众人纷纷表示说："能和将军一起执行任务，这是我们的荣幸！"

圣诞节的拂晓，尼米兹等人在莫洛凯岛着陆，然后又从那里乘坐战斗机飞往珍珠港。天上下着暴雨，飞机的轰鸣声也很大，吵得他无法入睡。尼米兹贴着机窗，察看珍珠港被毁后的情况。海面上飘着一层厚厚的柴油，闪闪发光。"俄克拉荷马号"战列舰和"犹他号"靶舰底朝天，旁边还躺着一艘布雷舰。不远处，损毁严重的"内华达号"战列舰安静地躺在岸边；"加利福尼亚号"、"西弗吉尼亚号"和"亚利桑那号"3艘战列舰均已沉入深水中，只有舰身的上部隐约可见……

飞机着陆后，机组人员打开舱门，一股浓烈的气味扑鼻而来，尼米兹不禁皱了皱眉。这时，一艘外壳上沾满油污的救生艇开了过来。尼米兹跳上救生艇，同前来迎接他的夏威夷海军航空兵司令帕特里克·贝林格海军少将、太平洋舰队参谋长威廉·史密斯海军上校等人一一握手。

此时，尼米兹最关心的问题是威克岛方面的消息。他问："威克岛的情况如何？"

贝林格海军少将告诉他，增援威克岛的特混舰队已被召回，威克岛失陷了。日军第一次攻击失败后，立即派出3艘新式驱逐舰、3艘运输舰、1艘大型巡逻艇、1艘布雷艇和1艘满载海军特别陆战队的水上飞机母舰前往增援。在第一次战斗中受损的"夕张""龙田""天龙号"战舰也经修整后加入了战斗行列。

此外，第四舰队司令井上成美中将还派出了重巡洋舰"青叶""衣笠""古鹰""加古号"和数艘驱逐舰从特鲁克群岛出发，前去支援。

12月23日，数千名日军在舰载机和火炮的掩护下登陆。美军顽强抵抗，经过一天一夜的战斗击毙日军800余名，但终因寡不敌众而失败了。结果，威克岛上的1500名美国军人和民工全部成了日军的俘虏。

尼米兹沉默了半晌，转头对史密斯说："你先去办公室，向华盛顿报告，就说我已经到了。"

说完，尼米兹又凝视着海面，喃喃地说："看到这些舰艇被打沉的景象，实在太可怕了。"

救生艇停靠在潜艇码头上，太平洋舰队代理司令威廉·派伊海军中将已经在那里等候尼米兹了。他们一起驱车来到潜艇基地后面的马卡拉帕死火山上营房区，停在一幢舒适美观的房子前。

派伊将军说："不久前，金梅尔将军住在这里。现在它是你的了。"

尼米兹问："金梅尔将军呢？"

派伊有点难过地回答说："他现在和我一起住在对面的宿舍里。"

尼米兹低声道："我希望他还好。"

派伊苦笑了一下，说："好了，将军，你进去吧，我想厨师已经为你准备好了早餐。"

尼米兹反问道："就我一个人？"

派伊说："是的，将军，就你一个人。"

尼米兹马上说："哦，你知道的，我刚才看到海面上的情景，心里非常难受。我想，我没法一个人吃早餐。请你留下来陪我吧！"

派伊愣了一下，礼貌地回答说："这是我的荣幸。"

尼米兹和派伊刚吃完早餐，金梅尔将军就走了进来。他肩上的四颗星还剩下两颗，神情憔悴，一脸无奈，往日的风采已荡然无存。尼米兹缓缓站起来，揽住他的肩膀，静静地站了一会。

金梅尔叹了口气，缓缓道："真倒霉，那颗子弹竟然没打死我。"

在珍珠港事件中，金梅尔胸部受伤，差点丧命。尼米兹安慰他说："我同情你，这种事在任何人身上都会发生的。"

当晚，尼米兹、派伊、金梅尔和派伊夫人一起吃了顿丰盛的圣诞晚餐。他们尽可能地不提珍珠港遇袭之事，也不提金梅尔和派伊夫人即将离开的事情。当时,海军部已经下达命令,所有军官家属都要离开珍珠港。而金梅尔已经被撤销一切职务,等待他的或许是军事法庭的审判,或许是直接退出现役。

很快,尼米兹就在派伊等人的帮助下进入了角色,尽管他还没有正式举行就职典礼。他利用听取汇报和召开会议的空隙,对所有机器房、办公室、通信设施、被炸舰只等都做了认真细致的研究。

不久,尼米兹便得出两个结论。第一,太平洋舰队总司令今后无法到海上指挥战斗。因为总司令的职责过于庞杂,涉及面太广,无法离开珍珠港的通信枢纽。对尼米兹来说,这是一件很遗憾的事情。第一次世界大战的时候,他未能参加实战,现在似乎也没有什么办法来弥补了。

第二,"珍珠港的灾难"并没有想象中那么严重。除了两艘已经葬身海底的战列舰之外,其他舰只还可以从淤泥里挖出来,经过整修后返回舰队。受损的"马里兰""宾夕法尼亚""田纳西号"战列舰已经通过检修,勉强开回西海岸修理了。

1941年12月31日上午8点,尼米兹在"茴鱼号"潜艇甲板上举行了就职仪式。他之所以选择在潜艇上就职,很可能是因为他过去曾担任过潜艇支队的司令官,而且珍珠港的潜艇基地也是他建设的。

典礼结束后,尼米兹发表了一番内容简短、富有激情和战斗性的演说。结尾的时候,他是这样说的:"我们已经受到了一次巨大的打击,但对最后的结局则是毋庸置疑的。"

一名记者问:"将军下一步有什么打算?"

尼米兹回答说:"枕戈待旦,随时准备,等待机会,争取胜利。"

就职典礼结束后,尼米兹组建了自己的司令部。原战列舰指挥官德雷梅尔将军被任命为参谋长,查尔斯·麦克莫里斯海军上校被任命为作

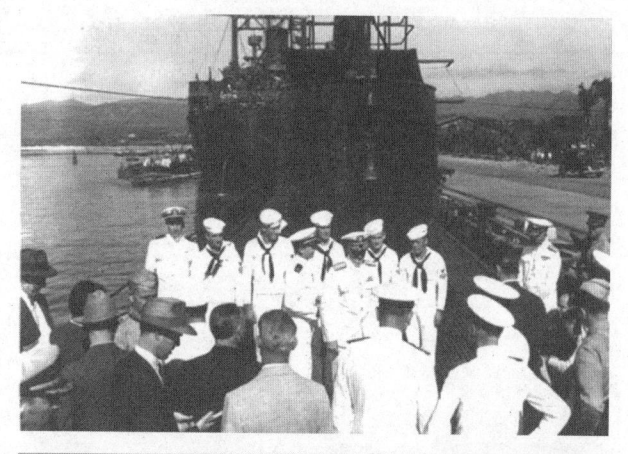

尼米兹宣誓就任太平洋舰队总司令

第七章 袭扰日军,重振士气

战官，埃德温·莱顿少校被任命为情报官。派伊将军也将作为尼米兹的非正式顾问而被留在珍珠港。

对于其他人，尼米兹尊重了他们自己的选择。当时，太平洋舰队的士气非常低落，很多人还没有从残酷的事实中走出来。他们都在担心新司令官会把他们发配到边远或艰苦的地方去服役。但他们谁也没有想到，尼米兹竟然会对他们说："我要告诉各位，我对你们每一个人都充分信任。我不认为你们要对珍珠港事件负责。作为航行局前任局长，我非常清楚，被调到太平洋舰队工作的每一个人都是有才能的。我希望同你们一起坚守岗位，你们要继续发挥各自的业务特长，尽忠职守。"

结果，大部分人都选择留了下来，只有一小部分因为要到海上轮值，以获取升迁所必需的经历，才恋恋不舍地离开了珍珠港。就这样，尼米兹抵达珍珠港仅仅一周的时间，就使工作步入了正轨，开始执行他伟大的历史使命了。

二

接见中下级军官和士兵

在尼米兹正式就任太平洋舰队总司令的前一天，欧内斯特·金海军已经正式就任新设立的美国舰队总司令，兼任海军作战部长。同时，他还成为了美国参谋长联席会议的成员之一。该会议成员还包括陆军总参谋长乔治·马歇尔上将、陆军航空兵参谋长亨利·阿诺德上将以及后来增加的总统参谋长威廉·莱希海军上将。

美国参谋长联席会议和英国参谋长会议是盟军的高级行政机构，负责制订作战计划和战略指挥工作。而美国是太平洋战场抵抗日军侵略的主要力量，因此太平洋战场的主要战略和作战计划基本上是由美国参谋长联席会议决定的。而海军是太平洋战场的主力，因此金上将的意见非常重要。

这对尼米兹来说是一件好事。他和金上将是好朋友，性格相近，军事观点也有许多相同之处。在整个第二次世界大战期间，他们俩人的联系非常密切。有时候，尼米兹会直接从司令部飞往旧金山，面对面地和金上将交流。可以说，美国海军在太平洋上的战略是由金上将和尼米兹两人共同制订的。

尼米兹的办公室陈设雅致，空气清新。一面墙上挂着太平洋地区的地图，办公室中间是一张桌子和一把垫着棉垫的竹椅，除此之外便没有什么陈设了。

桌子旁悬挂着一支温度计，上面摆着一个笔架、几个有纪念意义的烟灰缸、一个机关枪模型和一个相框。相框里并不是他本人的照片，也不是妻子或儿女的照片。那是他从报纸上剪下来的麦克阿瑟的照片。这令很多人非常费解，他为什么要放麦克阿瑟的照片呢？

有一次，尼米兹解释说："放麦克阿瑟将军的照片，主要是想时刻提醒自己，在处事待人的时候不要威风凛凛，暴跳如雷。"

实际上，麦克阿瑟将军很少发脾气，他是一个颇有风度的军人。但他过于追求荣誉，好大喜功，喜欢出风头。这些都令尼米兹非常厌恶。也正可能如此，他才误以为麦克阿瑟将军"威风凛凛，暴跳如雷"。

尼米兹的工作非常有规律。一般，他上午7点30分准时到办公室，阅览情报部门在夜间收到的电报，然后亲自动手或指导参谋人员批复文电。9点30分召开各部门的碰头会议。如果人数不是很多就在他的办公室召开，如果办公室装不下，就到司令部的会议室。

上午10点，尼米兹会休息一会。有时候，他一个人到外面走走，有时候则在副官兼秘书拉马尔（有一段时间不在，由默塞尔任副官）的陪同下到射击场打几发子弹。

上午11点，他开始接待来访者。不管来访者是高级军官，还是普通士兵，他都很重视。他常对拉马尔说："有些良策就是下级军官和士兵提出的，对我帮助很大。"

凡是在珍珠港或者到珍珠港汇报工作的各舰艇舰长，从坦克登陆舰的中尉级舰长到新战列舰的上校级舰长，尼米兹都会花15分钟的时间接待他们。一般情况下，军官们先做自我介绍。尼米兹一一同他们握手，面带微笑地说："看到你们很高兴。"

众人坐定后，尼米兹开始向这些中下级军官讲解他正在进行的工作和下一步计划。这些军官对总司令同他们面对面地谈论有关战略、部署的问题感到非常高兴。他们听得都很认真，回去之后还会向他们的士兵转述这激动人心的场面。

尼米兹讲完之后，就询问各位军官："你们现在正在干些什么？"

于是，众人便简短汇报一下自己的工作。尼米兹一边听，一边询问一些问题。如果哪位军官在工作中遇到困难或问题的话，他就会主动帮助解决。规定的时间一到，尼米兹就站起来走到门口。军官们也守秩序，一一和将军握手告别。

尼米兹接见中下级军官和士兵的消息很快在舰队传开了。官兵们知道他们的最高指挥官关心他们，愿意同他们打成一片，都很兴奋。有些人即使没什么公事，也想去见见将军。

有一次，"企业号"航空母舰上的一个水兵跑到司令部来向总司令表示敬意。陆战队卫兵把他拦下来，并向拉马尔作了汇报。恰巧，尼米兹那天的工作不太顺利，心情不太好。拉马尔觉得这件事能让他稍微高兴一些，就走进办公室，告诉将军："将军，外面有位年轻人正在等着见您。"

尼米兹低声道："好，让他进来吧。"

那个水兵激动地走进总司令的办公室，突然情不自禁地哭了起来。尼米兹问："孩子，你哭什么？"

水兵回答说："我没想到能见到将军。舰上的水兵们和我打赌，说如果我能见到总司令，愿意输给我几百美元。"

尼米兹笑着说："真不少呢！不过，为了拿到这笔钱，我认为你还得有点证据才行。"

说着，尼米兹抓起电话，吩咐拉马尔说："让参谋部的摄影人员到这里来。"

将军同年轻的水兵一起照了相，让他带回去作为打赌的证据。

下午的时候，尼米兹不作固定的安排，但仍有很多工作要做。通常，他会和参谋人员和即将参战的军官开会，研究作战计划。他对每个作战计划都非常认真，对每个细节都要仔细询问。如果有不满意的地方，他会把计划推到参谋长那里重新修订。

如果还有时间，尼米兹就会乘车到外面看看。如果是下部队视察，他会乘坐那辆挂着将旗的黑色"别克"轿车。如果只是随便看看，他就会让拉马尔驾驶一辆没有标志的雪佛兰轿车。

尼米兹是个中规中矩之人。他不但时间观念很强，对各种规章制度也严格执行。有一次，他穿着全套军礼服，乘坐挂着四星将旗的黑色"别克"轿车来到檀香山巴拉塔尼亚街巡视。在路上，他碰到一队约有百余人的水兵，竟然没有一个人向他敬礼。

这件事让尼米兹很恼火。他恼火的原因并不是水兵不尊敬他，而是他们没有执行军纪。如果他穿着便装，或是乘坐没有将旗标志的轿车，他肯定不会这么认真的。

回到珍珠港，尼米兹马上找来了那个管区的戈姆利将军，建议他派军官进城去，把所有不敬礼的士兵全都拉回来，没收他们的外出证，让他们归队。减少几天外出时间的处分并不重，但却收到了奇效。几天以后，这件事便在整个夏威夷传开了。从此以后，敬礼的习惯又形成了。

每周星期天上午10点，尼米兹都要在办公室待上一个小时。因为这个时候刚好是旧金山广播公司播放古典音乐的时候。如果过去一周中有些军官的工作令他特别满意的话，他就会通过内部通信系统把音乐送到谁的房间去。

　　因为尼米兹的耳朵有点问题，所以音乐声音放得非常大。有一次，一个新上任不久的军官在房间里突然被震耳欲聋的音乐声惊呆了，他马上问拉马尔："这是怎么回事？"

　　拉马尔笑着回答说："这是将军请你欣赏星期天音乐会，实际上是在向你问好。"

三

制订马绍尔群岛作战计划

1942年初，英国首相丘吉尔和美国总统罗斯福在华盛顿召开了历史上著名的"阿卡迪亚会议"。会议进行得很顺利，几乎就所有的重大问题达成了协议。罗斯福与丘吉尔重申了双方参谋人员早先作出的决定，采取"先欧后亚"的战略，先打败德国这个最主要的敌人，然后再着手对付日本。

这次会议确定，成立英美联合参谋长委员会，在太平洋地区建立英、美、荷盟军联合司令部，成立军需品分配委员会等5个联合机构，统筹盟国在军火、船运和原料等方面的经济活动。英军上将阿奇博尔德·维韦尔为盟军最高司令部司令，美军上将哈特将军担任海军司令部指挥官，荷兰海军少将杜尔曼任盟国海军攻击部队司令官。

尽管盟军在东南亚海域的实力尚有一定势力，但由于美、英、荷、奥等国之间互相钩心斗角，且又过于轻视亚洲战场（先欧后亚），这在客观上给了日军将其各个击破的机会。仅仅3个月的时间，山本五十六就指挥所属各舰队，扫荡了盟军在太平洋地区的海军力量，席卷了东自威克岛、马绍尔群岛，西自马来半岛、安达曼、尼科巴各岛，南自俾斯麦各岛，包括了整个西太平洋地区，使它在亚太地区的扩张达到了顶点。

日军强占的土地面积达380万平方公里，奴役的人口多达1.5亿。此外，还有100多万欧美平民和近15万战俘成了日本人的阶下囚。至此，海军的第一阶段作战计划超前完成了。

一切迹象似乎都表明，帝国皇军不可战胜，日本的"大东亚共荣圈"很快就会实现了。每次日军在前线获得胜利，东京的市民们就会排着长队，挥动着手中的太阳旗，踏着冬雪，来到皇宫的城门前举行庆祝大会。东条内阁和大本营均产生了轻敌之心。

但日本海军中还是有不少头脑清醒之人的，联合舰队司令长官山本五十六就是其中之一。他非常清楚，日军在太平洋战争初期的一系列胜利完全是凭借灵活的战术取得的（主要是偷袭），从长远来看，日军在战术上的胜利根本无法持久。

但大本营已经被远超预期（无论从速度上还是规模上）的胜利冲昏了头脑，根本听不进山本的意见。作为联合舰队的司令官，山本五十六很无奈，只能按照军令部的指示，开始设想第二阶段的作战计划。

1942年1月5日，山本的参谋长宇垣缠接到命令，立即拟定第二期作战计划。宇垣缠在这天的日记中写道："第一阶段的进攻性作战，大体上到3月中旬便可结束。紧接着，下一步的作战将如何展开呢？是进攻澳大利亚，还是出兵印度洋？是再度进击夏威夷，还是去对付苏联？"

陆军参谋本部反对海军在海上的进一步扩张，提出了北进的主张。陆军的想法是：积蓄力量，待苏德战况变得有利于日本时，就从背后与德国遥相呼应实施大陆作战，在这之前要最大限度地保存实力；对南方作战，只要能控制印度尼西亚等战略资源地带就可以了，不必再继续前进。

海军则从自身的角度出发，强烈主张保持进攻势头。包括山本五十六在内的一大批海军将领均对美国强大的工业生产能力心存恐惧。如果海军在南方采取守势，必将给予美国以时间和机会来动员它的强大的工业力量，发动横渡太平洋的大规模强攻。是故，海军希望在美国人能够重建他们的舰队之前，谋求决战。就这样，日本海军和陆军之间围绕着第二阶段作战计划，展开了激烈的争论。

日军接二连三的胜利给尼米兹带来了很大的压力。金上将也不断催促他尽快打一场胜仗，以恢复太平洋舰队严重受挫的士气。对尼米兹寄予深切厚望的金上将还推举他担任了太平洋战区总司令。

然而，在敌强我弱的情况下，越是冒进，就越有可能遭受更大的损失。因此，尼米兹不断提醒自己，一定要冷静、冷静、再冷静。当时，日本联合舰队在太平洋上的战列舰、航空母舰是太平洋舰队的两倍以上，而且性能和进攻能力均比美舰优越。如果在这种情况下和日军硬碰硬的话，很可能会导致全军覆没的结局，把整个太平洋和美国西海岸都拱手让给日本。

尼米兹的战略是，让海军与地面部队的作战方案保持一致，以航空母舰为主要攻击力量，对日军在太平洋上的海空基地实施持续的轰炸，遏制日军的扩张。与此同时，尽快恢复太平洋舰队的实力，与日军展开决战。

金上将和尼米兹的想法大致相同。他们决定先对吉尔伯特和马绍尔群岛发起远程攻击。这时，尼米兹手中可以动用的部队只有3支航空母舰特混舰队，分别是由费尔法克斯·利里海军中将指挥的"萨拉托加号"编队（第十四特混舰队）、由威尔逊·布朗海军中将指挥的"列克星敦号"编队（第十一特混舰队）和由威廉·哈尔西海军中将指挥的"企业号"编队（第八特混舰队）。

1月8日，尼米兹的非正式顾问派伊将军将作战方案送到了尼米兹的手中。这位刚刚升任海军上将的资深军官建议增派"约克城号"航空母舰编队（第十七特混舰队）参加战斗。两支航空母舰编队向马绍尔和吉尔伯特群岛出发，迎战敌军。假若没有同敌舰遭遇，再发动空袭。

与此同时，第三支航空母舰编队袭击威克岛机场，以阻止敌机支援马绍尔群岛。第四支航空母舰编队则留在夏威夷附近保卫珍珠港。

尼米兹批准了这一作战计划。然而，很多军官在这个时候站了出来，强烈反对。他们的理由是，日军擅长偷袭，绝不会不防备美军的偷袭。而航空母舰是美国在太平洋舰队上最后的防御力量了。如果航空母舰有失，后果不堪设想。

尼米兹没有指挥过航空母舰，也不是飞行员出身，这些都对他坚持己见非常不利。他决定听听哈尔西的意见。那天，天气很好，晴空万里，一点云彩也没有。"企业号"编队刚从海上巡逻返回珍珠港，哈尔西将军就怒气冲冲地闯进了尼米兹的办公室。他大骂那些散布失败情绪的人，并极力支持尼米兹。这令尼米兹非常感动。

第二天凌晨，尼米兹约哈尔西到码头上散步。两人一边走，一边回忆过去的美好时光。尼米兹问哈尔西："你还

尼米兹与哈尔西（右）

记得去年我们在纽约沃尔道夫酒店参加的那次会议吗？"

哈尔西笑道："怎么能忘记呢？那次真是可笑极了！"

在那次纽约国际性会议上，陆、海军的高级将领们个个喝得酩酊大醉。将军们考究的礼服和帽子上到处都沾满了蛋清和水果沙拉。宴会结束后，尼米兹和哈尔西这对老朋友一前一后，跟跟跄跄走出门，等待门卫给他们找车。

这时，一个醉汉走向哈尔西，大声道："喂，看门的，给我找部车。"

哈尔西顿时火冒三丈，他挺直了身体，声色俱厉地回答说："你放明白点，先生，我是美国海军的将军。"

醉汉瞅了瞅他，回答说："很好。那就给我一条船吧！"

两人回忆着那次遭遇，会心地笑了起来。这时，尼米兹握住哈尔西的手，意味深长地说："比尔，你现在有你的'船'了。"

然后，尼米兹郑重地说："我决定实施派伊的方案，以'企业'号编队会同'约克城'号编队掩护陆战队在萨摩亚登陆，对吉尔伯特和马绍尔群岛发动攻击，由你统一指挥。"

尼米兹望着哈尔西，又强调说："这么做怎么样？这是一个难得的机会。"

哈尔西立即表示赞同，回答说："对，切斯特，就该这么干！"

四

兼任太平洋战区总司令

1942年1月11日清晨，哈尔西率领"企业号"航空母舰编队驶离了珍珠港。尼米兹一直把这位老朋友送到码头，对他说："比尔，祝你成功！"

哈尔西命令舰队全程保持无线电静默，悄悄驶向萨摩亚外围海域。1月20日，"企业号"编队准时抵达预定地点。4天后，由弗莱彻将军指挥的"约克城号"编队也赶到了。哈尔西立即命令部队按预订计划，实施登陆。

第二天，海军陆战队占领全岛。随后，"企业号"和"约克城号"编队开始向吉尔伯特群岛和马绍尔群岛进发。

1月31日，战役正式打响。驻守吉尔伯特和马绍尔群岛的日军完全没有预料到美军会突然偷袭，防备松懈。这给了哈尔西以可乘之机。经过一天的轰炸，美军击沉日军运输舰两艘、小型舰艇两艘，另外8艘舰只被炸伤，少数几架飞机被击落。美军损失飞机13架，"切斯特号"重型巡洋舰和"企业号"受了点轻伤。

从整体上来看，这次远程袭击的效果并不大，但对重振美国的民心士气却起到了意想不到的效果。2月5日，当"企业号"编队悬挂着表示胜利的满旗回到珍珠港时，尼米兹和大批水手、工人已经排着整齐的队伍，站在码头，迎接凯旋的英雄。

尼米兹没等放下舷梯就坐上工作吊板登上军舰，冲到哈尔西的面前，紧握他的顺手，高呼道："比尔，干得好！"

太平洋舰队成功袭击吉尔伯特群岛和马绍尔群岛这件事在一定程度上提高了美军低落的士气，但对战局的影响却微乎其微。几天后，日军加强了对东南亚方面的攻击。以麦克阿瑟为总司令的菲律宾部队（含美军一个师）退守巴丹半岛和科雷吉多尔，仰光、新加坡、东印度群岛等地也岌岌可危。

与此同时，日军还打算发动对南太平洋的攻势，占领新喀里多尼亚。新喀里多尼亚岛处于美国和澳大利亚之间，战略位置非常重要。一旦该岛被日军占领，美国和澳大利亚的海空通道即被切断。糟糕的是，澳大利亚本土的防御力量非常薄弱，根本无力帮助周边的群岛阻止日军的进攻。

无奈之下，美国参谋长联席会议只好增派两万名美军支援太平洋战场，其中大部分被派到了新喀里多尼亚。尼米兹的太平洋舰队在此过程中承担了两项重要任务：一是集中太平洋上所有能够调动的力量，主动发起攻击，牵制日军的兵力；二是派出部队，增援新喀里多尼亚，与澳大利亚的巡洋舰、小型护卫舰一起组成珊瑚海地区的防御力量。尼米兹派出的是以"列克星敦号"航空母舰为主要力量的第十一特混舰队。

但鉴于日美双方在太平洋上的力量差距，尼米兹不同意主动发起进攻。因为太平洋舰队的实力与日本联合舰队差距太大，不大可能解除日军对西南太平洋的威胁。"除非给这支舰队补充新的力量，特别是飞机、轻型舰只、航空母舰和快速油船队等，否则它的进攻作战能力是有限的。"

然而，美国舰队总司令金上将于2月9日依然向尼米兹下达了命令，要求太平洋舰队在夏威夷作战半径内发动攻势，解除西南太平洋盟军的压力。尼米兹马上召集参谋们召开会议，商议对策。会议开了一整天，到晚上休会的时候还没有任何结果。

第二天，"公牛"哈尔西参加了会议。尼米兹和他的参谋人员都很重视哈尔西的意见。哈尔西等人提出：由弗莱彻将军指挥第十七特混舰队（以"约克城号"航母为主要攻击力量）袭击威克岛，由哈尔西将军指挥第八特混舰队（以"企业号"航母为主要攻击力量）和布朗将军指挥的第十一特混舰队（以"列克星敦号"为主要攻击力量）协同攻击拉包尔。

还有人提出直接袭击东京。但这个建议被尼米兹否决了。因为当时正值冬季，太平洋北部气候寒冷，不适合进行海上加油。

最后，尼米兹综合各方意见，决定由哈尔西统一指挥第十七特混舰队、第八特混舰队袭击威克岛、埃尼威托克岛和马尔库斯岛等地。战斗的规模不大，但可以在锻炼部队的同时提高士气，还可以向金上将交差。

两天后，麦克莫里斯派人通知哈尔西，作战部已将第十七、第八两个特混舰队整编为第十三特混舰队，择定2月13日星期五出发。哈尔西勃然大怒，立即指派他的参谋长迈尔斯·布朗宁上校前去责问此事。

西方人最忌讳数字13和星期五，门牌没有13号，楼层都没有13层。如果13日恰逢星期五的话，则被称为"黑色星期五"。哈尔西是一个非常迷信的人，他认为选择2月13日星期五这天出发是非常不吉利的事情。

布朗宁上校也非常生气，马不停蹄地赶到作战部，劈头质问麦克莫里斯上校："这是怎么回事？为什么选这么个不吉利的日子？你们到底有没有为我们考虑？"

麦克莫里斯上校并不是一个迷信的人，但他很能理解哈尔西和布朗宁心中的气愤。他马上决定把第十三特混舰队改称第十六特混舰队，并将出发日期改为2月14日。

14日，哈尔西率"企业号"编队威风凛凛地踏上了征途。弗莱彻将军的"约克城号"编队次日也按计划出发了。

几天后，尼米兹按照金上将的指示，将"约克城号"编队从第十六特混舰队中剥离出来，重新组成第十七特混舰队，转航坎顿岛。哈尔西的第十六特混舰队则继续在无线电静默中向西前进。

2月24日，哈尔西袭击了威克岛，但效果不佳。3月4日，他又令编队偷袭了马尔库斯岛，但效果依然不理想。这时，日军已经发现了美军的行踪。

在南太平洋方向，布朗将军的第十一特混舰队袭击拉包尔的行动也失败了。布朗将军不甘失败，请求增援。因此，尼米兹立即命令弗莱彻率第十七特混舰队前往拉包尔。两支航母编队在珊瑚海会合后，由布朗统一指挥。3月10日，布朗派出104架舰载机轰炸了日军位于新几内亚北部海岸的两个据点——莱城和萨拉莫阿。战果不大，但自身也没有什么损失。

随后，布朗把"约克城号"编队留在珊瑚海，自己则率领"列克星敦号"编队返回了珍珠港，向尼米兹复命。

袭击计划失败了。对此，尼米兹早有心理准备。不过，金上将却将失败的原因归结于布朗指挥不够积极。尼米兹只好把布朗调离第十一特混舰队，任命他为新成立的两栖作战部队司令（司令部设在西海岸的圣迭戈）。奥布里·菲奇少将接替了布朗职位，成了第十一特混舰队的新任指挥官。

与此同时，菲律宾方面的局势也骤然紧张起来。3月11日，麦克阿瑟奉命撤离科雷吉多尔，从棉兰老岛辗转飞往澳大利亚。

3月30日，美军参谋长联席会议正式向尼米兹和麦克阿瑟下达命令，分别任命他们为太平洋战区总司令和西南太平洋战区总司令。两个战区是平行关系，都直接向参谋长联席会议负责。西南太平洋战区管辖澳大利亚、所罗门群岛、俾斯麦群岛、新几内亚和菲律宾。太平洋战区的作战范围包括除中南美洲航线以外的其他太平洋海区。至此，尼米兹身兼太平洋舰队总司令和太平洋战区总司令双重职务，全权指挥战区内的海、陆、空部队。

由于太平洋战区范围太大，尼米兹将其分拆为北（北纬42度以北）、中（赤道以北，北纬42度以南）、南（赤道以南）三个战区，北、中两个战区由他自己亲自指挥，南太平洋战区则由派伊将军担任司令。至此，盟军在太平洋上的四大战区全部形成了。

第八章
大胜中途岛，扭转战局

一

山本五十六剑指中途岛

1942年的春天对尼米兹来说显得异常漫长。媒体和军政界高层对他的关注在逐步冷却，甚至连他自己也认为属于他的战争马上就要结束了。在给妻子的信中，他如是写道："近来，我一直没有收到诺克斯（海军部长）的任何信电。他可能不愿意对我说出他的想法。对我，他现在恐怕已经没有原先那样的兴趣了。这是很自然的事情，许多人过去对我很热情，但事情的进展不够顺利，也就对我失望了。再能工作上6个月，我就是幸运的了……"

在那段时间里，尼米兹除了对人员进行必要的调整之外，常常独自站在地图前发呆或到海边散步。春末，参谋长联席会议代表唐纳德·邓肯将军来到珍珠港，负责协调陆军航空兵和太平洋舰队协同轰炸东京的有关事务。

轰炸由陆军航空兵负责，但太平洋舰队要承担护航任务。邓肯建议尼米兹派出一支实力强劲的航母编队将载有17架B-25轰炸机的"大黄蜂号"航空母舰护送到日本海域，尼米兹立即想到了他的老朋友哈尔西。

几天后，尼米兹召见哈尔西，问他："比尔，你看行不行？"

哈尔西沉思片刻，回答说："他们要交好运才行。"

尼米兹苦笑了一下，接着说："我们需要一次胜利。你愿意把他们送到那里去吗？"

哈尔西爽快地回答说："愿意。"

尼米兹笑着拍了拍哈尔西的肩膀，满意地说："好！这全看你了。"

4月8日，哈尔西的第十六特混舰队和"大黄蜂号"航空母舰会合，在无线电静默中驶向日本海域。4月17日（东京时间4月18日），16架美B-25式中型轰炸机出现在日本首都东京上空，机上的投弹指示灯红光闪烁，一枚枚200多公斤的炸弹呼啸着倾泻而下。"盛开鲜花"的城市刹那间笼罩在硝烟迷雾之中，东京街头到处是四处奔跑的人群。飞机轰炸了东京以南的海军造船厂，一些工业设施浓烟四起。除东京外，其他几个城市也相继遭到轰炸。

这是日本本土遭到的第一次悲惨空袭。美军对东京等地的空袭所取得的战果微乎其微，且本身的损失也不小。不过，空袭给日本人造成的心理压力却非常大。此后一连几天，东京都处于惶恐不安之中。

这次空袭也促使日本联合舰队司令官山本五十六大将下定决心，毫不迟延地把防御圈向东推进到中途岛和阿留申群岛西部，尽早实施中途岛作战计划。自2月以来，日本海陆军一直就第二阶段的作战计划争论不休。山本的想法是占领中途岛，将其改造为日本空军基地和攻打夏威夷的出发点。如果可能的话，再进攻阿留申群岛，把日本的空中和海上的防卫范围向东扩展2000海里。而后，将美国的太平洋舰队引诱出来，在其尚未恢复元气之前，一举将其消灭在茫茫的太平洋上。

很明显，山本想像袭击珍珠港一样，再赌一把。遗憾的是，他下错了赌注。太平洋战争已经打得难分难舍，再想像袭击珍珠港那样，发动一次神不知鬼不觉的偷袭，已经是不可能的事情了。在这种情况下，以少量兵力去进攻战略要地，就必须考虑两个因素：其一是后勤补给，其二是增援部队和兵员补充。

就攻占中途岛而言，这两个因素对日军都十分不利。一方面，中途岛难以补给供应，而且会经常受到美远程飞机的袭击。另一方面，海军要守备整个西太平洋地区，再也无法集中一支像偷袭珍珠港时那样强大的机动舰队了。

但这个具有明显缺陷的作战方案依然很快就被军令部批准了。这主要是因为，珍珠港事件爆发后，不光日本民众将山本当成了民族英雄，军令部的高层也对山本五十六产生了近乎迷信般的信赖。疯狂的日本人都期待着他们的"海军之花"山本五十六大将能够再缔造一个"珍珠港的神话"。

美军空袭东京后，日本联合舰队第一航空舰队也结束长达3个月的远征，返回了日本。山本立即把疲惫不堪的南云忠一和他的参谋长叫到旗舰"大和号"上，向他们传达攻击中途岛的作战计划，并要求他们尽快做好出发准备。此外，刚从南方战场归来的第二舰队也接到了类似的命令。

第一航空舰队的参谋长草鹿龙之介少将见山本要攻击中途岛，不禁大吃一惊，喃喃道："补给如何解决？补给怎么解决？"

然而，他的反对已经没有任何价值。山本把众人叫到"大和号"上是给他们分配任务，而不是商讨作战计划的。更何况，第一航空舰队司令南云忠一中将、第二舰队司令近藤竹信中将均支持山本的计划。尽管他们心里很清楚，经过数月的战斗之后，他们的舰队和士兵都需要进行休整，但他们更渴望和美国海军进行一次大规模的军舰与军舰的较量，把美国的舰队彻底清除出太平洋。

不管是军令部，还是南云、近藤等前线指挥官，他们似乎从来没有想过失败的事情。4月28日，山本在"大和号"上召开会议，探讨战争第一阶段的经验教训。参谋三和义勇讥讽说："研究至今仍是场场胜利的战争，这样的会议令人愉快，可是并没开出多大结果来。"

山本对日本当前这种自吹自擂、从不考虑失败的风气也十分不满。4月29日，他在会议结束时警告说："如果不根据长远计划进行更多的作战准备并在作战中作出更大努力，最后胜利是很难取得的……如果陶醉于过去的一系列战斗胜利，并认为今后我们也一定会战无不胜，这种思想就像疾病缠身一样，是有害的。"

山本和三和义勇等人的警告并没有扭转人们潜意识中的骄傲情绪。5月1日至4日，联合舰队参谋长宇垣缠奉命主持了进攻中途岛的图上演习。他深信根本不会存在日本不能完全控制的局势，他不允许出现任何可能严重影响演习顺利达到预期结论的情况，他毫不顾忌地对其他演习裁判作出的不利裁决予以否定。

图上演习结束的时候，他甚至擅自将4艘航空母舰被击沉的结果改成1艘被击沉，3艘受创，而后才送呈山本和军令部。这一小小的细节变动对山本的决策影响巨大，对日美之战的未来亦影响深远。

与此同时，代号为"MO"的作战计划也在有条不紊地进行着。早在1942年3月，日军攻占新几内亚东部的莱城和萨拉摩亚之后，山本就决定攻克位于新几内亚东南岸的莫尔兹比港和所罗门群岛南端的图拉吉。一旦占领莫尔兹比港，退可保障拉包尔的安全，进可袭击澳大利亚北部的机场，为以后进犯新喀里多尼亚、斐济和萨摩亚奠定基础。

山本将此次作战命名为"MO"，指挥官由特鲁克岛的第四舰队司令官井上成美中将担任。为加强第四舰队的机动能力，山本将第一航空舰队的第五航空战队（"瑞鹤号"、"翔鹤号"）、第五巡洋舰战队、若干艘驱逐舰和"祥凤号"轻型航空母舰全部划拨给井上指挥。

此时，美军只有"约克城号"航空母舰游弋在澳大利亚东南海域，实力相对薄弱。但尼米兹海军上将却一点也不着急。因为他的手上有一张山本无论如何也意料不到的王牌。原来，在1942年1月20日傍晚，美国海军从被击沉的日"伊-124号"潜艇中打捞到了日军密码本，并成功地将其破译了。

自担任太平洋舰队总司令以来，尼米兹始终非常重视情报工作。上任不久，他便视察了海军第十四军区战情组。战情组设在军区行政大楼的地下室里，由约瑟夫·罗彻福特少校负责。这里陈设简陋，但设备先进，IBM公司生产的几台大型计算机昼夜不停地运转。

日军即将发动新攻势的消息很快传到了金上将的耳中。他破例直接与罗彻福特少校联系，并责令其向他本人和尼米兹提供一份详细的报告。罗彻福特少校不负所望，帮助尼米兹在4月17日之前弄清楚了日军的作战意图。

同时，设在澳大利亚的科雷吉多尔无线电情报站也发来消息称：日军运输船队由轻航空母舰"祥凤号"护航，由航空母舰"翔鹤号"及"瑞鹤号"作战编队支援正在向珊瑚海方向进发。

尼米兹断定：日军的主要目标是莫尔兹比港。日军会首先拿下瓜达尔卡纳尔岛北部小岛图拉吉，用作海上预警飞机的基地。战斗可能在5月3日打响。

二

揭开珊瑚海海战的大幕

珊瑚海海战前夕,"萨拉托加号"航空母舰正在美国西海岸整修,"企业号"和"大黄蜂号"航空母舰尚在返回珍珠港的途中。可向珊瑚海增派的力量唯有奥布里·菲奇海军少将的"列克星敦号"特混编队。

菲奇接到尼米兹的命令后,立即开足马力,赶赴珊瑚海。他的特混舰队将在那里和弗莱彻的"约克城号"航母编队会合,整编为第十七特混舰队。与此同时,西南太平洋战区总司令麦克阿瑟也命英国海军少将格赖斯指挥"芝加哥号"、"澳大利亚号"和"霍巴特号"重巡洋舰从新喀里多尼亚火速赶去增援。

4月25日,哈尔西率"企业号"、"大黄蜂号"顺利返回珍珠港。尼米兹命他立即补充兵员、油料和必需的食物,于5天后赶往珊瑚海。他希望日军推迟行动计划,以便哈尔西接替弗莱彻,全权指挥第十七特混舰队。

28日,尼米兹又命派伊将军率领他强大的战列舰部队前往西海岸,以避开日军的轰炸,同时为航空母舰提供油料。他的计划是,一旦珊瑚海海战结束,所有航母和护卫舰全部返回珍珠港,应对日军可能对这一地区的袭击。

30日,哈尔西将军率领"企业号"、"大黄蜂号"航空母舰,在5艘巡洋舰和7艘驱逐舰的护卫下驶向珊瑚海。至此,珍珠港已经成为一座空港。如果日军突然来犯,只有16架B-17轰炸机可以迎敌。不过,尼米兹坚信,日军的下一步行动不会针对珍珠港,而是中途岛。

第二天,尼米兹专程飞到1135海里以外的中途岛,视察了那里的防御工事。3天后,他返回珍珠港。参谋们立即送来西南太平洋战区司令部发来的急电:日军驻图拉吉岛的新任基地司令发出求援的一份电报,说他遭到了空袭。

尼米兹笑了笑，心想这次袭击应该是弗莱彻将军的舰载机所为。他曾命令弗莱彻，在日军发现舰队的行踪之前，一定要保持绝对的无线电静默。行踪暴露之后，舰队应立即和司令部取得联系，汇报战况。

5月5日下午，弗莱彻致电尼米兹，汇报了战况。他把"列克星敦号"编队留在后面加油，自己乘"约克城号"高速向北航行。同时，派出飞机飞越瓜达尔卡纳尔山脉，全天候地对图拉吉岛实施轰炸。他说："敌人的重大损失：击沉2艘驱逐舰、4艘拖船或炮艇、1艘货船；击中1艘轻巡洋舰；击毁并可能击沉1艘9000吨级的水上飞机供应船和1艘大型供应船；重创1艘大型巡洋舰、1艘运输船；击落5架水上飞机。"

就这样，弗莱彻的持续轰炸揭开了珊瑚海海战的序幕。尼米兹对弗莱彻的表现很满意，回电称："祝贺你和你的部队圆满完成任务，望能和援军扩大战果。"

不过，随后的空中侦察和无线电情报表明，弗莱彻的汇报并不准确。日军只损失了几艘小型舰艇，并无驱逐舰、巡洋舰或大型运输船受损。尼米兹盯着作战室的地图，喃喃地说："这个战果实在让人失望！从弹药的消耗情况来看，我们的命中率太低了。看来，抓紧时机练习打靶十分必要。"

6日，日军和美军在珊瑚海地区展开了规模空前的大搜索，都希望发现对方的行踪，主动发动进攻。但整整一天，谁也没能掌握战略主动权。

次日凌晨，弗莱彻又命侦察机从"约克城号"起飞，展开搜索。8点40分左右，侦查员报告称：日军舰队位于米西马岛以北50海里处，其中包括1艘航空母舰（"祥凤号"）和4艘巡洋舰，距离美舰180海里。

几分钟后，陆基侦察机的侦查员也发来情报："在珊瑚海北部发现许多敌舰，正向莫尔兹比港航行。"

弗莱彻大喜过望，这可是美军侦察机首次在太平洋上发现日本的航空母舰。他决定立即出动舰载机，对日军舰队实施轰炸。

而与此同时，日军侦查员也发现了美军"尼奥肖号"油船和"西姆斯号"驱逐舰，并误以为是航空母舰和驱逐舰。日军前线指挥官高木中将立即命令"翔鹤号"和"瑞鹤号"机动到"尼奥肖号"油船和"西姆斯号"驱逐舰的侧翼，对其实施轰炸。

日军所犯的错误为弗莱彻提供了绝佳的机会。因为如此一来，他就可以毫无顾忌地攻击"祥凤号"轻型航母了。上午10点，24架鱼雷机、36架轰炸机相继从"列克星敦号"和"约克城号"航空母舰上起飞,在16架战斗机的护航下,扑向日军舰队。

战斗一开始就进入了白热化状态。美军飞行中队长罗伯特·迪克逊少校指挥他的俯冲轰炸机群无情地向日军舰队投掷着炸弹。在短短的几分钟内,"祥凤号"便中了13颗炸弹和7颗鱼雷。十几分钟后,奄奄一息的"祥凤号"缓缓沉入了海底。

狄克逊少校欣喜若狂,立即向弗莱彻报告说:"除掉了1艘航空母舰!狄克逊袭击了航空母舰,除掉了1艘航空母舰!"

弗莱彻随即向尼米兹转发了这条电文。尼米兹盯着作战地图,脸上没有一点笑容。随即,他命参谋复电弗莱彻,提醒他注意日军的大型航空母舰"翔鹤号"和"瑞鹤号"的动向,它们随时可能攻击第十七特混舰队。

尼米兹的担心不无道理。"祥凤号"沉没几分钟,日军侦察机就发现了第十七特混舰队的确切位置。高木中将发现判断有误,立即下令停止战斗,追击美军舰队。但已经来不及了,弗莱彻的第十七特混舰队已经撤出了战场。

黄昏时分,日本派出可以夜航的飞行员驾驶27架鱼雷机和俯冲轰炸机轰炸美军航母。结果,有15架飞机因迷航而坠落大海。另有8架飞机误将"列克星敦号"当成了自己的航母,企图在甲板上降落,被美军"野猫"式战斗机和舰上的对空炮火击落。

当晚,弗莱彻将军判断,两军的距离应该在100海里范围之内,决战马上就要来临了。而高木中将的判断几乎和弗莱彻一模一样。他们较着劲,都希望能在第二天的决战中给对方以毁灭性的打击。

8日凌晨,弗莱彻和高木同时派出侦察机,搜索对方的行踪。约8点,双方几乎同时发现了对方。一场势均力敌、旗鼓相当的较量开始了。此时,第十七特混舰队拥有两艘大型航母、121架飞机、5艘重型巡洋舰和7艘驱逐舰;日军舰队拥有两艘大型航母、122架飞机、4艘重型巡洋舰和6艘驱逐舰。

战斗中,双方均全力以赴。美军出动5个编队,共81架飞机,扑向日军。日军出动了90架飞机,直接飞到第十七特混舰队的上空。混战持续了整个上午,双方的损失大致相当。日舰"瑞鹤号"因及时躲进了雷雨区而免受轰炸,"翔鹤号"连续遭到攻击,完全丧失了作战能力。"约克城号"被一枚炸弹击中,但战斗力并未受到削弱。"列克星敦号"的情况不

珊瑚海海战中被日军炸弹与鱼雷击中而燃烧的"列克星敦号"航空母舰

大妙，受伤很重，已经无法继续战斗。

中午时分，尼米兹收到弗莱彻发来的战况，紧绷的脸上终于露出了一丝轻松的微笑。他给弗莱彻发了一封电报，并抄送金上将。他认为，战果或许可以更好，但首次和日本联合舰队硬碰硬地战斗，取得这样的战绩已经不容易了。他说："祝贺你们近两天来取得的辉煌胜利，你们保持了海军的优良传统，发扬敢打敢拼的战斗精神，受到整个太平洋舰队的称赞，这是我们共同的骄傲。祝你和你的部下一切顺利。"

三 山本精心部署攻击兵力

8日傍晚,珊瑚海海战的局面显然对日军稍为有利,因为虽然日本的"翔鹤号"受重伤,但"瑞鹤号"还完好无损,而美国的两艘航空母舰都已受伤。倘若日军继续进攻,美舰队将面临全部被歼的命运。

在这紧要关头,日军前线指挥官高木中将对即将到来的夜晚感到不安,决心停止第二次攻击,暂时脱离敌人,专注于燃料的补充和飞机的整修。

在拉包尔的第四舰队司令井上成美中将也认为日本方面保存下来的航空兵力不足以掩护攻击部队抗击敌岸基飞机的攻击,遂同意高木的请求,于下午5点左右下令舰队停止攻击,脱离敌人。

紧接着,井上又下令推迟莫尔兹比港攻击作战,命令临时北撤待机的运输船队返回拉包尔。

山本五十六闻知这一消息,勃然大怒,吼道:"井上中将在干什么!"

"怎么能放弃追击的机会!"参谋们愤怒地向宇垣缠参谋长嚷着。

"我也不明白。"参谋长宇垣缠将军随即匆匆给井上发出了一份电报:"有必要追击,要报告情况。"

"大和号"尚未收到井上的回复,井上却再次发来了进攻莫尔兹比港行动延期的电报:"MO作战延期,大洋岛、瑙鲁岛的攻击照原计划实施。"

山本终于发火了,亲自给第四舰队下达了命令:"应继续追击,歼灭残敌。"

井上接到山本的命令,只好在次日清晨命令舰队南驶,以便重新与敌接触,但接连搜索两天,毫无结果,最后在5月10日夜里撤出了战区。

尼米兹这才放了心,因为他于8日晚些时候得到消息,"列克星敦号"航空母舰已经沉没。这艘受损严重的航母在返航途中发生了爆炸,引爆了舰上的重磅炸弹和鱼雷,丧失了动力。弗莱彻不得不命令驱逐舰发射鱼雷,将其击沉。

尼米兹的心里难受极了。他在狭小的办公室里不停地走来走去，嘴里喃喃地说："'列克星敦'号是不该丢的！"

司令部的参谋人员脸上也都挂满了忧伤。尼米兹很快发现了这一点，立即改变语气，安慰众人说："记住这一点，我们还不很清楚日军受损的情况。他们显然付出了沉重的代价。他们绝对不会称心如意的。"

珊瑚海海战结束了。从战术得失来看，日本海军取得了珊瑚海海战战术上的胜利。但在战略上却失败了。日本海军由于损失的飞机和飞行员无法立即得到补充，日军的武力扩张第一次遭到遏制，被迫中止对莫尔兹比港的进攻。

英国首相丘吉尔在他的《第二次世界大战回忆录》中写道："这次遭遇战所产生的影响与其战术上的重要性不成比例，就战略上而言，这是美国与日本交战以来第一次可喜的胜利。像这样的海战，从前是没有见过的，这是水面舰只没有互相开炮的第一次海战……这个消息传遍了全世界，产生了振奋人心的影响，给澳大利亚、新西兰与美国带来了莫大的安慰和鼓舞。以重大代价换来的战术教训，不久在中途岛战役中应用，得到杰出的战果。中途岛战役的序幕拉开了。"

珊瑚海之战受挫并未影响山本在中途岛与美军进行最后决战的决心。5月初，珊瑚海海战之前，他已将作战计划和兵力布置就绪。山本的作战计划是：联合舰队的全部兵力纳入他的指挥下，执行在北方及中太平洋广大海域的大规模作战计划。他把日本联合舰队大致分成北、中、南3个集团。首先由第五舰队司令长官细萱戊子郎海军中将率领的北方部队，在攻击中途岛的前一日，攻占阿留申群岛中的阿图岛和基斯卡岛，以阻止美军由北方南下攻击，起到牵制敌人的目的。北方部队又称阿留申攻击部队，在战略上是一支佯攻兵力。山本的设想是希望由他们在主作战发起之前的佯攻，能把美国航空母舰引诱到错误的方向。

坐镇中央的是攻击中途岛的主力部队。南云忠一中将指挥的第一机动部队，肩负着对中途岛进行登陆前的空袭并将给予美舰队以致命打击的重任。其兵力有"赤城号"、"加贺号"、"飞龙号"和"苍龙号"4艘大型航空母舰，其中"赤城号"和"加贺号"共载有42架战斗机、42架俯冲轰炸机、51架鱼雷轰炸机。"苍龙号"和"飞龙号"也有同样数目的战斗机和俯冲轰炸机，还有42架鱼雷轰炸机。原计划参加中途岛作战的"翔鹤号"和"瑞鹤号"由于在珊瑚海海战中负伤，未能赶上参加此战。

南云的飞行员经验丰富，胆大艺高，基本上是偷袭珍珠港的原班人马。此外还有阿部弘毅海军少将指挥的支援部队和木村进海军少将指挥的警戒部队，拥有战列舰"榛名号"和"雾岛号"、重巡洋舰"利根号"和"筑摩号"、轻巡洋舰"长良号"，以及11艘驱逐舰。

　　在南云部队的后方，是山本亲自坐镇的舰队主力，称主力部队，它包括由山本亲率的主力部队和高须四郎海军中将指挥的阿留申警戒部队。山本的主力部队拥有"大和""长门""陆奥"3艘大型战列舰、1艘轻型航空母舰"凤翔号"、2艘水上母舰"千代田号"和"日进号"以及1艘轻巡洋舰、9艘驱逐舰、2艘油轮。这支兵力预计布置在中途岛西北600海里处，准备随时与出动的美国太平洋舰队主力进行决战。

　　由"日向号"、"伊势号"、"扶桑号"、"山城号"4艘战列舰、2艘巡洋舰和12艘驱逐舰组成的高须四郎中将指挥的警戒部队，位于山本以北500海里处，为进攻阿留申群岛的细萱中将的部队担任警戒与支援任务。

　　南方部队是"中途岛攻击部队"，总指挥为第二舰队司令长官近藤信竹中将，分别由占领部队、支援部队和攻击部队组成。其具体作战计划是：第二联合特别陆战队司令官太田实大佐率领海军特别陆战队2个大队（2800人），陆军部队指挥官一木支队长率领陆军1个联队（3000人）及其他支援部队，分乘12艘运输舰，在第十一航空战队和拥有1艘轻巡洋舰、11艘驱逐舰的第二水雷战队的护航下，从塞班岛出发，于N日，即6月7日，在中途岛登陆，占领桑德岛与伊斯特岛。指挥官为第二水雷战队司令长官田中赖三少将。

　　从关岛开来的栗田健男海军中将的重巡洋舰"熊野号"、"三隈号"、"铃谷号"、"最上号"以及2艘驱逐舰，将于N日为登陆部队提供近距离支援。近藤的主力包括第四战队的重巡洋舰"爱宕号"、"鸟海号"，第五战队的"妙高号"、"羽黑号"重巡洋舰，第三战队的"金刚号"、"比睿号"高速战列舰，第四水雷战队的"由良号"轻巡洋舰和8艘驱逐舰，以及载有12架战斗机和12架鱼雷轰炸机的小型航空母舰"瑞凤号"，它们留在中途岛西市稍微偏南处，掩护登陆部队的侧翼。

　　除此而外，还有潜艇部队在北美沿岸、阿留申群岛海域、夏威夷四周，监视敌舰队动向，实施牵制，协助主力作战。

　　这是一个浩大无比的作战计划。如果一切顺利，这支庞大的舰队将分散在中太平洋北部1000海里的水面上。每支部队都将等待着N日后的某个时候，当美国太平洋舰队出现在他们眼前时，便给予其毁灭性的打击。

四

美军破解"AF"之谜

山本五十六似乎对中途岛之战充满了信心，他的幕僚们也都认为胜利在握。联合舰队参谋渡边后来就曾说："美国舰队的大部分在大西洋。据此我们相信在太平洋上日本海军居于优势。如果指挥得当，不可能不取胜。"

但这一切只不过是假象罢了！一方面，山本这个庞大的作战计划本身存在着许多缺陷（其中最严重的是没有为航空母舰提供足够数量的护航驱逐舰和战列舰），为后来的失败埋下了隐患。另一方面，山本五十六忙于统筹中途岛战役计划（这是开战以来日本海军进行的规模最大的战役，远比偷袭珍珠港要复杂得多），而将更换通信密码的工作向后顺延了一个月。

对战争来说，任何一个小小的疏忽都将是致命的。尼米兹将军就是利用山本的这一疏忽，打赢了一场硬仗。1942年的四五月间，罗彻福特少校突然发现日本联合舰队的电台活动异常频繁。他立即向尼米兹将军作了汇报。

尼米兹将军问："少校，你认为这意味着什么？"

罗彻福特根据业已掌握的大量无线电密码通信，判断说："无线电密码通信显示，日本海军近期很可能会在太平洋中部采取一次大规模军事行动。"

尼米兹又问："日军的攻击目标将会是什么地方？"

罗彻福特沉思了半响，回答说："尚不清楚。"

不久，罗彻福特在截获的一系列日本人来往的电报中发现日军经常提到一个代号为"AF"的地名。经过初步分析，情报人员认定"AF"就是中途岛。

尼米兹得知这一消息，立即打开地图，盯着中途岛的位置，问道：

"你们会不会搞错？"

罗彻福特少校回答说："将军阁下，我们会对自己的判断负责。"

然而，美国海军因珍珠港事件对日军产生的恐惧心理尚未完全消退。不少人都不大相信这一判断。他们认为，万一判断失误，将直接导致美国海军的作战部署落空，从而产生更大的损失。华盛顿方面估计日军的进攻目标是阿拉斯加或美国西海岸；金上将则认为可能是夏威夷；而美陆军方面则担心日军空袭旧金山。尼米兹确信"AF"所代表的正是中途岛，但尚缺乏有力的证据证明这一点。

罗彻福特陷入了沉思，自言自语道："最好的办法是让日本人自己来帮助核实。"

5月10日，即珊瑚海海战最后一日，罗彻福特来到太平洋舰队司令部，与情报参谋莱顿进行了商谈："能否指示中途岛基地指挥官西马德海军中校，要他拍发明码电报，就说淡水蒸馏设备发生故障，不能使用……"

站在一旁的尼米兹咧嘴一笑。他很满意罗彻福特的这个小小的圈套。于是中途岛遵命用浅显的明码发出了这份诱饵电报。

设在倚玉县平林寺附近的大和田海军通信队，是日本海军的侦听中心。他们截听到美国的这份电报后，信以为真，认定"AF"上缺乏淡水，并把这一情况用密码电报通报给了准备参加中途岛作战的各舰队。为此，日本海军为进击中途岛的机动舰队特意增派了淡水供应船。

罗彻福特破译小组毫不费力地截获了大和田海军通信队的密码通信，从而证实了"AF"就是中途岛。接下来，尼米兹命罗彻福特以此为突破口，乘隙追踪，顺利地破译了反映日本舰队计划全貌的日方通信。到5月中旬，美国情报机构不仅弄清了日本正在计划夺取中途岛，而且还清楚地查明了日本的参战兵力、数量，甚至连部队单位、各舰舰长、舰只的航线都了如指掌。

掌握了日本联合舰队的动向之后，尼米兹便开始着手加强中途岛的防御力量了。在地面上，他命令部队在水际滩头及周围水域布设水雷，并增加了岛上海军陆战队的守备兵力；在空防方面，尼米兹先后向中途岛增派了16架海军俯冲轰炸机、7架"野猫"式战斗机、30架海军水上巡逻机、18架B-17式陆军轰炸机和4架B-26式陆军轰炸机，使该岛飞机猛增到120架。

尼米兹不但加强了中途岛的防御，还想利用现有兵力，结合情报优势，打一场伏击，摧毁联合舰队的主力。但当时的情况对美军来说并不乐观，航空母舰"列克星顿号"在刚刚结束的珊瑚海海战中被击沉，"约克城号"也遭受重创，"萨拉托加号"则远在美国西海岸进行训练，根本来不及赶回参加作战。那么，能够参战的航空母舰就只有"大黄蜂号"和"企业号"了。

5月26日，美军第十六特遣舰队从所罗门群岛驶抵珍珠港。尼米兹大喜，他日盼夜盼的第十六特混舰队司令哈尔西终于归来了。尼米兹希望能由他来指挥这场扭转整个战局的战役。

但当哈尔西走进太平洋舰队司令办公室时，尼米兹惊呆了。这个昔日里生龙活虎，有"公牛"之称的海军中将已经被严重的皮炎折磨得瘦骨嶙峋了。尼米兹和哈尔西都为哈尔西将错过一场历史性的战役而伤感不已。

不过，哈尔西也间接地为这场战役作出了巨大的贡献，这就是他无私地向尼米兹推荐了他的巡洋舰司令雷蒙德·斯普鲁恩斯海军少将。时年56岁的斯普鲁恩斯被人们称为"机器人"，以战术判断准确和头脑冷静著称，是一个讲究方法的文静的策略家。

尼米兹如是评价斯普鲁恩斯："斯普鲁恩斯是将军的将军……他这样的指挥官总是先对各种情况进行彻底的调查了解，然后进行细致周密的考虑，一旦决定打，就狠狠地打。"

5月27日，"约克城号"从西海岸驶抵珍珠港归来。尼米兹高兴极了，立即穿上长筒靴，和船坞的修船工一起检查了宽大的船壳，并命令必须在3天之内将其修好。

本来，这艘在珊瑚海海战中严重受损的航空母舰至少需要3个月才能修好。此时，美国民众的抵抗热情已经被日本侵略者的挑衅点燃了。修船工们立即向尼米兹保证，就是不吃饭不睡觉，他们也会如期把"约克城号"修好。

尼米兹满意地笑了。

第二天，尼米兹召集第十七特混舰队司令长官弗莱彻将军和斯普鲁恩斯一起就战术问题进行了紧张的磋商。他向两位司令官详细说明了他的作战方针：美国在兵力处于劣势的条件下，必须利用自己已掌握了对方情况的有利条件，出其不意，先发制人，使敌航空母舰处于被动挨打的地位。

根据莱顿提供的情报和分析，尼米兹判断，日军突击部队将在6月4日

（东京时间是6月5日）晨发起攻击，攻击机从南面飞向中途岛，搜索机从北面、东面和南面进攻。在这个时候，连夜沿西南方向航线前进的美国特混舰队，应当在中途岛以北200海里处待命，因为该海域正好处于从西北方向攻击中途岛的日本舰队的侧面。

特混舰队一旦接到侦察机有关敌军所在位置、航线、航速的第一个报告，即准备发动攻击。待日军一半以上的舰载机飞往中途岛之后，第十六和第十七特混舰队立即出动，前去拦截日军的航空母舰，并在日军舰载机返航之前将其干掉。

很明显，这一作战计划对时间的要求非常精确。第十六和第十七特混舰队必须在6月3日之前在中途岛东北200海里处集结完毕。而且，两支舰队抵达的时间不宜过早，否则容易被日军发现；同时也不宜过晚，否则就会错过袭击的最佳时机。

尼米兹明确地对两位将军说："你们必须掌握既要勇敢但又不莽撞的原则，即在给予优势敌军重创之前避免暴露我军力量。一旦暴露，就要给敌人以较大的杀伤。"

五
将计就计，引日军进入坟场

东京时间5月27日是对马海战37周年纪念日，也是日本的海军节。人们身着盛装，纷纷涌到街头，庆祝日本海军在过去几个月里取得的辉煌胜利。

一家报纸如是吹嘘说："今年的海军节不只是个纪念性的日子、回忆性的日子，还是个大功告成的日子。日本海军不仅在37年前战果赫赫，而且，此后它又一次次地立下了令人难以置信的更大的军功……这是达到顶峰的时刻，是大功告成的时刻。"

《日本时报与广告报》还特意吹捧了山本五十六在对马海战中的表现："就是在这次具有历史意义的战役中，海军士官生山本失去了两个手指。要是他失去3个手指，按规定他就不能留在海军里了。可以说，一个手指之差使这位士官生得以在37年后担负起了已故海军大将东乡相同的职责。因此人们可以称这是上天为促进日本国的事业而赐予的恩典……"

在人们的吹嘘中，山本五十六对联合舰队下达了起锚的命令。他之所以把出发的时间选在这一天，就是希望中途岛作战能成为第二个对马海战。日军的队伍十分壮观，轻巡洋舰"长良号"所率领的第十战队的12艘驱逐舰以"一"字纵队在前开道；紧跟在后面的是第八战队的"利根号"和"筑摩号"重巡洋舰；随后是第三战队的战列舰"榛名号"和"雾岛号"；最后的高潮是第一航空战队和第二航空战队的4艘大型航空母舰——"赤城号"、"加贺号"、"飞龙号"和"苍龙号"。

在主力舰队出发的前一天，担任进攻阿留申群岛的角田党治海军少将的第二机动部队已自本州北部的大凑先行出发，驶向珍珠港海域。

同一天，日军细萱海军中将的阿留申登陆部队也自大凑起航。当天晚上，远在南方马里亚纳群岛由田中海军少将指挥的运输中途岛登陆部队的船队，也在巡洋舰、驱逐舰护航下，从塞班岛出发。

东京时间5月29日（中途岛时间28日），第二舰队司令长官近藤信竹中将率领一支由16艘战舰组成的大型舰队离开了广岛。随后，山本五十六直接指挥的由37艘大型战舰组成的舰队也起航了。就这样，日本联合舰队的全部力量就都出海了，全部舰只总计达350艘之多，总吨位达150万，飞机1000多架，它们的锅炉房消耗的燃料比帝国海军平时一年烧掉的燃料还要多。

山本出发的同一天，斯普鲁恩斯少将也指挥美军第十六特混舰队离开了珍珠港。第十六特混舰队拥有"大黄蜂号"和"企业号"两艘航空母舰、5艘重巡洋舰、1艘轻巡洋舰、11艘驱逐舰，但就装备而言，在美国海军的特混舰队实力处于中等偏上。

不过，山本对美军的动向毫不知情。在海上，山本五十六遇到了太平洋上非常常见的坏天气。狂风卷起巨浪，不停地拍打着疾驰的舰队，使大海中的战舰就像漂浮在浪涛中的叶片一样。

相比而言，尼米兹则悠然得多！为了迷惑日本人，他指示在珊瑚海执勤的一艘巡洋舰使用航空母舰航空兵大队通常使用的频率发报。日本人信以为真，还真的以为美国的航空母舰仍然在珊瑚海呢！

尼米兹还要求中途岛官兵采取一切措施，加强岛上防务。他们在水际滩头及周围水域都布设了水雷，并增加了一些高炮。部署在岛上的26架"野牛"式战斗机、34架俯冲轰炸机4架B-26型陆军轰炸机和6架TBF型鱼雷轰炸机全都严阵以待，只等着日军来犯了。

5月30日，弗莱彻将军的第十七特混舰队也出发了。第十七特混舰队的装备和实力比第十六特混舰队稍差，包括"约克城号"航空母舰，两艘重巡洋舰和6艘驱逐舰，但战斗力也不容小觑。

不过，与日本联合舰队相比，第十六和第十七特混舰队的战斗力明显处于劣势。如果不是尼米兹首先掌握了日军的动向，他绝对不敢用两头"狼"去对付一头"猛虎"。

5月31日，奉命前去珍珠港侦察美太平洋主力舰队动向的一式水上飞机，因为在预定加油地点发现美军，不得已取消了这次侦察任务。接着，山本派出的潜艇警戒部队也因为潜艇的行动延迟了两天，而错过了发现美军第十六和第十七特混舰队的最佳时机（日军潜艇抵达预定地点时，美军的两支特混舰队已经通过多时了）。就这样，山本费尽心机在中途岛与夏威夷中间设置的三道潜艇警戒线都成了摆设。

尼米兹终于可以稍稍松一口气了。那天晚上，他给妻子写了一封信。信中说："我希望最近几天夜能够更长一些，以便能够有空充分休息。"在信的末尾，他还意味深长地告诉家人："总有一天，我们的业绩将载入史册，但现在必须等待。"

同样是等待，尼米兹悠然自得，而山本五十六却惶恐不安。无线电侦察发现，从夏威夷发出的电讯有明显的增加，在过去两天中所截收到的电报多达180份，而且有72份是急电。这说明珍珠港方向的局势异常紧张，说不定已经发现了日军行踪。

稍晚些时候，"大和号"上的无线电甚至截听到了显然表明美国航空母舰在夏威夷海域的信号。然而，求战心切的山本似乎更愿意相信大本营的判断：美国航空母舰还在所罗门群岛附近活动。

令人诧异的是，山本为继续保持无线电静默，以实现战役的突然性，竟然没有向大本营求证。直到6月3日凌晨零点，山本一直驱使舰队在绝对的无线电静默中全速前进。而且，没有任何明显的证据可以证明美军已经发现了日军的行动。因此，自山本以下，直到每一个舰员都对此次战役充满了信心。

6月3日上午，太平洋上的浓雾逐渐散去。几架从中途岛基地起飞的美军侦察机很快发现了正向中途岛疾进的运输船队。中午时分，9架满载炸弹的美B-17式轰炸机攻击了运输船队。当天下午，4架全新的"卡塔莲娜"式水上飞机又携带鱼雷对日本运输船队进行了第二次袭击。

这些动向充分说明，美军已经发现了日军的行动。但山本却自我安慰说，这样也好，只有比原计划提前几小时把太平洋舰队的主力引出珍珠港才会更有利于消灭美军的主力。因此，山本五十六并没有把运输船队受到攻击的消息通报给最前线的南云舰队。

也正因为如此，南云才敢以24海里的时速驶向中途岛。战列舰和驱逐舰则远远地落在后面，为美军即将发动的突袭创造了有利条件。

23时30分，南云的旗舰"赤城号"上的一个对空瞭望哨突然喊道："发现一架侦察机的灯光，右舷90度，高角70度。在云上向我靠近！"

舰长青木立即下令拉响战斗警报，舰员们各就各位。只见天上星光穿过云隙忽明忽暗地闪烁着，不见敌机踪影。原来瞭望哨把星星当成了目标。过了一会，青木正要下令解除警报，那瞭望哨又大声报告："还是那个方向发现灯光！不是星星！"

对空战斗的命令立即发往各舰，结果又是一场虚惊。

23点45分，南云向各舰下达了起床命令。当天，中途岛日出时间为2点（此为东京时间，中途岛时间为4日5点）。23点45分之时正值海上的黎明前夕，到处是一片昏暗。南云乐观地认为，美军根本完全被蒙在鼓里，等着他们的轰炸呢！

六
向南云舰队发起进攻

在南云忠一的舰队高速驶向中途岛海域的同时,日军的北方部队针对阿留申群岛的牵制性战役已经打响。尼米兹并未理会北方的战斗,他把全部的精力都放在了中途岛。他在办公室里放了一张行军床,累了就躺一会。他的情报官莱顿也24小时守在他身边,累了就在角落里的沙发上休息。

6月4日凌晨,"卡塔莲娜"水上飞机发回司令部的情报表明,一切情况尽在尼米兹的掌握之中。他向中途岛和特混舰队司令专门发了一份电报:"情况的发展正如所料。航空母舰是我们最主要的目标,其位置应立即找到。明天可能是你们给敌人以沉重打击的一天。"

不久,在西北方向侦察的飞机向中途岛发了一封明码电报:"两艘航空母舰和主要舰艇,方位320度,航向135度,航速25节,距离180海里。"

中途岛方面立即将电报转发给了尼米兹。尼米兹看了之后,转向莱顿,惊讶地说:"天哪,你的预测真是太准确了。"

莱顿接过电报,看了一眼,数据和他在战前提供的情报相差无几——误差只为5海里、5度和5分钟。

两人相视而笑,又不约而同地把目光转向作战地图。尼米兹盯了半晌,突然举起拳头砸过去,恶狠狠地说:"为美国海军雪耻的时候到了!等着吧,这回定让你有来无回!"

上午6点整,日军108架战斗机发起了空袭中途岛的第一攻击波。美国海军上尉霍华德·艾迪上尉率领的机群发现了日军的行踪。飞行员蔡斯驾机悄悄地跟踪日本机队,在离中途岛不到30海里的地方,他抢先飞到日机群上空,发射了1颗降落伞照明弹,向早已在空中严阵以待的26架"野猫"式战斗机报警。

就这样，中途岛上空的拦截战打响了。遗憾的是，美军"野猫"式战斗机的性能太差，根本不是日军"零"式战斗机的对手。仅仅15分钟，就有15架美机被击落，而日军则毫发未损。日军飞行员洋洋得意地冲过第一道拦截，飞到了中途岛上空。但他们在晨曦中发现，岛上的机场空空如也，一架飞机也没有，只能试图对机场、机库和跑道等基础设施实施轰炸。

严阵以待的美军飞行员突然飞回中途岛上空，和日机纠缠在了一起。6点25分，尼米兹收到了中途岛发来的电报："中途岛遭空袭。"

尼米兹的心里紧张极了。美军战斗机的性能相对较差，无法和日军的零式战斗机相提并论。他担心中途岛的损失过于惨重。两个小时后，中途岛发来的电报证明他的担心并不是多余的。在短短的两个小时内，美军损失了33架轰炸机、23架战斗机。

尼米兹的背上不由自主地冒出了冷汗。但就中途岛的战斗而言，日军已经取得了初步胜利。如果战况继续恶化，战争的天平将彻底倾向日本一方。

这时，莱顿交给尼米兹一封电报。尼米兹拿过来一看，发现那是罗彻福特少校破译的日军密电。电报的内容是："发现10艘敌人舰只，方位10度，离中途岛240海里，航向150度，航速20节以上。"

尼米兹缓缓道："这说明日军已经发现了我们的舰队。不知道他们是否已经确认这是我们的航母编队。"

莱顿回答说："从电文的内容来看，没有。"

在8点10分左右，日军确实没有发现美军的航空母舰。南云忠一接到的报告是："美舰为5艘巡洋舰和5艘驱逐舰。"

正因为如此，参谋长草鹿龙之介建议对中途岛发动第二波攻击。南云有些犹豫不决，好几分钟后，他才艰难地下达了命令："发动第二波攻击！"

可是，第二波攻击飞机本来是用来防备美军舰群的，装备的全是鱼雷和轰炸军舰用的重磅炸弹，不适宜进行陆地进攻。结果，4艘航空母舰上的空勤人员乱成了一团，匆匆把鱼雷和重磅炸弹拆下来，再装上攻击陆地目标用的80号炸弹。这是一项非常烦琐的事情，将所有的鱼雷和重磅炸弹都换下来的话，至少需要1个小时，甚至1个小时30分钟。

就在这时，美军中途岛陆基飞机对南云舰队的空袭开始了。航空母舰上立即响起了防空警报。3名训练有素的日军飞行员立即驾驶着"零"式战斗机,升空迎敌。

美军共出动了6架"复仇者"鱼雷机和4架陆军B-26轰炸机。美军飞行员似乎根本没打算活着回到中途岛,他们一出现就不顾日军战斗机的攻击和日舰上的防空炮火,径直扑向日本旗舰"赤城号"。

结果,4架B-26轰炸机有3架在尚未投弹之前就被日军的"零"式战斗机干掉了。剩下的那架发射的鱼雷也未能命中。6架"复仇者"式鱼雷轰炸机有4架被日军击落。就这样,南云舰队击退了美军的第一次袭击。

9点20分左右,日军侦查员向南云忠一报告称:"美军舰队似乎有一艘航空母舰殿后。"

南云一下子懵了,参谋们也都目瞪口呆地面面相觑。此时,出击中途岛的第一攻击波机群已陆续返航,舰上正匆忙进行飞机的回收工作。

情报参谋小野海军大尉立即在海图上查明了美舰所处的位置:日美两支舰队恰好相距200海里。假如美方拥有航空母舰,双方都处在舰载机攻击范围内。形势蓦地紧张起来。南云手下的参谋们张皇失措,神经紧张到了极点。

有人参谋建议:"准备就绪的攻击机应该立即起飞!"

有人立即补充道:"陆用炸弹不顶用了,必须重新换装鱼雷!"

这句模糊的电文让南云犹豫了好一会,才下令说:"查明舰种并保持同敌舰队的接触。"

几十分钟后,侦查员又发来电报,确认了美军舰队中确有航空母舰。这时,两支舰队相距只有150海里,均在对方的作战半径之内。南云和他的参谋们全都陷入了沉默。他们一直不愿相信的事情终于发生了。虽然他们弄不明白美军特混舰队是如何躲过日军警戒线的,但事实已经不容置疑了。怎么办呢?是让已经换上攻击陆地目标炸弹的飞机立刻起飞迎敌,还是换上鱼雷和舰船用炸弹再迎战呢?

南云犹豫了足足有10分钟,权衡再三,举棋不定。这时,以勇猛著称的第二航空母舰战队司令官山口再也沉不住气了,马上向南云发出信号:"我认为应立即命令攻击部队起飞。"

南云没有作出回应。10分钟后,南云下令:各战舰"收机作业完成后(攻击中途岛的第一波飞机正在返航),我部队暂时向北挺进,捕捉并歼灭敌机动部队。"

就这样，刚刚换上普通陆用炸弹的轰炸机不得不再次回到甲板下的机库中改装鱼雷。可是，要全部完成武器换装这一繁重的任务，最快也得需要两个小时。空勤人员又忙活开了，他们个个汗流浃背，但谁也没有怨言。他们已来不及将卸下的普通炸弹按要求送回安全的弹库，而是顺手堆在了机库的角落上，忙中出错，乱中生灾。就是这些炸弹后来被引爆，导致了巨舰的自我毁灭。

远在珍珠港的尼米兹比南云忠一更加着急，因为他无法知道第十六和第十七特混舰队的情况——弗莱彻和斯普鲁恩斯都保持着无线电静默。尼米兹不安地问参谋人员："为什么收不到电报？为什么听不到一点情况？"

参谋也只能回答说："不知道。"

直到9点30分，尼米兹才从破译的日军密电中得到蛛丝马迹。日机飞行员用无线电向南云报告："10架敌鱼雷机正朝你飞来。"

尼米兹判定，这些飞机显然出自"企业号"或"大黄蜂号"航空母舰。他还继续分析说："日本人现在应该忙着回收第一波次返航的飞机，暂时不会发动进攻。"

尼米兹的判断一点不错。10点8分，"企业号"打开了无线电。尼米兹和他的参谋人员清楚地听到电台里传来第十六特混舰队参谋长布朗宁上校的声音："立即进攻！"

七

大胜中途岛，扭转战局

几分钟后，美军的第二次袭击开始了。41架鱼雷机陆续从"大黄蜂号"、"企业"和"约克城号"上起飞，直扑南云舰队。由于没有战斗机护航，这些飞机升空几分钟后就被日军的"零"式战斗机击溃了。结果，41架鱼雷机，只有6架得以生还，其他的全部葬身大海了。更可悲的是，美机所投鱼雷竟无一枚命中日航空母舰。

随后，美军特混舰队又多次出动，但均损失惨重，且毫无战果。临近中午的时候，美军3艘航空母舰的200来架飞机已经只剩下54架了。而日军凭借着"零"式战斗机的优势，先后击退了美军的8次空袭，而且已经回收了93架飞机。

南云的情绪缓和了不少，甚至有些踌躇满志的感觉。这回该轮到他发起进攻了。

南云下令道："第二攻击波准备起飞。"

各航空母舰调整位置，对向逆风，准备让飞机起飞。甲板上已换好鱼雷的攻击机的螺旋桨一齐开始转动。第一架飞机从"赤城号"上腾空而起。

舰上所有的人员都在暗暗祈祷："再有5分钟攻击机就可全部起飞了。"

就在美军败局将定的时刻，却出现了戏剧性的转折。从"企业号"上起飞的33架"无畏"式俯冲轰炸机在6000米高空发现了由4艘航空母舰组成的蔚为壮观的南云舰队。从"约克城号"上起飞的17架俯冲轰炸机也发现了目标。这样，"企业号"的33架轰炸机以"赤城"和"加贺号"为攻击目标，而"约克城号"的17架飞机，专门攻击"苍龙号"航空母舰。

"苍龙号"和"加贺号"相继中弹。在"赤城号"前面急驶的"加贺号"突然向左急旋，同时以高射炮射击。但一切都太晚了，几乎在还击的同时，"加贺号"再次中弹。整个舰桥和周围甲板区顿起熊熊大火，除了飞行长外，在舰桥上指挥的舰长等主要人员当场毙命。

· 159 ·

"'加贺'号被击中了。"有人大声叫着。

仅仅几秒钟后,"赤城号"也被两枚炸弹击中,一颗落在飞行甲板中部升降机后面大约15米的地方,一颗落在飞行甲板后段。炸弹把飞行甲板穿了两个大洞,升降机炸得像一块烧卷了的玻璃板,塌向机库,后段的飞行甲板奇形怪状地向上翻翘着。

在巨大的爆炸声中,排列在甲板上尚未起飞的飞机立即被笼罩在一片火海之中了。那些随手堆在角落里的800公斤重的高爆炸弹和鱼雷一枚接一枚地爆炸了。炽热的大火从舱内喷出,四处蔓延,惊人的爆炸声此起彼伏,致命的碎片到处飞舞。

顷刻之间,威武一时的南云部队只剩下"飞龙号"航空母舰独撑危局了。"飞龙号"的战队司令官山口多闻是以胆识和才干著称的海军少将,他曾一度被认为是山本五十六司令官的接班人。此时,日本航空母舰编队遭受的毁灭性打击,令山口怒不可遏。他在接替了南云的空中作战指挥权之后,毫不犹豫地对美航空母舰发动了反击。

10时40分,小林攻击队的6架飞机突破美舰载战斗机的拦截,向"约克城号"航空母舰投掷炸弹。"约克城号"舰身起火,锅炉气压下降,失去了航行能力。

这时,负责接应南云的山本五十六已经得到消息,正在全速驶向中途岛海域。同时,北方的角田舰队也率航空母舰"龙骧号"和"隼鹰号"火速南下,与山本舰队协同,前往救援。

下午1点30分,山口多闻命令袭击中途岛后正返舰待机的友永大尉率10架鱼雷机和6架战斗机对美舰发动第二次攻击。友永的座机在袭击中途岛时,左翼油箱已损坏。地勤人员提醒他说:"友永大尉,你的飞机左翼油箱中弹,修理好还要一段时间。"

友永果断地回答说:"没关系,用右翼油箱就够了。"

仅用右翼油箱是单程飞行,出去就回不来了。这意味着友永已下定了战死的决心。在友永的带领下,日军机群呼啸着飞向"约克城号"。在他们靠近"约克城号"的瞬间,美军的防空炮火齐鸣,在天空中织起了一张致密的网。16架飞机有一半中弹坠入大海,另外8架闯过防御网,逼近"约克城号"。但只有4架飞机到达了投弹位置,开始投弹。

结果,"约克城号"又被3发鱼雷击中,缓缓下沉,结束了自己的使命。

下午5点30分,中途岛海域的战斗已经接近尾声。日军"飞龙"舰上的飞机已寥寥无几，除6架战斗机外，只剩下5架轰炸机和4架鱼雷机了。

在这种情况下，想要再发动第三次强袭已经不可能了。山口无奈，只能等待黄昏的来临，趁着夜色给美军特混舰队最后一击。但美国人已经不会再给他逞凶的机会了。山口对"约克城号"的第二次出击刚刚结束，13架美军俯冲轰炸机就扑向了"飞龙号"。

几秒钟后，甲板上传来巨大的爆炸声。紧接着，舰桥部位也中弹了。山口马上命令官兵灭火，但消防的速度跟不上火药爆炸的速度，终于诱爆了舰上堆放的炸弹和鱼雷，引燃了汽油。随着一声巨响，火势进入舱内，"飞龙号"已无法挽救了。

山口少将召集800多名幸存者，训话说："我将与本舰共存亡。我命令你们全体离舰，继续为天皇陛下效忠。最后让我们面向日本国土的方向，三呼天皇万岁吧！"

说着，山口从身旁的一只水桶里倒了一杯淡水，同幕僚们黯然饮别。随后，他又把自己的黑色战斗帽递给了他的参谋伊藤，作为纪念品。最后，他用布条把自己绑在舰桥上，决心和"飞龙号"的残躯一起沉到海底。

半个小时后，山本五十六向南云舰队残存力量下达了撤退命令。对于山本的这一突然决定，头脑发热心急如焚的参谋们实在接受不了，他们七嘴八舌坚决要求拿下中途岛。首席参谋黑岛甚至流着眼泪歇斯底里地叫道："长官，'赤城'号并未沉没，依然还浮在海上。如果被美国拖去当作战利品展览，岂不是奇耻大辱吗？"

立即有人针锋相对地指出："我们总不能用天皇陛下自己的鱼雷来击沉天皇陛下的战舰啊！"

有一个军官甚至直截了当地提出："就这样撤回去，我们怎么向天皇陛下交代？"

就在这时，山本闻知，"加贺号"和"苍龙号"已经相继沉没，只有"赤城号"和"飞龙号"还在继续燃烧。

山本沉默了良久，语调缓慢沉重："我自己曾当过'赤城'号的舰长。现在我必须下命令将它击沉，心情万分遗憾——全部责任都在我一个人身上，我去向天皇请罪。"

随后，山本令驱逐舰"野分号"前往击沉"赤城号"。舰上200多人和这艘曾创造过辉煌战绩的航空母母舰一同沉入了海底。

晚上10点，斯普鲁恩斯向尼米兹发了一份相对详尽的战报。这令他多日来的疲惫一扫而光，脸上露出了欣慰的笑容。双方交火的有效时间只有

海上骑士·haishangqishi·尼米兹·nimizi

5分钟，但就是这5分钟扭转了战局。

6月5日凌晨2点55分，山本五十六正式下达了撤出战斗的命令：停止对中途岛的进攻。随后，日本联合舰队各部队相继会合，开始返航。

6月7日上午，为了对付可能的追击，山本大将准备用他现有的两艘轻型航空母舰和战列舰、巡洋舰上的100架飞机与美追击部队周旋，并企图诱使美舰队进入日本人占领的威克岛上大约50架中型轰炸机的作战半径之内，歼灭美国特混舰队。

不过，斯普鲁恩斯并没有中计。他深知穷寇莫追的道理，命令部队撤出了战斗范围，当然，客观条件也影响了他的决定。他的舰队油料已经耗尽，如果继续追击，将无法返航。至此，中途岛战役结束了。

中途岛之战，使日本联合舰队和山本五十六丢尽了脸面。在这次注定要倒霉的冒险中，日军损失了4艘航空母舰、1艘重巡洋舰、322架飞机，并使3500名日军丧生，其中包括100多名不可多得的一流飞行员。相比之下，美国的损失要小得多，仅有1艘航空母舰和1艘驱逐舰被击沉，另有147架飞机被击落，阵亡307人。

英国首相丘吉尔对中途岛海战的成功给予了高度评价："美国这一值得纪念的胜利，不仅对美国，而且对整个同盟国的事业都具有重大的意义，对士气的影响是广泛而及时的。这一胜利一举扭转了日本在太平洋的优势。曾经使我们在远东的军事力量遭到挫败达6个月之久的敌人所炫耀的优势，现在已经一去不复返了。"

尼米兹因在战役指挥中的突出表现获得了应有的荣誉，来自世界各地的贺电和贺信像雪花一样纷纷而来，堆满了他的办公桌。尼米兹则向他的士兵和同胞们宣布："先生们，今日我们已报了珍珠港之仇！但是，只有彻底摧毁日本海军，才能带来太平洋地区乃至世界的长久和平。我们已经取得了实质性的进展，中途岛海战使我们走完了一半的历程。"

1942年的尼米兹

第九章
瓜达尔卡纳尔争夺战

一

兵锋直指瓜达尔卡纳尔

中途岛海战结束后,日本大本营不得不取消了原定于1942年7月侵占新喀里多尼亚、斐济、萨摩亚等岛屿的狂妄计划。为巩固南方资源地区,大本营开始调整防卫态势,准备在南方长期作战。

不过,大本营相信美国在1943春天之前不会在太平洋地区发动反攻。也就是说,在美国发动反攻之前,日本尚有时间在南太平洋地区建立连锁空军基地,加固岛屿的防御工事,形成一道抵抗盟军攻势的环形防线。

当然,要实现这一目标的话,就必须夺取盟军仍据守的莫尔兹比港。这一次该陆军唱主角了。自开战以来从未打过败仗的陆军计划从新几内亚岛的北部登陆,翻越欧文斯坦利山脉,以陆路攻占莫尔兹比港。

为了使这一作战顺利进行,必须在这一攻势的侧翼修建机场,以掩护陆军的攻击行动。6月,日军着手在所罗门群岛的瓜达尔卡纳尔岛修建机场。日军南下入侵的陆军部队主力是以百武晴吉中将为军长的第十七军。海军方面特意组建了第八舰队,任命三川军一海军中将为司令官,司令部设在拉包尔。

富有战略眼光的尼米兹同样把目光锁定在了南方的瓜达尔卡纳尔小岛上。6月底,尼米兹获得了一次难得的短期休假,飞往旧金山和妻子会面。此时,凯瑟琳已经举家迁到了西海岸,目的就是为了能和丈夫近一点。

尼米兹和随行人员乘坐的水陆两用飞机在旧金山湾降落时撞上了一根巨大的浮木。结果,飞机严重损毁,机上人员均受了不同程度的伤。尼米兹和他的副官默塞尔受伤较轻,因为他们都是背朝机首的。

这些受过严格训练的军人在海水灌进机舱的同时打开了舱门,爬上机翼。副官默塞尔走到尼米兹身边,关切地问:"将军,你感觉如何?"

尼米兹回答说:"我没什么,上帝保佑公文包没有丢掉。"

当医护人员赶到的时候，尼米兹和所有人一样，都全身湿淋淋地站在机翼上发抖。护士请尼米兹先上船。尼米兹看了看那些受伤严重的人，回答说："不，必须先撤离伤员。"

凯瑟琳得知丈夫乘坐的飞机发生了意外，心急如焚。直到丈夫出现在旅馆面前时，她才如释重负地跑过去，紧紧抱住他。尼米兹不停地安慰妻子说："没事，没事，一切都会好起来的。"

凯瑟琳松开丈夫，上下打量了一下，笑着说："看看你！"

尼米兹低头看了看自己，笑道："成了落汤鸡！"

凯瑟琳拉着尼米兹绕过正厅，来到负一层。尼米兹不解地问："为什么不从正厅进去？"

凯瑟琳回答说："让我们从底层乘电梯上楼，我不想让我的丈夫像落汤鸡一样从正厅走过。"

在随后的几天里，尼米兹和夫人一起散步、逛街、看望朋友，过得非常悠然。他们还抽空到马雷岛海军医院探望了因飞机失事住院的伤员。

7月3日下午，金上将从华盛顿飞抵旧金山。第二天早晨，尼米兹便和这位老朋友及顶头上司就下一阶段的作战计划交换了意见。会议进行了两天，话题始终没有离开瓜达尔卡纳尔岛。

瓜达尔卡纳尔岛东西长150公里，南北宽40公里，是所罗门群岛中的最大岛屿。第一次世界大战之后，该岛成为美国属地。太平洋战争爆发后，该岛被日军占领，成为日军在南太平洋上的前沿阵地，进可攻澳大利亚、新几内亚和新喀里多尼亚等地，退可守拉包尔，战略位置非常重要。

尼米兹打算攻占瓜达尔卡纳尔岛，然后沿着岛链一路向北，直至攻占日本本土。然而，西南太平洋战区司令麦克阿瑟将军却坚决反对。为了让西南太平洋战区和陆军在太平洋战争中占据主导地位，他极力要求突袭新不列颠岛，攻占拉包尔和俾斯麦群岛，从而迫使日军北撤700海里，退到特鲁克岛基地上去。

结果，争论持续升级，一直闹到了参谋长联席会议上。金上将和陆军参谋长马歇尔也牵涉到了其中。最后，双方达成了一个折中方案。这一方案实际上采纳了海军的建议，但也适当顾及了麦克阿瑟的面子。

这个代号为"瞭望台"的战役计划规定：战役第一阶段夺取圣克鲁斯群岛、图拉吉岛及其附近要地，由尼米兹将军担任战略指挥。为了便于指挥，把南太平洋地区和西南太平洋战区的分界线改在东经159度（靠近瓜达尔卡纳尔岛的西侧）。一批美军在图拉吉地区站稳脚跟，则随着向巴布亚半岛的萨拉莫阿和莱城进军的开始，将战略指挥权交由麦克阿瑟担任，同时开始第二阶段的战役，由他统一指挥沿所罗门群岛北上的作战部队。随后，盟军的两条战线对拉包尔实施夹击。

就在这时，日本海军陆战队登上了瓜达尔卡纳尔岛，并开始在岛上修建简易机场。尼米兹大惊，事态一时间变得紧迫起来。一旦日军的简易机场完工，附近岛屿的美军海空基地都将受到威胁。换句话说，必须把瓜达尔卡纳尔纳入"瞭望台"第一阶段的作战计划之中。

尼米兹和金上将沟通之后，决定于8月7日实施两栖登陆，攻占瓜岛。作战任务由第十七特混舰队的弗莱彻和亚历山大·范德格里夫特海军少将指挥的海军陆战第一师承担。

从制订计划、集结兵力，到发动战役，整个时间只有一个月。这实在太仓促了！弗莱彻对尼米兹说："日军虽新遭败绩，但实力犹存，美军不应过于轻敌。"

尼米兹微微一笑："你是否听说过'鸟活十年'的故事呢？"

弗莱彻盯着尼米兹，沉默了半晌。他知道尼米兹的故事在海军中无人不晓，但眼下似乎并不是讲故事的时候。

尼米兹明白了弗莱彻的意思，但仍然讲了他的故事："从前，有人买了一只鸟。老板说，这只鸟的寿命为10年。可是第二天，这只鸟就死了。买鸟的人去质问老板，老板回答说：'这有什么奇怪的？今天刚好是它10岁生日。'"

弗莱彻耸了耸肩，回答说："好吧，将军，你是对的。"

尼米兹笑着说："如今日本就和那只鸟一样，看似强大，其实已经到了末日。我们应该抓住时机，主动出击，不给日本人任何喘息的机会。"

8月7日，"瞭望台"战役打响了。太平洋舰队几乎动用了它的全部力量：23艘运输船，在特纳海军少将的指挥下运送美海军陆战第一师1.8万人；为登陆运输船队护航的是8艘巡洋舰和9艘驱逐舰，指挥官为英国海军少将克拉奇雷；空中支援编队由"萨拉托加号"、"大黄蜂号"、"企业号"3艘航空母舰，战列舰"北卡罗林纳号"及重巡洋舰5艘、轻巡洋舰1艘、驱逐舰16艘、油船3艘组成，指挥官为弗莱彻海军中将，旗舰是"萨拉托加号"。

当时，驻守瓜达尔卡纳尔岛的日军兵力只有第十一和第十三工兵营共2500名士兵，外加负责机场守备的作战部队400人。对岸的图拉吉也只有700名士兵在防守，其他有飞艇5架，水上战斗机5架，武器只有小炮和若干机枪，几乎没有重武器。

5点30分，美舰载机从3艘航空母舰上起飞。6点13分，"无畏"式俯冲轰炸机开始对瓜岛、图拉吉岛实施航空火力准备。随后，陆战第一师师长范德格里夫特少将指挥的登陆部队在攻击中成功登陆了。

岛上的日军奋起抵抗，但根本无法抵抗美军潮水般的冲击。经过一天的激战，美军占领了图拉吉全岛，并夺取了瓜达尔卡纳尔岛上即将竣工的机场，将其命名为"亨德森"机场。

黄昏时分，美军又成功地攻占了瓜岛以北的图拉吉。这两次战斗的规模虽然不大，但却是美军在太平洋上发动的首次成功的两栖登陆战，为日后的登陆作战积累了宝贵的经验。

二

在瓜岛外围海战中重创日军

瓜岛战役打响前夕，尼米兹设法把从前的副官兼秘书拉马尔从华盛顿调到了珍珠港。尼米兹和拉马尔都很高兴。当然，他们之间牢固的友谊和默契的配合也引起了一些人的嫉妒。

这时，尼米兹的办公室也从潮湿的潜艇基地搬到了空气清新的山上。新办公室有两间房子，相对宽敞一些。从窗户望去，是美丽的珍珠港和秀丽的库崂山。办公室前面的空地上还建有一个手枪射击场。尼米兹很喜欢射击，这是他放松的特殊方式。

8月8日，南太平洋战区司令官戈姆利将军给尼米兹发报，汇报了第一天的战斗情况。尼米兹很欣慰。但晚些时候收到的电报却让他不安起来。一份电报表明，一支兵力不明的日军舰队正朝瓜达尔卡纳尔和图拉吉岛方向开进。另一份电报是弗莱彻发来的。他说，由于舰队需要补充油料，3支航母编队正在撤出这一海域，只有一些没有空中掩护的运输舰留在原地。

当晚，驻拉包尔的日军第十一航空舰队轰炸了在瓜岛登陆的美军陆战队。随后，三川中将命第八舰队出动一切可以出动的力量，在萨沃湾袭击了盟军舰队。海战结果，日军取得了压倒性的胜利，共击沉盟军巡洋舰4艘，重创巡洋舰1艘、驱逐舰1艘，击毙、击伤盟军1700余人，而日舰除"加古号"在返航时被美潜艇击沉之外，无一重伤，日军死亡仅58人，伤53人。

第二天早晨，正在手枪射击场射击的尼米兹从破译的日军密码中知道了这一消息，顿时呆住了。他和拉马尔在手枪射击场待了很久。8月11日晚，南太平洋战区司令部向尼米兹汇报了战况及敌我双方的损失。

此时，山本五十六的旗舰"大和号"抛锚在柱岛。当他得知美航空母舰特混编队出现在所罗门海域之后，立即产生了用全部家当和太平洋舰队大干一场的想法，以雪中途岛之耻。

为实现这一目的，山本下令联合舰队主力向瓜岛北方海域集中。8月11日，近藤中将指挥的第二舰队驶离本土。8月16日，南云中将指挥的第三舰队出港，并令驻守在提安尼岛的第十一航空舰队司令部移往拉包尔。8月17日，他自己亲率"大和号"，由丰后水道南下出击。

山本五十六倾巢而出，一心只想着一雪前耻，却忘记了和陆军方面沟通、协调。而陆军则更荒唐，以为美军是一支毫无战斗力的部队，只要大日本帝国的皇军出马，美国大兵们会立马放下武器投降。陆军第十七军军长百武晴吉中将判断，在瓜达尔卡纳尔岛登陆的美军不过2000人（实际上，此时在瓜达尔卡纳尔岛登陆的盟军已达1.6万人，且装备有各式重武器），而自己只要派出1000人就足以对付毫无战斗力可言的美军了。

8月16日，恶贯满盈的一木清直大佐奉命率先遣队1000人分乘6艘驱逐舰从特鲁克海军基地出发。8月21日凌晨1点30分，一木支队的第一批500名士兵向守卫在特纳鲁河口的美军发起了猛烈的攻击。

美军依托防御工事进行了坚决抗击。如潮水一般涌来的日军像稻草一样，一片片倒地。一木吓坏了，不是说美国大兵不堪一击吗？怎么会这样呢？不甘心失败的一木又组织了第二波攻击。这一次又和上一次一样，仍然没有一个士兵能冲到美军阵地的铁丝网前。

这时，惨绝人寰的悲剧发生了。几名美军医疗队队员企图上前救护日本伤兵，却惨遭伤兵的杀害。范德格里夫特少将勃然大怒，下令赶尽杀绝，一个不留。

激战很快就变成了屠杀！美军坦克开到了海滩上，直接从日军的尸首和伤兵身上碾过，留下一堆堆残缺不全的肢体。一战下来，一木先遣队全部被歼，恐惧而绝望的一木烧掉队旗后开枪自杀了。

瓜岛外围海域的战斗也非常激烈。8月24日，第十七特混舰队发现了日军轻型航空母舰"龙骧号"的踪迹。这艘航母属于南云忠一指挥的第三舰队编成。当时，山本五十六将其兵力分成5个战术群：南云中将指挥的航空母舰主力群；以战列舰"比睿号"、"雾岛号"为核心的前卫群；以"龙骧号"轻型航空母舰作诱饵的牵制群；近藤中将指挥由"千岁号"水上母舰和15艘战舰组成的先遣队；9艘潜艇组成的侦察群以及在后方跟进的瓜达尔卡纳尔岛增援群。

很明显，嗜赌成性的山本希望以老式航空母舰"龙骧号"为"诱饵",吸引所有的美舰载机前来轰炸。等待美军轰炸机油尽返航之时,南云航空母舰上的全部飞机立即起飞,一举击沉美航空母舰。然后再乘胜挺进瓜达尔卡纳尔岛,彻底消灭岛上的美国海军陆战队,攻占瓜岛机场。

盟军南太平洋战区司令戈姆利海军中将根据情报,命令弗莱彻率领的由3艘航空母舰组成的舰队重新编成第六十一特混编队,下辖由弗莱彻亲自指挥的以航空母舰"萨拉托加号"为主,外加巡洋舰"明尼阿波利斯号"、"新奥尔良号"和5艘驱逐舰组成的第十七特混舰队;由金凯德少将指挥的由航空母舰"企业号"、巡洋舰"波特兰号"、"阿特兰塔号"和6艘驱逐舰组成的第十六特混舰队;由海军少将诺伊斯指挥的以航空母舰"大黄蜂号"为核心的第十八特混舰队。

此外,美国海军总司令金上将敏锐地觉察到,所罗门群岛海域将发生一场恶战,立即下令刚刚下水的战列舰"华盛顿号"、"南达科他号"和"朱诺号"防空巡洋舰等大型舰只一起,从大西洋取道巴拿马运河开入太平洋。

就这样,交战双方不断增兵,致使瓜达尔卡纳尔岛这个名不见经传的小岛扮演了一个重要的历史角色。太平洋战争前途将由这场宏大的海战来决定。

8月24日上午,田中少将率领的瓜达尔卡纳尔岛增援群驶抵瓜达尔卡纳尔岛以北250海里处;南云指挥的"翔鹤号"、"瑞鹤号"航空母舰在田中东面40海里的方位作掩护;以"龙骧号"为主的牵制群在南云部队的右前方。

上午9点5分,海上的浓雾逐渐散去。一架美军水上飞机发现了山本精心设计的"诱饵"——"龙骧号"轻型航空母舰。飞行员立即向舰队司令部汇报。弗莱彻不相信日军舰队会突然出现,未予理会。

下午1点,美舰雷达发现了由"龙骧号"起飞的轰炸机前去轰炸瓜岛亨德森机场。弗莱彻这才下令30架轰炸机和8架鱼雷攻击机从"萨拉托加号"航空母舰上起飞,前往攻击"龙骧号"。

结果,美军轰炸群轻而易举地击沉了装备落后的"龙骧号"。南云获知这一消息,忍不住笑了起来,认为敌机已被引开,向美航空母舰实施主要突击的时机已经到来。恰在这时,"筑摩号"巡洋舰派出的侦察机发回了发现美舰编队的报告。

南云毫不犹豫地下达了作战命令。27架轰炸机和10架战斗机从"翔鹤号"上起飞了。1小时后，又有27架轰炸机和9架战斗机从"瑞鹤号"升空。

下午4点2分，"企业号"上的雷达发现了一群空中目标。弗莱彻急忙下令甲板上待命的飞机升空拦截。此时，美军在空中警戒的战斗机已达53架。同时，"企业号"上仅存的11架轰炸机和7架鱼雷机也与"萨拉托加号"上的5架鱼雷机和2架轰炸机合兵一处，前往攻击日舰。至此，弗莱彻已把他的全部家底亮了出来。

惨烈的空战开始了。双方在"企业号"25海里处上空搅在了一起。不久，攻击"龙骧号"后返航的美军俯冲轰炸机和鱼雷机也赶来投入了战斗。美军舰炮的拦阻射击也在空中织了一张严密的火力网。

此时的日军飞行员已经无法和珍珠港之战与中途岛海战时的飞行员相提并论了。无论在心理素质上，还是在作战技巧上，他们都远远赶不上原先的飞行员（那批飞行员大多在中途岛海战中阵亡了）。结果，日军虽然击毁了"企业号"，但自身的损失也十分惨重，大部分鱼雷机都被击落了。

黄昏时分，弗莱彻少将下令南撤，以避免和擅长夜战的日军在夜间战斗。海面上只剩下失去动力的"企业号"无助地漂荡着。就在这时，从"瑞鹤号"上起飞的日军第二波攻击飞机出现在"企业号"的雷达上。

有趣的是，这批飞行员对方位产生了误判，居然从"企业号"以西约50海里的地方飞了过去。就这样，本来已经束手待毙的"企业号"捡回了一命。

更加有趣的是，日军飞行员回到基地里，信口开河地夸大了战果，称击沉了两艘美军航母。三川中将信以为真，立即向增援瓜岛的田中运输船队发出了警报解除的信号，命令他们继续向瓜达尔卡纳尔岛进发。

8月25日上午，山本五十六取消了航空母舰的作战行动。这样联合舰队白白失去一艘轻型航空母舰，却没有实现它的战略目标。与此同时，田中的运输队在瓜达尔卡纳尔岛以北不到100海里地方遭遇了美军强大的"无畏"式俯冲轰炸机群。毫无防备的日军运输队被打得措手不及，舰上的火炮甚至没有来得及装上炮弹，就有1艘大型运兵船和1艘驱逐舰被击沉了。日本舰队掉头驶离现场，向北逃窜而去。

三

战将"公牛"哈尔西归来

8月28日下午,山本的旗舰"大和号"抵达特鲁克岛。了解了当前的战局之后,他脸上的神色显得很凝重,一副心事重重的样子。他敏锐地意识到,美军的反攻已经开始,瓜达尔卡纳尔之战很可能就是这种大规模反攻的起点。

山本和大本营进行了沟通,并建议瓜达尔卡纳尔岛作为南太平洋的首要作战目标,与美军展开针锋相对的斗争。8月31日,大本营下令,停止莫尔兹比港方面的作战,集中力量对付瓜达尔卡纳尔岛上的美军。如此一来,实力雄厚的第八舰队和整个东南亚地区航空队都能够抽调出来参加瓜达尔卡纳尔之战了。

当天,弗莱彻的旗舰"萨拉托加号"航母遭到日军潜艇的袭击,不得不跟在"企业号"后面,开回珍珠港检修。弗莱彻将军也受伤了。随后,尼米兹解除他的指挥职务,给他放了长假。

9月初,焦头烂额的尼米兹在旧金山和金上将讨论战局时遇到了老朋友哈尔西。这时,哈尔西已经恢复了健康,吵着要求重返工作岗位。尼米兹高兴极了,一把抓住他的手臂,连声道:"比尔,你能回来,真是太好了!"

南太平洋战区的战况让他无时无刻不在想念哈尔西,他想让这头"公牛"接替弗莱彻的位置。9月12日,尼米兹和哈尔西一起来到正在港内检修的"企业号"甲板上。他们出现的时候,全体官兵早已排着整齐的队伍在等候他们了。

"公牛"哈尔西

尼米兹拉着哈尔西的手臂，快步走到扩音器前面，大声宣布说："伙计们，我告诉你们一个好消息。比尔·哈尔西回来了！"

"欢迎'公牛'哈尔西归队！"士兵们立时爆发出欢呼之声。

尼米兹微笑着看了看哈尔西，又看了看正在欢呼的士兵，得意极了。看来，让哈尔西接替弗莱彻的决定是正确的。

此时，日军在瓜岛周围大量增兵。由于美国飞机控制了亨德森机场，日舰白天不敢接近岛屿。但在夜间，投送部队、弹药和供应品的运输船队却经常通过位于布干维尔至瓜岛一侧的通道开进来。这种夜间航行，就是闻名的"东京快车"行动。

哈尔西归队前夕的一天晚上，8艘驱逐舰载着川口少将和他手下的1000多人驶出海面，悄悄靠近瓜达尔卡纳尔岛。山本决定发挥日军擅长夜战的优势，在夜间登陆，让美军防不胜防。深夜，士兵们跟跟跄跄地走上了沙滩和岛上幸存的士兵合兵一处。

川口清点了一下，手下共有3100名士兵。按照山本的计划，他应该在9月13日之前夺下机场，掌握战役主动权。为此，川口设计了一个看似万无一失的三面进攻计划：主力猛攻美国海军陆战队环形防线的后卫，第二支队伍从西面直逼机场，帝国海军陆战队的一支队伍则从东面对亨德森机场实施协同进攻。

但川口犯了一个严重的错误，他忘记了在向美军发起决定性的全力攻击之前，日军必须穿过泥泞不堪、充满腐臭的热带沼泽。在黑夜中，3000余名士兵摸索着前进，很快就在大量蜇人的昆虫和吸血的水蛭的围攻下，筋疲力尽了。

而美军早已在日军企图突破的那座陡峭的山岭上挖壕设垒，以逸待劳地等着他们了。川口和他的士兵们在沼泽和丛林中艰苦地穿行了一个星期之久，于9月12日晚抵达预定地点。结果，他们一边高呼着"万岁"，一边冲向美军阵地的时候，山坡上突然响起了"隆隆"的炮声，随后是"轰轰"的爆炸声。

日军被炸得晕头转向，无处可躲。一夜下来，山坡上就堆满了日军的尸体。这个小小的山岭也因此得了一个令人恐惧的名字——"血岭"。

川口的自尊心受到了严重的打击，不得不带着尸体又从丛林撤退而去。由于太过自信，他将大部分食品都留在了后方（打赢了就可以吃美国供应的食品了），士兵们不得不在极其恶劣的环境下，以草根、树皮为食，在丛林小道中忍饥挨饿地步行一个星期。

至此，瓜达尔卡纳尔岛成了日军的"死亡岛"。幸存的士兵也因缺乏食物和淡水，变得骨瘦如柴、羸弱不堪，失去了战斗力。而美国海军陆战第一师面临的形势也非常严峻。由于日本联合舰队掌控着外围的制空权和制海权，海军无法及时地向岛上输送食物和弹药，导致第一师面临着弹尽粮绝的危险。

9月下旬，冒险向岛上运送物资和兵员的美军舰队遭到了日军潜艇的袭击。"黄蜂号"航空母舰、"北卡罗来纳号"战列舰和"奥布莱恩号"驱逐舰先后中弹。"黄蜂号"航母和"奥布莱恩号"驱逐舰相继沉没，"北卡罗来纳号"遭受重创，不得不返回珍珠港检修。至此，美军在南太平洋战区就剩下"大黄蜂号"1艘航空母舰了。

面对着不断恶化的战局，麦克阿瑟、戈姆利等人都十分焦虑。不过，瓜岛阵地依然牢牢掌控在以范德格里夫特将军为首的海军陆战第一师手中。

一直守在珍珠港的尼米兹也认为是时候亲临战场去了解情况了。9月28日，他和几名参谋一起飞到新喀里多尼亚的努美阿，参加戈姆利将军召开的联席会议。尼米兹率先发言："我和我的参谋人员来到这里，目的是了解南太平洋战区的实际情况和我们面临的具体问题。我希望大家能毫无保留地说出自己的看法。"

随后，戈姆利等人介绍了南太平洋战区近来发生的战事以及未来的作战规划。西南太平洋战区参谋长萨瑟兰将军则代表麦克阿瑟将军发言，宣称："瓜岛不能再守，应尽早放弃。"

尼米兹吃惊地问道："有什么理由吗？"

南太平洋陆军司令哈蒙少将接过话茬，回答说："据可靠情报，日第十七军百武集团已将其主力第二师团集结在肖特兰岛，第三十八师团正从婆罗洲赶来。如果这两个师团在瓜岛登陆的话，我陆战第一师势难抵挡。"

尼米兹勃然大怒，吼道："你们既然怀疑范德格里夫特将军无法坚守瓜岛，为什么不设法让陆军去增援？你们到底有没有考虑过使用新西兰的陆军和航空兵？为什么不派部队去破坏日军的'东京快车'行动？为什么？为什么！"

尼米兹一连串的"为什么"把众人问得哑口无言。过了半晌，他又以不容置疑的口吻说："瓜达尔卡纳尔虽然只是一个小岛，但却关系到整个太平洋的战局，决不能从一己利益看问题。我希望各位应随时做好增援的准备。"

尼米兹的这番话在一定程度上起到了作用。原先笼罩在南太平洋战区的消极氛围消失了，海陆军之间的对立情绪也缓和了许多。

四

哈尔西出任南太平洋战区司令

第二天,尼米兹冒着倾盆大雨,乘坐一架B-17轰炸机降落在了瓜岛的亨德森简易机场。范德格里夫特将军已在雨中等候他多时了。

尼米兹快速走下悬梯,一把抓住范德格里夫特的手臂,嘴唇翕动了一下,但什么也没说。他明白,在这种情况下说什么都是多余的,范德格里夫特需要的是实实在在的支持。

尼米兹和范德格里夫特一起视察了部队,并问这位英勇的师长:"你们打算坚守这片滩头阵地吗?"

范德格里夫特反问道:"当然,为什么不呢?"

尼米兹对范德格里夫特的回答很满意,又问:"你认为整个战局的关键之地在哪儿呢?"

范德格里夫特毫不犹豫地回答说:"毫无疑问,关键之地是机场。谁控制了机场,谁就能控制整个瓜达尔卡纳尔。近来的情报显示,日军百武集团将集结重兵攻打瓜岛。我以为,最明智的做法是集中兵力扼守机场,而不是分散部队,守住那些没用的丛林和沼泽地。"

尼米兹笑了笑,没有发表意见。不过,谁都能看得出,他非常支持范德格里夫特的策略。

次日清晨,尼米兹代表太平洋战区向海军陆战第一师英勇的官兵们颁发了勋章。士兵们都很激动,一位军士竟然在领到勋章后晕倒了。

随后,尼米兹经由努美阿返回了珍珠港。而戈姆利也在尼米兹的催促下从新喀里多尼亚调了一个团增援瓜岛。

日军企图在瓜达尔卡纳尔岛发动一场更大规模的战斗。10月8日,百武晴吉令从婆罗洲开来的第三十八师团会合第二师团,共计2.5万人,企图向瓜达尔卡纳尔岛发动总攻。为了配合百武,山本下令联合舰队全部出动,从特鲁克南下所罗门群岛。统领舰队的仍是南云中将,山本给他的任务是配合百武中将在瓜岛发起的陆上进攻，随时捕捉和歼灭胆敢露面的美太平洋舰队，切断美军增援瓜岛的补给线。日本大本营对这次陆海军联合进攻夺取瓜岛的作战计划充满了信心。他们认为："把美军赶出所罗门的日子已经来到了。"

由于准备不充分，总攻向后顺延了两周。美军则利用这段时间调整了指挥系统，加强了岛上的防御。10月11日深夜，美军增援瓜岛的护航舰队与日军"东京快车"在瓜岛西北部的埃斯帕恩斯角遭遇。双方展开激战，美军击沉日军巡洋舰和驱逐舰各一艘，损失驱逐舰一艘。日军败退，美军增援部队于两天后安全抵达瓜岛。

此时，尼米兹已经返回珍珠港。这次努美阿之行让他对戈姆利非常不满，决定让哈尔西接任南太平洋战区司令。10月15日晚，尼米兹在特别会议上开门见山地问他的参谋们："你们觉得是时候调走戈姆利了吗？"

参谋们的回答惊人的一致。他们均表示，由于戈姆利缺乏斗志和指挥才能，已经让整个南太平洋战区蒙受了巨大的损失。无论如何，这种情况都不能继续下去了。

尼米兹点了点头，宣布说："我马上向金上将汇报，推荐比尔·哈尔西将军出任南太平洋战区司令。"

金上将很快批准了尼米兹的提议。3天后，正在赶往努美阿途中的"公牛"哈尔西（此前是去接替弗莱彻的职务，指挥舰队）接到了委任状。由于尼米兹事先没有同他打招呼，哈尔西显得有些惊讶。

当哈尔西登上旗舰"亚尔古尼号"之时，戈姆利将军已经在那里等着和他交接了。哈尔西显得有些不自然，戈姆利也有些难为情。他对哈尔西说："这是他们交给你的一项艰巨任务。"

哈尔西真诚地说："关于这一点，我完全明白。所以，希望你能帮助我。"

戈姆利回答说："很愿意为你效劳！"

然而，当哈尔西向戈姆利和他的参谋人员询问瓜岛的情况时，他惊讶地发现，这位战区司令知道的并不比自己多。他不得不召见陆战第一师师长范德格里夫特、海军陆战队司令汤姆斯·霍尔库姆中将等人。

哈尔西不是一个讲究虚礼的人。范德格里夫特刚赶到努美阿，他就说："我必须了解瓜达尔卡纳尔的战斗经过和目前的情况。"

范德格里夫特回顾了此前的战斗，并提出："鉴于大战在即，我部必须补充航空兵和地面部队。"

哈尔西问："你想坚守？"

"为什么不？"范德格里夫特回答说，"不过，现在缺乏条件。"

哈尔西又问："什么条件？"

范德格里夫特说："强大的火力支援和不间断的后勤补给。"

哈尔西毫不犹豫地保证说："好，你回去吧。我向你保证，一定竭尽所能地支持你。"

范德格里夫特返回瓜达尔卡纳尔之时，日军正准备发起新的攻势。山本五十六和百武晴吉希望能把太平洋舰队吸引到所罗门群岛东北海域，将其一举歼灭。

此时，尼米兹已向南太平洋增派了大量兵力，其中包括刚刚修复的"企业号"航母、"印第安纳号"战列舰、陆军第二十五师和近百架作战飞机。而他们面临的敌人是日本联合舰队的主力——南云忠一的第三舰队。南云舰队拥有包括"翔鹤号"、"瑞鹤号"、"瑞凤号"和"隼鹰号"4艘航空母舰在内的数十艘舰艇，实力非常强劲。就连哈尔西也不得不承认："瓜岛地区的制海权在日本鬼子手中。想要确保瓜岛，我们必须付出巨大的代价。"

10月24日夜，日军冒着大雨向"血岭"发起了新的攻势。美军立即以机枪和迫击炮予以还击。在黑暗中，不时有日军士兵掉进被迫击炮炮火炸出的弹坑中，被迅速流淌下来的泥浆呛死。被机枪扫倒和平射炮火炸飞的士兵更是不计其数。第二师团师团长丸山将军无计可施，只得向百武发电："攻占机场尚有困难。"

此时，双方的舰队都在圣克鲁斯海域兜圈子，寻找对方的踪迹。由于云层太厚，雷暴雨作怪，谁也没有发现谁。山本有些不耐烦了，哈尔西也急不可耐！

"企业号"航空母舰上准备实施空中行动的F4F战斗机

五

圣鲁克斯海战的战略胜利

10月26日天刚亮，美军16架携有500磅炸弹的"无畏"式俯冲轰炸机起飞，对太平洋西北方向进行搜索。用武装轰炸机执行搜索任务可谓是一大创举，在稍后的战斗中占尽了先机。因为双方舰队此时都处在彼此的攻击范围之内，谁能早一秒发动攻击，谁的胜算就大一些。而南云仍然墨守成规，派出侦察机都没有攻击能力。

6点50分，美机发现了南云航空母舰舰队，立即对其发动了攻击。一番狂轰滥炸之后，日军"瑞凤号"航空母舰遭受重创，不得不将舰上剩下的飞机全部升空，拖着熊熊烈火摇摇晃晃地撤出了战斗。

就在这时，南云收到了侦察机发回的报告："方向东南，距离200海里，发现美航空母舰1艘和其他类型军舰5艘。"

南云已经顾不上"瑞凤号"了，立即命令65架飞机出击。巧合的是，此时美军52架飞机也已经从"大黄蜂号"上起飞，前来轰炸日军舰队。更加巧合的是，两军对彼此舰队的轰炸也几乎是同时进行的。

8时59分，日本轰炸机从5100米的高空振翅俯冲下来，"企业号"一看来者不善，急忙躲入一片雷雨区。暴露在开阔海面上的"大黄蜂号"成了日本俯冲轰炸机和鱼雷机的主攻目标。

一名神风突击队员，驾驶着载有两枚重磅炸弹的轰炸机以自杀性俯冲，笔直地朝"大黄蜂号"的飞行甲板撞去。"轰轰轰"三声巨响，飞机撞穿了甲板，两枚重磅炸弹也同时爆炸了。

"大黄蜂号"立即爆发出一团直冲云霄的巨大火焰。几分钟后，日本鱼雷机又从舰后低空而来，两条鱼雷命中了机舱部位，接着另有3颗炸弹穿透前甲板，卡住升降机，并在舰舱内部爆炸。攻击仅仅进行了10分钟，"大黄蜂号"就失去了动力，成了任日军宰割的"羔羊"。

在200海里之外的海面上，从"大黄蜂号"起飞的第一批攻击飞机把南云的"翔鹤号"航空母舰炸得毫无抵抗能力了。南云不得不下令将他的司令旗移到一艘巡洋舰上去。

接下来，日军的第二波和第三波攻击相继开始了。"企业号"航空母舰和"南达科他号"战列舰均在战斗中遭受重创。巡洋舰"圣胡安号"的尾舵也中弹受伤了。

邻近中午的时候，"企业号"航母回收了油料即将耗尽的飞机，随后退出了战斗。战斗进行至此，日军在战术上已经占据了明显的优势。

南云决定乘胜追击，不再让美国人跑掉。他一边让受伤的"瑞凤"、"翔鹤"退出战斗，一边命令幸存下来的"隼鹰"、"瑞鹤"继续南下，追击美舰。下午1点刚过，日军第四波攻击飞机起飞了。1个小时后，从"瑞鹤号"上起飞的飞机发现了被战列舰拖着向前行驶的"大黄蜂号"。

倒霉的"大黄蜂号"再次成为了日军飞机的靶子。舰长无奈，只得下令弃舰。随后，美驱逐舰向这艘弃舰发射了16枚鱼雷，其中9枚雷命中，将其炸成了一堆废铁。当日舰找到这堆废铁时，为了泄愤，向其补射了4枚鱼雷。至此，圣克鲁斯大海战（日本称南太平洋海战）结束了。

圣克鲁斯海战是日美双方继珊瑚海大战、中途岛海战、东所罗门海战之后，第四次航空母舰之间大规模的海空厮杀。从战术角度讲，山本五十六和他的联合舰队取得了胜利。在战斗中，联合舰队击沉击伤美航空母舰各1艘，击沉美驱逐舰两艘，击伤美巡洋舰、战列舰和驱逐舰各1艘。但是，山本五十六也付出了过于高昂的代价，两艘航空母舰遭到重创，再也无法参战了。

更为严重的是，美军在战斗中只损失了74架飞机，而日军的损失却高达100多架。和飞机相比，更让山本心痛的是那些训练有素、实战经验丰富的飞行员。他们已经长眠南太平洋海底，再也无法替补了。

从战略上讲，圣克鲁斯海战的胜利是属于美国人的。美国太平洋舰队的损失虽然十分惨重，但他们有能力在很短的时间里造出更多的飞机和舰艇。而日本就不行了。一方面，不管日本飞机制造厂和造船厂的工人如何努力，都无法赶上美国人的速度。另一方面，日军的兵员补充也到了捉襟见肘的境地。整个乡村和城市已经见不到适龄的男青年了。大概从这个时候起，日美两国的海军实力已经悄然发生了实质性的变化。

山本五十六再也不敢继续将联合舰队的航空母舰留在瓜达尔卡纳尔岛附近了。他把舰队撤离了瓜达尔卡纳尔海域，同时把思想僵化的南云忠一撤职查办了。

而美军则进一步加强了瓜达尔卡纳尔的防御。哈尔西还亲自到岛上视察，了解战况。在岛上举行的记者招待会上，他鼓励官兵们说："夺取战争胜利的秘诀只有一条，那就是不断消灭日本鬼子！"

11月初，瓜达尔卡纳尔的战况发生了奇妙的变化。由于联合舰队的撤离，瓜达尔卡纳尔岛的补给成了日本陆军无法解决的难题。岛上的2.5万日军时刻处于饥饿状态，只能以蜥蜴、蛇、蝌蚪、贝类为主食，甚至有人吃蛆和腐尸。三川中将的第八舰队（隶属南方舰队）不顾一切地向瓜岛输送物资。

哈尔西则利用这一有利时机，指挥舰队进行拦截。在11月的海战中，美军以2艘驱逐舰被击沉的代价击沉了日军5艘大型运输舰。至此，被总称为瓜达尔卡纳尔海战的一系列战斗全面结束了。尼米兹和哈尔西凭借出色的指挥牢牢掌控了该海域的制海权。

瓜达尔卡纳尔的地面战斗也随之进入了尾声。12月底，范德格里夫特领导的陆战第一师撤出瓜岛，由陆战第二师和陆军第二十五师接防。接防部队的主要任务是肃清岛上的日军残部。不过，他们大可以守在战壕里等着日军自生自灭。由于缺乏食物，再加上疾病盛行，躲在丛林里的日军已经完全丧失了战斗力。1943年2月，山本五十六派田中少将分3次将瓜岛幸存的1.3万皮包骨头的日本陆军撤下来。而此时，日军在陆上、海洋和空中的战斗中阵亡的人数已达5万余人。与此相对应的是，先后参战的美军部队多达6万人，仅有1592人阵亡。

第十章
实施"复仇行动",干掉山本

一
决定打通太平洋上的中轴线

1942年秋至1943年春，世界反法西斯战争相继迎来了大转折。1942年11月，盟军在北非登陆，占领了法属北非。1943年1月，美国总统罗斯福、英国首相丘吉尔和自由法国运动领导人戴高乐将军在北非的卡萨布兰卡举行会议，讨论了下一阶段的战役计划，打算登陆意大利的西西里。

卡萨布兰卡会议期间，苏联红军在苏德战场上也取得决定性的胜利。在斯大林格勒会战中，苏联红军击毙、俘虏德军约150万人，摧毁、缴获了德军3500辆坦克、12000门火炮和迫击炮、约3000架飞机及大量的其他技术兵器。这些兵力和兵器的损失对德国的战略地位产生了极大的影响并彻底动摇了其战争机器。从此之后，红军便转入了全面反攻，掌握了战略主动权。

与此同时，美国强大的工业生产能力和战斗力也随着时间的推移而释放了出来。到1943年初，美国已经建成或将要完工的航空母舰达22艘，其中大部分是新型"埃塞克斯"级大型航母。这种新型航母的标准排水量为27200吨，满载排水量34880吨，舰长265.79米、宽28.35米，飞行甲板长262.13米、宽29.26米，可载飞机100多架。大量的4.5万吨的"新泽西"级战列舰、新型的巡洋舰和驱逐舰也陆续生产出来，装备到了太平洋和大西洋舰队。

在航空力量方面，美军在质量和数量上均占有优势。此时，美军拥有各种类型的飞机共1.8万架（到1944年时增加到3万多架），其中包括性能远超日本零式飞机的F6F地狱猫和F4U海盗战斗机。

美国海军的兵力也从战争初期的32.5万人发展到了300余万人。在这种情况下，金上将和尼米兹等高级将领决定组建一支史无前例的庞大舰队。新编队一般包括12艘航空母舰、6艘巨型战列舰以及相当数量的巡洋舰和驱逐舰。新编成的特混舰队彻底摆脱了1942年之前那种只有一两艘航空母舰的状况。曾经有人这样描述这支庞大的特混舰队："突然，水平线上出现一些微小的黑点。它们不断扩大，绵延数十海里。这就是航空母舰、战列舰和驱逐舰组成的特混舰队……等到这支庞大的舰队驶近时，人们似乎觉得半边天空都被它们遮暗了。"

有了强大的军事实力，尼米兹决定放开手脚，在太平洋上打开一条中轴线，直逼日本本土。1月23日下午，尼米兹在努美阿召开了一次特别军事会议。由于连日来一直在前线视察，他得了重感冒，脸色不佳，因呼吸不畅带着严重的鼻音。不过，他还是强打精神，用简洁清晰的语言阐述了下一步的战略构想。

28日，尼米兹乘坐海军部新划拨给他的大型专机飞回珍珠港。第二天，他就因疟疾发作而住进了医院。为了保密，他的将旗仍然挂在太平洋舰队的司令部。卧病在床的那段时间里，尼米兹的情绪非常糟糕。

有一次，拉马尔拿进来一束鲜花。尼米兹一把抢过来，奋力扔到了门外。拉马尔惊呆了，愣在原地，半天没有说出一句话。

尼米兹意识到自己的失态之后，抱歉地对拉马尔说："对不起，我实在无法控制自己的情绪。"

拉马尔笑着回答说："将军，你需要放松！"

尼米兹勉强笑了笑，没有说话。

直到2月份，尼米兹的情绪才稍稍有所缓和。这时，瓜岛已经完全掌控在了美军手中。而麦克阿瑟将军在新几内亚东部进行的一系列战斗也结束了。战争正在一步步地走向胜利。

不甘心失败的日本联合舰队司令山本五十六制订了"伊号"作战计划。所谓"伊号"作战就是以第三舰队航空母舰的舰载飞机加上第十一航空舰队的岸基飞机（共300多架）为主力，连续打击自所罗门至新几内亚一带的敌舰和航空基地。所罗门方面的攻击称为X攻击，新几内亚方面的攻击则称为Y攻击。预定攻击发起时间为4月5日。

山本将此役视为扭转战局的关键战役，因此决定亲自到拉包尔前线去协调指挥。4月3日早晨，山本带着他的参谋人员分乘两架水上飞机飞抵拉包尔。时任东南方面舰队司令的草鹿任一中将、第三舰队司令小泽治三郎中将、第八舰队司令三川军一中将等在机场迎接。山本下了飞机后，径直来到东南舰队司令部。

第二天是山本59岁的生日。海军准备为他大肆庆祝一番。但天公不作美，突然狂风大作，暴雨倾盆。山本似乎预感到了什么，心情再次抑郁起来。随后，他下令将"伊号作战"推迟到7日实施。

4月7日黎明，山本穿着洁白、一尘不染的海军服来到拉包尔机场，亲自为即将参加作战的飞行员送行。200多架飞机陆续升空，飞往瓜达尔卡纳尔，开始了自珍珠港事件以来规模最大的空袭行动。

日军67架舰载轰炸机、157架"零"式战斗机在瓜达尔卡纳尔和图拉吉上空与美军各型飞机激战了3个小时之久，打得难解难分。部分日军飞机突破了飞机的封锁，轰炸了图拉吉港。结果，美军损失了1艘驱逐舰、1艘油船和1艘护卫舰。不过，日军的损失也不小，有12架舰载轰炸机和9架"零"式战斗机被击落。

日军飞行编队返航时，惊讶地发现他们的司令长官已经站在机场迎接他们了。山本那矮小、健壮的身影刺痛了飞行队长的心。在飞机降落之时，他临时决定向长官撒一个弥天大谎。在汇报战果时，这位飞行队长声称：美国人只有大约10架飞机升空拦截，他们对图拉吉港内的26艘舰船进行了成功的轰炸，大部分被击沉。

山本大喜，认为"伊号"作战已经旗开得胜。随后，他把注意力转移到了新几内亚方向。从4月8日到12日，日军第十一航空舰队连续轰炸了奥罗湾、莫尔兹比港和米尔恩湾。结果，日军击沉了美军驱逐舰、护卫舰、油船各1艘，运输船2艘以及25架飞机。当然，日本方面的损失也不小，有43架飞机被击落（约占全部参加作战飞机的12%），有一半的飞机被击毁，无法在接下来的战役中使用。

但有意思的是，日军飞行员似乎尝到了撒谎的甜头。他们这一次撒的谎比上一次还要大。他们声称炸沉了美军1艘巡洋舰、2艘驱逐舰、25艘运输船，击落了200架飞机，并把敌人的简易机场炸了个稀巴烂。

山本似乎很相信他的飞行员。随后，他命令参谋长宇垣缠带着一帮参谋开始统计"伊号作战"的战果。按照飞行员们夸大的数据来看，此次战役完全达到了目的。

还有历史学家披露，山本在此时的低落心情也可能是袭击珍珠港的负罪感造成的。据说，山本在和一名幕僚下棋的时候，突然听到美军广播在播报珍珠港的内容。广播中说："日本违反国际惯例，置世界舆论于不顾，悍然发动突然袭击。在美国接到日方的最后通牒前，日本军队已经开始对珍珠港的攻击……"

山本突然对他的幕僚说："他们又在提珍珠港了。说来，也确实遗憾。不知咱俩谁先离开这个世界。倘我先走的话，请你一定禀告天皇：联合舰队最初没打算那样干，所以如此，完全是形势所迫。攻击的时间，原计划也是在递交最后通牒之后，是因为外交来往中的耽搁和作战执行者临时的失误才提前的。"

说完，山本陷入了沉默。过了半晌，他突然起身离开了，身后留下了一盘残局。很明显，山本的这话段意在为自己的罪责开脱。不管他怎么说，都无法改变日军突袭珍珠港的侵略性质，都无法洗脱他的罪名。

二

为山本五十六修筑坟场

随着"伊号"作战接近尾声，山本也要离开拉包尔了。然而，他却突然改变行程，决定到靠近瓜达尔卡纳尔岛前线的肖特兰岛去视察，以鼓舞日本官兵的士气。4月13日黄昏，山本五十六命令通信兵向所要去视察的各基地、各航空队和守备队发出了电报通知。电报内容为："GF长官定于4月18日前往视察巴莱尔岛、肖特兰岛和布因基地。具体日程安排是：06：00乘中型轰炸机，由6架战斗机护航从拉包尔出发，08：00到达巴莱尔；然后转乘猎潜艇，于08：40抵达肖特兰……14：00再乘中型轰炸机离开布因，15：40返回拉包尔……若遇天气不佳，本视察日程往后顺延一天。"

布干维尔岛位于拉包尔东南约300公里处，而布因基地则位于该岛的最南端。乘飞机从布因再向南飞行约五六分钟，就到了肖特兰岛。在肖特兰岛东侧有一个飞机场大小的小岛，就是巴莱尔岛。美军控制的瓜达尔卡纳尔岛就在巴莱尔岛东南方向。万一遇到美军飞机的话，后果不堪设想。

第三舰队司令小泽治三郎马上站出来表示反对。但山本从来就不是一个容易被说动的人，他一旦决定某件事，就非要一条路走到黑。偷袭珍珠港是如此，中途岛海战也是如此。

小泽劝不动山本，只好向黑岛求助："现在只有请宇垣参谋长来劝阻。"

黑岛沉默了半晌，喃喃道："宇垣参谋长可能也无能为力。"

小泽马上回答说："如果长官一定要去的话，我们只好加强护卫力量。6架战斗机担任护卫，力量太单薄了。需要的话，可以从我那里调用战斗机，多少都行。请你把我的意见转告给参谋长。"

不巧的是，参谋长宇垣缠正在发高烧，一直处于昏睡状态。黑岛没办法把小泽的建议转到他那里去。

海上骑士·尼米兹 ·haishangqishi· ·nimizi·

而美军设在阿留申群岛荷兰港的监听哨已经在当天下午5点55分截获了这份电报。电报被截获后立即发送珍珠港的战争情报总部。次日清晨,密码电报已经被译成了日文明码,然后海军陆战队的外语专家们又填上电文中的一些外文空白。

第二天上午8点整,莱顿中校迈着轻快而富有节奏的步伐来到尼米兹的办公室,一边把破译的日军密电递过去,一边说道:"我们的老朋友,山本有消息了。"

尼米兹看完电报,起身走向地图。他察看了好一会,发现山本视察的第一站巴莱尔正处于亨德森机场的战斗机的航程之内。

珍珠港事件爆发后,美国人最恨的并非肆虐欧洲的希特勒,而是这个一手策划了偷袭珍珠港的刽子手。大部分美国人认为,山本是在日本国内的地位仅次于天皇和东条英机。如果干掉山本,肯定可以极大地削弱日军的士气和斗志。

"干掉山本!"这个念头在尼米兹脑子里一闪而过。

思索了半响之后,尼米兹似乎还没有最后下定决心。他转身问莱顿中校:"你看怎么办?我们要不要设法把他干掉?"

莱顿毫不含糊地回答说:"你知道,击毙山本会得到什么。在日本军界,山本是出类拔萃的人物,是日本少壮派军官和士兵崇拜的对象,对于日本国民的士气,除了天皇外,大概没有谁比得上他。如果他被干掉,日本帝国作战的海军将会引起混乱。你了解日本人的心理,这件事会震撼整个日本。"

尼米兹颇为顾虑地说:"我考虑的是,他们是否会找到一位更能干的联合舰队司令长官。"

莱顿摇了摇头,列举了几位日本海军将领,并对他们进行了一番评论。最后,他得出的结论是:"山本是日军中的头号人物,犹如鹤立鸡群。"

尼米兹静静地听着,脸上渐渐露出了微笑。接着,莱顿中校用一个有趣的比方促使他下定了决心。莱顿说:"将军,你知道,这就好像你如被他们干掉了,我们也没有人能接替你一样。"

尼米兹笑了起来,终于下定了最后的决心。不过,"干掉山本"是一件大事,不能粗心大意。尼米兹立即电令哈尔西将军,授权他起草一份行动计划:"如果你所指挥的部队有打下山本和他的幕僚的能力,那就授权你制订预备计划。"

随后，尼米兹又向华盛顿方面作了汇报。海军部长诺克斯和作战部长金上将当即把电报提交到总统的例行午餐会。罗斯福总统用他那富有魅力的声音果断而坚决地说："击落山本座机，干掉日本这个杰出的指挥官。"

海军部长诺克斯在一边附和道："是时候了，该为珍珠港复仇了！"

就这样，山本的命运在白宫的例行午餐会上被决定了。罗斯福等人为这次行动取了一个恰如其分、耐人寻味的代号——"复仇"。

4月15日，尼米兹向哈尔西发出了执行"复仇行动"的命令，并在电报结尾处以个人名义预祝哈尔西"交好运，马到成功"。

哈尔西选中了所罗门群岛航空兵司令米切尔少将，指示他："P-38机队要想尽一切办法击毙山本司令及参谋人员！山本司令素以遵守时间闻名。总统重视这次战斗。结果速报华盛顿！此电报不得转抄和保存。战斗结束后立即销毁！"

米切尔将军不敢怠慢，立即召集约翰·米歇尔少校和托马斯·兰菲尔中尉研究拦截方案。米切尔将军最初提出的方案是：待山本乘坐潜艇离开巴莱尔之后，出动飞机，连人带舰一起击沉。

米歇尔少校反对说："港口那么多舰只，我们怎能知道他乘坐的舰艇是哪一艘呢？"

负责攻击的兰菲尔中尉则惊叫道："这太异想天开了。我连驱潜艇和独木舟都分辨不出来。能不能找到，没有把握。在海上即使把舰艇击沉，他本人也未必会死。要干的话，还不如让我在空中干呢！"

米切尔将军担忧地说："在空中干也未尝不可，只是飞机的准确飞行时间很难把握！"

米歇尔少校在一旁说："对飞行员来说，掌握飞机的飞行时间远比寻找潜艇容易。而且，你知道，山本一向都很守时。"

最后，米切尔将军决定接受米歇尔少校和兰菲尔中尉的建议，用攻击机直接击落山本的座机。他们根据破译日本的电报上的信息，精确地推算出了己方狙击机的起飞时间、飞行距离、航速和接敌区域的时间。按照计划，米歇尔少校将率领18架P-38"闪电"式战斗机，于4月18日9时35分（此处美军所用时间为当地时间，当地时间比日本时间早两个小时）左右在卡希利（即日军所说的布因）海湾以北50公里附近空域待机拦截。

18架P-38"闪电"式战斗机将分为两个机群从瓜达尔卡纳尔岛的机场起飞（亨德森机场），其中12架组成掩护机队，在高空诱开并纠缠住山本的护航战斗机，指挥官是米歇尔少校；其余6架为狙击机队，任务是击毁山本座机，由兰菲尔中尉负责指挥。

山本丝毫没有察觉美军已经为他织好了"死亡之网"。4月17日，陆军中将今村君求见山本，企图以自己不久前的一次遇险经历说服山本。

"好啦，"山本似乎有些不耐烦地说，"敌军陆战队正在突破我方前沿阵地，我们必须使他们停下来，这是我明天得去的一个原因，别的就不必说了。今村君，不用替我担忧！"

驻守在肖特兰岛的第十一航空战队司令城岛高次少将特意赶回拉包尔，泪流满面地劝阻山本说："如果密码被对方解读可就麻烦了。长官，这太危险了，请不要去了。"

城岛高次说的是4月13日发出的那封列出山本详细行程的电报。这位对司令长官忠心耿耿的少将曾气愤地对他的部属说："在这样风云变幻的前线，怎能把长官的行动计划用如此冗长详细的电文发出来呢？只有傻瓜才会这样干。这事太愚蠢了！这是在公开邀请敌人，我决不允许在我的司令部里出现这种不计后果的事。"

山本满不在乎地说："不，已经通知各基地了，各处都已做好准备正在等待着，怎么能反悔呢？如果能确定密码被破译，那另当别论，可是我们并不能证明已被破译。明天一早就出发，当天晚上即可返回。请你等着吧，回来后，咱们一块儿吃晚饭。"

城岛高次无奈，只能暗暗祈祷，希望山本能平安归来。

三

日本联合舰队司令命丧"复仇"

4月18日是星期日，天气出奇的好，万里无云，非常有利于空战。山本五十六和往常一样，早早就起了床。按照事先的决定，参谋长宇垣缠，副官福崎升，军医长高田，航空参谋端久利雄、室井舍治，会计长北村，气象长友野和通信参谋今村薰等人均会陪同山本去前线视察。

众人来到机场的时候，七〇五航空队所属的两架"一"式陆基轰炸机已经发动引擎，在那里等候了。山本抬头看了看天空，小声道："今天是飞行的最佳气候。"

和送行人员打过招呼后，山本五十六便登上了一号机。随后，参谋长宇垣缠登上了二号机。6点整（当地时间8点），两架陆基轰炸机起飞了。紧接着，二〇四航空队所属的6架"零"式战斗机也升空了，以三三编队的队形分成两队，在一号机的左右两侧护卫飞行。

此时，从瓜达尔卡纳尔岛亨德森机场起飞的16架编队严密的P-38"闪电"式战斗机（原计划18架，狙击队的两架飞机因故障未能起飞成功）已经在无线电静默中飞行了30分钟之久了。不出意外的话，他们将在山本的座机抵达布干维尔岛之前抵达预定地点。

时间一分一秒地过去了。1小时30分钟后，日军飞行员清晰地看到了布干维尔岛上浓密的热带丛林。布因基地和巴莱尔岛已经不远了。二号机的机械师川村纯调终于松了一口气，递给参谋长一张纸条。

参谋长展开纸条，只见上面写着："7点45分（当地时间9点45分）到达巴莱尔。"

这意味着，再过15分钟飞机就可以降落了。

7点33分，美军16架P-38战斗机穿过了布干维尔岛绿色海岸线，在林海上空飞行，在预定时间到达了预定地点。米歇尔少校看了看表，心想："日本人会不会准时抵达呢？"

50秒后，一名美军飞行员突然打破了无线电沉默呼叫道："发现敌机，左前方！"

米歇尔盯着日机，飞快地数着：一共8架，其中有两架轰炸机。他得意地想："山本可真够准时的，与拦截计划时间只差1分钟！"

米歇尔转向东飞，与敌机航向平行，并开始爬高。其他11架担任掩护任务的飞机也随之作出了相同的动作。米歇尔少校命令道："全体注意，扔掉副油箱！"

说完，米歇尔猛地打开油门，率机群爬上了6000米的高空。差不多与此同时，一名日本飞行员也发现了美军战斗机。一架担任护航任务的"零"式战斗机突然偏离航线，脱离机群，加速前飞。他摆动机翼，抬手指向侧方。山本座机的飞行员感觉情况不妙，朝右侧后望去，不禁大吃一惊。

6架"零"式战斗机甩开山本的座机，迅速爬高，向米歇尔的机群扑去。此时，兰菲尔中尉的狙击分队就在山本座机右下方约500米的地方。他见日军战斗机开始爬高，迅速指挥4架P-38"闪电"式战斗机升入了山本座机的航线。

日军"零"式战斗机的飞行员发现上当了，急忙全速俯冲，企图护住一号机。但一切都来不及了。兰菲尔中尉已经利用这宝贵的1秒，扭转机身对准山本座机的前进方向一阵猛扫。就在两架飞机即将错开的瞬间，兰菲尔打掉了山本座机的右翼。

一号机冒着黑烟，急速向下坠落。参谋长宇垣缠乘坐的二号机也遭到了截击，飞行员急忙下降高度，并来了一个90度的急转弯。

就在这时，宇垣缠看到了正在下坠的一号机，急忙对站在飞机过道上的航空参谋室井失声叫道："保护长官机！"

紧接着，宇垣缠又向驾驶员大声喊道："追上一号，追上一号，追上！"

这时，一架P-38向二号机扑来。驾驶员本能地来了一个急转弯，以便躲过袭击。当飞机再次恢复水平飞行时，宇垣缠再向一号机的方向看去的时候，空中已经空空如也了，下方的密林中则升起了一股冲天的黑烟。

突然，二号机也剧烈地震动起来。兰菲尔的僚机击中了它。坐在宇垣缠前面的机长猛推驾驶杆，企图在海上紧急迫降。但一切都晚了，轰炸机的机翼被P-38打掉了。在最后的几秒，宇垣缠回头望了望，只见参谋室井等人浑身是血地倒在机舱中……

"砰"一声巨响，轰炸机砸在了海面上，开始向左翻沉。二号机坠落的地点刚好位于布于维尔岛西南端莫伊拉角稍北处。联合舰队参谋长宇垣缠没有死，他和北村会计长、驾驶员林浩侥幸活了下来。

整场战斗只持续了3分钟。7点38分的时候，周围又恢复了原来的寂静，仿佛从来没有发生过激烈战斗似的。

在此次战斗中，美军除了干掉山本和宇垣缠乘坐的两架轰炸机，还成功地击落了3架"零"式战斗机，自身仅有一架被击落。

返航途中，兰菲尔兴奋地向瓜达尔卡纳尔岛报告："我打下了山本！"

当兰菲尔的飞机最后一个降落在亨德森机场的时候，其他飞行员和地勤人员一拥而上，猛拍他的肩膀和后背。兰菲尔惊叫道："嘿，先让我下来。"

众人这才意识到，兰菲尔还没有爬出座舱。后来，兰菲尔回忆当时的情形和心情说："就像一个橄榄球中卫，在一场至关重要的比赛中踢进了一个决定胜负的好球！"

战斗结束后，米切尔少将立即向哈尔西报告："约翰·米歇尔陆军少校指挥的P-38式机群向卡希利地区进攻。上午9点30分过后，击落了由编成密集队形的'零'式战斗机护航的两架'一'式陆上攻击机，还击落了3架'零'式战斗机。我1架P-38式机尚未返回（已经被击落），4月18日看来是我方胜利日。"

哈尔西在回电中兴奋地说："祝贺你们成功！看来，在猎获的家鸭中应该还夹着一只孔雀。"

此后，伏击山本之战便以"猎杀孔雀"而闻名。而4月18日似乎注定成了日本的倒霉日。在一年前的这一天，杜利特的B-25轰炸机机群轰炸了东京；一年后的今天，兰菲尔用P-38干掉了日本海军最出色的统帅山本五十六！

5月17日，载着山本骨灰的战列舰"武藏号"由特鲁克起航，21日驶入东京湾，停泊在木更津外海。同日下午，大本营正式发布山本的死讯："联合舰队司令长官海军大将山本五十六，本年4月于前线在同敌人作战的飞机上指挥全面作战中，不幸壮烈牺牲。遵圣上亲命，接替他职务的是海军大将古贺峰一，已前往联合舰队就任。"

海上骑士·尼米兹

山本之死对日本海军，尤其是联合舰队而言是一个沉重的打击。无论从影响力，还是从指挥能力来看，古贺峰一都无法与其相提并论。从此之后，日本海军再也无法扭转每况愈下的战局了。

山本死后，日本联合舰队一直在调查"密码泄露事件"。而尼米兹则竭尽所能地隐瞒已方破译日军密码

日本报纸对山本五十六死亡的报道

的事实。他指示哈尔西，不得向任何人，尤其是媒体透露截击山本之事。另外，他还特意让航空兵部队在山本五十六遇袭的地点上空作"例行巡逻"，使日本人误认为山本之死纯属偶然事件。

四

发起吉尔伯特群岛攻击战

1943年春，美国参谋长联席会议对海军的战斗序列进行了调整。在大西洋和地中海作战的海军部队全部授予偶数番号，在太平洋作战的舰队则全部授予奇数番号。尼米兹直接指挥的中太平洋部队被整编为第五舰队，哈尔西指挥的南太平洋海军被整编为第三舰队。这两支舰队隶属于太平洋舰队，统一接受尼米兹的领导。

除此之外，西南太平洋战区还有一支第七舰队。第七舰队规模不大，也不属于太平洋舰队的战斗序列，归麦克阿瑟指挥。

实际上，尼米兹并没有把以珍珠港为基地的舰只编入第五舰队。他按照过去的习惯，依然将其称为第五十八特混舰队。这是太平洋舰队的主力，几乎涵盖了尼米兹手中所有的兵力。深受尼米兹器重的斯普鲁恩斯被擢升为中将，担起了第五舰队和第五十八特混舰队的指挥责任。

斯普鲁恩斯不负所望，上任伊始就对舰队的指挥机构进行了大刀阔斧的改革，提高了运行效率。5月底，他指挥的阿图岛两栖登陆战获得了空前的成功，为此后的两栖登陆作战提供了很好的范例。

与此同时，尼米兹也频繁飞往旧金山，和金上将会晤，讨论下一步的作战计划。他们都倾向于在中太平洋地区发动新的攻势，夺取吉尔伯特群岛，向菲律宾方向推进。这一计划立即遭到了麦克阿瑟将军的反对。这位视荣誉如生命的陆军上将不甘心让自己的西南太平洋战区沦为太平洋战区的陪衬，很想从新几内亚反攻棉兰老岛，而后占领整个菲律宾。

就这样，尼米兹和麦克阿瑟这对本来就不太和睦的高级将领展开了争论。金上将和陆军总参谋长马歇尔也加入了进来。这场争吵一直持续到7月中旬才结束。双方最终作出了妥协：在攻占吉尔伯特群岛的同时，向日军新近占据的瑙鲁岛发动攻势。

这是几乎不可能实现的事情，因为吉尔伯特群岛和瑙鲁岛相距太远。

但不管怎么说，形势对尼米兹还是比较有利的。随后，他命令参谋人员和第五舰队着手制订代号为"复苏行动"的战役计划，准备西进吉尔伯特群岛。

整个夏秋季节，太平洋上显得异常宁静。山本五十六死后，新任联合舰队司令古贺峰一无力控制整个舰队，也拿不出像样的作战计划，只好转入防守。而尼米兹则有条不紊地指挥各部，为即将到来的大战做着准备。

8月24日，第五舰队下辖的第五两栖作战舰队正式建立，由海军少将特纳担任司令。几天后，两栖作战部队也成立了，番号为两栖作战部队第五军团，由霍兰·史密斯将军出任司令。另外，第五舰队还成立了陆基航空兵，番号为岸基防御航空兵，由约翰·胡佛海军少将任司令。至此，第五舰队的指挥系统得到了完善，两栖作战的能力也进一步提高了。

8月底，美军一支由3艘航空母舰组成的特混编队对马尔库斯岛进行了一次袭击，击毁敌机7架，严重破坏了岛上的设施。9月中旬，美军又出动另外一支由3艘航母组成的特混编队袭击了吉尔伯特群岛，迫使日军撤走了塔拉瓦岛上所有的作战飞机。10月5日和6日，又有一支由6艘航空母舰组成的编队袭击了威克岛。尼米兹组织这几次袭击的主要目的是破坏日军的基础设施，同时让部队在实战中提高战斗力。

到11中旬，尼米兹和他的太平洋舰队终于做好了实施"复苏行动"的一切准备。第五舰队主力起航的前一天，尼米兹召集陆、海、空三军高级军事会议，宣布说："美军拟于11月20日实施吉尔伯特群岛登陆战役。具体部署由斯普鲁恩斯将军负责。"

说着，尼米兹朝斯普鲁恩斯点了点头。斯普鲁恩斯站了起来，宣布了作战计划。按照既定部署，特纳将军将率北部突击编队占领马金岛；哈里·希尔将军将率南部突击编队占领塔拉瓦岛；而斯普鲁恩斯的旗舰"印第安纳波利斯号"重巡洋舰将和北路进攻部队一起行动。

斯普鲁恩斯讲完之后，尼米兹示意他坐下，补充说："据可靠情报，日本人在不久前制订了一个所谓'绝对国防圈'的计划。从地图上来看，吉尔伯特群岛是这个国防圈的外围防线。我想，日本人一定会格外重视这里。所以，这次作战关系着全局，甚至决定战争的胜负。希望各位忠于职守，死战到底。"

斯普鲁恩斯等人异口同声地回答说："请司令官放心！"

尼米兹沉默了半晌，郑重其事地说："两栖登陆战，海陆军的协同非常重要。海军应全力支援陆军登陆作战。如果我听说哪个海军军官不去支援登陆的陆军，我马上就撤他的职！"

在场的军官面面相觑，沉默良久。他们猜想，尼米兹将军已被海陆军两个军种之间的争斗弄得精疲力竭了。

11月20日凌晨，第五舰队逼近吉尔伯特群岛。吉尔伯特群岛横跨赤道，位于美国和澳大利亚的交通线上，战略位置非常重要。全岛由16个珊瑚岛组成，其中以塔拉瓦岛最大，马金岛次之。日军占领该岛之后，修建了大量的永久性工事。整个海滩布满混凝土制成的三角体、地雷、珊瑚石礁、蛇蝮式铁丝网等障碍物。障碍物后面是由100多个碉堡、机枪阵地、坦克固定火力点组成的海滩交叉火力网。交叉火力网全部修筑在地下，上面铺着厚达两米的沙石、柳木和波纹钢板，被日军戏称为"活地狱"。

至1943年11月，守岛日军总数为4836人，由海军少将柴崎指挥。这个自以为是的海军少将坚信美军无法攻破他的防御工事。他曾对士兵说："就算美国动用100万人，花100年的时间也休想拿下塔拉瓦岛。"

拂晓，随着斯普鲁恩斯一声令下，第五舰队炮火齐鸣，开始向塔拉瓦岛和马金岛倾泻炮弹。炮火刚停，数百架战斗机集体出动，用机枪扫射敌军阵地。岛上浓烟升腾、枝叶焦枯，早已被炸得支离破碎。不少美国大兵都天真地认为，在经历了轮番轰炸之后，岛上已经不可能再有任何活着的生命了。

当这群毫无防备的美国大兵踏上滩头之时，日军的炮弹突然从天而降，打乱了他们的阵脚。士兵们一边躲避着炮弹，一边往前冲，身边不断有人倒下，但他们却找不到日军的影子。狡猾的日本人全都躲在地下工事里，向冲在前面的美军射击。惨烈的战斗打了一个小时，部队伤亡惨重，希尔不得不动用预备队。

进攻受阻的消息很快传到了珍珠港。尼米兹坐在椅子上，眼睛盯着斯普鲁恩斯从前线发来的电报，面无表情地说："天哪，这是怎么回事？我已经投入了所有的兵力……不管是装备，还是兵力，我们都占有绝对优势，为什么没有打好呢？"

天亮之后，形势变得对美军更加不利了。滩头阵地上到处都躺着美国大兵的尸体，鲜血染红了沙滩。冲上滩头的两栖坦克不愿碾压同胞的尸体，开始后撤。不少坦克陷入了泥潭，被逐渐涨上来的潮水淹没了。另外一些坦克则成了日军火炮的活靶子。

更为严重的是,由于潮水上涨过慢,大型登陆艇无法抢滩,士兵们不得不在暗滩上下水,蹚着齐胸的海水缓慢地向滩头移动。海浪拍打着士兵们的头,炮弹在人群中爆炸,人一个接一个地倒下去……

日军的飞机也出动了。它们不断攻击美军密集的舰队。"独立号"轻型航空母舰中弹,失去了动力。唯一让尼米兹感到庆幸的是,古贺峰一没有出动隐藏在特鲁克岛的联合舰队。不然的话,后果不堪设想。

这时,一名顾问建议尼米兹撤销对航母编队的限制,让其自由活动,以防被敌人的鱼雷击中。尼米兹同意了,立即致电斯普鲁恩斯:"从目前情况看,在'复苏行动'中对航空母舰编队限制过死。如果航空母舰长时间地集中在狭窄的海域里,被敌人鱼雷击中的可能性就会增加。要让航空母舰在战斗中保有更大的活动空间,增加灵活性……"

斯普鲁恩斯立即按照尼米兹的指示,让航空母舰编队散开了。如此一来,舰队的灵活性大增。航母驶离危险区,以舰载机支援登陆,并设法袭击敌人的军舰和基础设施。驱逐舰则不断逼近滩头,以火炮、火焰喷射器扫射敌人的暗堡。

经过一天艰苦卓绝的战斗,美国大兵们终于扭转了战局。入夜之时,他们已经在小岛西部建立了一个纵深140余米的滩头阵地。不过,美军也付出了惨重的代价。第一天共有5000余人登陆,伤亡竟达1500余人。

五

兵锋直指马绍尔群岛

第二天的战斗比第一天顺利多了。日军指挥官柴崎少将也在战斗中被美军击毙了。到11月23日拂晓，美军已占领了整个塔拉瓦岛。与此同时，陆军第二十七师也以强大的兵力优势占领了马金岛。至此，"复苏行动"宣告结束。

吉尔伯特战役虽然胜利了，但尼米兹一点也高兴不起来。这次战役的损失实在太大了。在战斗中，1艘航空母舰被击沉，1艘遭受重创，另有数艘驱逐舰、登陆艇被击沉。损失的登陆坦克也达90多辆。官兵伤亡3191人，其中阵亡1090人。这是自珍珠港事件以来，美军在太平洋战场上遭受的最为惨重的损失。

战役结束后，尼米兹不顾众人的反对，决定亲赴塔拉瓦岛视察。斯普鲁恩斯在电报中劝说道："岛上尚有残余日军，机场不能降落大型飞机，尸体也未掩埋，将军还是等到清扫战场之后再来吧！"

尼米兹没有听从斯普鲁恩斯的劝告。他带着贴身副官拉马尔等人乘坐一架战斗机来到了前线。飞机在满是弹坑的简易机场上颠簸了好几次才勉强停下。尼米兹怀着沉重的心情打开舱门，一股复杂的味道立即扑鼻而来。

放眼望去，机场上躺着许多尸体，有的已被烧焦，有的没了头颅，有的没了胳膊和腿……尸体的碎块随处可见。

尼米兹心情沉重地走下悬梯，向滩头走去。斯普鲁恩斯等人紧紧跟在他身后。滩头阵地上的坦克残骸还没有来得及清理，浅水区的尸体也未打捞上来……

尼米兹眼睛湿润了。沉默了半响，他才喃喃地说："这是我第一次闻到死亡的味道。"

说完，尼米兹又让斯普鲁恩斯领着他去看望幸存的海军陆战队。经过连日的战斗和死亡的威胁,队员们的身上污秽不堪,面容憔悴,眼神呆滞。这些本该活蹦乱跳的小伙子看上去就像是生命即将终结的老人一般。

尼米兹走上前去,向士兵们敬了一礼,然后动情地说:"孩子们,你们让我们感到骄傲。你们用沉重的代价换来了一次宝贵的胜利!你们用自己的行动向世界证明了,美国人不可战胜!"

视察结束后,尼米兹不无担忧地对斯普鲁恩斯说:"这次损失太大了。我担心公民们不会谅解我们。"

尼米兹的担忧很快变成了事实。战役公报公布之后,国内的舆论一片哗然。尼米兹和他的司令部也成了人们指责和谩骂的对象。一个在这次战役中失去儿子的母亲直接给他写信,痛斥道:"你在塔拉瓦岛上杀死了我的儿子。"

尼米兹看了大部分来信,并一一回复。拉马尔担心这些信件会影响尼米兹的工作,劝说道:"这对将军是不公平的。我们付出的代价虽然沉重,但意义重大。"

尼米兹回答说:"母亲失去儿子会痛苦的,应给她们以合适的安慰。至于我个人的荣誉,我相信历史会给予公正的评价。"

客观地说,吉尔伯特群岛战役的胜利对整个太平洋战场而言,确实意义非凡。这次胜利解除了日军对西南太平洋战区、南太平洋战区和中太平洋战区三大战区交通线的威胁,而且取得了反攻马绍尔群岛的陆基航空基地。

但不可否认的是,尼米兹和斯普鲁恩斯等指挥官也犯下了几个严重的错误。首先,他们在战前没有侦察清楚日军的暗堡;其次,他们没有正确地掌握该海域的潮汐状况;再者,他们在指挥中没有协调好航空兵和登陆部队之间的配合。

这场风波持续了半个月之久,尼米兹承受了巨大的压力。最后,罗斯福总统不得不站出来,帮助尼米兹。他打电话给金上将说:"告诉尼米兹,让他放手作战,国内的事情由我来处理。"

直到此时,尼米兹才得以集中精力筹划下一阶段的马绍尔群岛战役。早在9月末,尼米兹就确定了反攻马绍尔群岛的作战计划。但现在,他不得不重新审视之前的计划。按照之前制订的计划,美军要同时攻击沃特杰、马洛埃拉普和夸贾林岛3个岛屿。

但现在情况有变。一方面,日军加强了夸贾林岛的防御力量;另一方面,同时攻打3个岛屿需要大量兵力,而太平洋战区抽调不出这么多部队。斯普鲁恩斯建议尼米兹慎重一些,否则的话,可能会招来更大的麻烦。

尼米兹问:"你有什么计划?"

斯普鲁恩斯指着夸贾林岛和珍珠港之间的沃特杰与马洛埃拉普两个岛屿,回答说:"我建议分两步走,先攻占这两个小岛,然后利用岛上的轰炸机基地,掩护登陆夸贾林岛的行动。"

尼米兹沉思了一会,同意了斯普鲁恩斯的建议。但稍晚些时候,他又提出了另一个方案,即绕过沃特杰和马洛埃拉普岛,直接进攻夸贾林岛。他认为,一旦攻下夸贾林岛,美军就能得到岛上的两个机场和一个天然良港。而且,日军很可能会因为加强夸贾林的外围阵地,而忽略该岛本身的防御。换句话说,攻打夸贾林要比攻打外围的马洛埃拉普、沃特杰容易一些。

斯普鲁恩斯、特纳和两栖部队司令霍兰·史密斯立即提出了反对意见。他们说,夸贾林环礁位于马绍尔群岛的正中心,很容易成为日军设在马洛埃拉普、沃特杰等地的陆基航空兵的攻击目标。更为严重的是,岛上的后勤补给也无法维持。日军完全可以依托马洛埃拉普、沃特杰等地的海空基地切断夸贾林与珍珠港、吉尔伯特之间的海上交通线。

时间一天天过去了,尼米兹始终未能解决他和斯普鲁恩斯等人之间的分歧。12月14日,尼米兹召开了一次特别军事会议,最后一次征求众人的意见。

他首先问斯普鲁恩斯:"斯普鲁恩斯,你是怎么想的?"

斯普鲁恩斯毫不犹豫地回答说:"毫无疑问,打外围岛屿才是正确的选择。"

尼米兹沉默了几秒,转向特纳,问道:"特纳,你呢?"

特纳回答说:"我支持斯普鲁恩斯的主张,打外围岛屿。"

尼米兹又转向史密斯,问:"霍兰,你是什么想法?"

史密斯简洁明了地回答说:"打外围岛屿。"

尼米兹又问了他的参谋人员。结果,在场的每一个人都主张先攻打外围的沃特杰和马洛埃拉普。会场上陷入了可怕的沉默。尼米兹目光坚定地盯着众人,一句话也不说。斯普鲁恩斯等人则面面相觑,等着尼米兹宣布最后的决定。

几分钟后，尼米兹缓缓起身，以不容置疑的口吻宣布说："诸位，我们的下一个目标是夸贾林岛。"

"哦，不。"特纳率先叫了起来，"这实在太冒险了！"

尼米兹转向特纳，语气温和，但又不失威严地说："特纳，我已经决定了。情况就是这样，如果你们不想干，就让别人来干吧！你们愿不愿意干？"

特纳微微皱了皱眉，有些无奈地说："将军，你知道的。我当然愿意干！"

斯普鲁恩斯站了起来，走到地图前，指着马绍尔群岛中的马朱罗岛，缓缓道："单独占领夸贾林，这实在有些不可思议。我建议同时占领马朱罗，为舰队提供一个基地，同时可和夸贾林互为支援。"

尼米兹沉思了几秒，爽快地说："好，就这么办吧！大家分头准备去吧。"

第十一章
兵锋所指,所向披靡

一

占领马绍尔，空袭特鲁克

在尼米兹的领导下，作战计划很快就制订出来了。战役计划代号为"燧发枪行动"，发动攻势的D日最后确定为1944年1月31日。届时，第五舰队司令官斯普鲁恩斯将坐镇他的旗舰"印第安纳波利斯号"，全权指挥该次战役。快速航母编队由海军少将米歇尔指挥，两栖登陆部队由特纳指挥。

总兵力约8.5万人，其中承担进攻任务的有5.3万人。整个舰队包括375艘舰艇，其中米歇尔将军指挥的第五十八特混舰队拥有6艘大型航空母舰、6艘轻型航空母舰、6艘巡洋舰、8艘快速战列舰、36艘驱逐舰和700余架舰载机。

就出动的兵力、舰艇、飞机而言，这是太平洋战争爆发以来，规模最大的一次战役。按照既定计划，美军将在D日登陆未设防的马朱罗岛，第二天从夸贾林环礁的南北两个方向同时发动进攻。如果一切顺利的话，舰队再挥师西北，攻占马绍尔群岛的埃尼威托克岛。尼米兹将这一行动称为"法警战役"。

1月22日清晨，第五舰队离开珍珠港，在无线电静默中驶向目标。尼米兹走出办公室，站在马卡拉帕山上，盯着正在迅速移动的舰群，直到它们消失在视野中。这时，他的心头突然充斥着一种莫名的寂寞之感。舰队离开了，珍珠港一下子变得空旷和冷清起来。而第五十八特混舰队这次离开之后，在战争结束之前再也没有回过珍珠港。这支庞大的舰队在太平洋上东征西讨，立下了赫赫战功。

为了配合这次进攻，尼米兹命令陆基航空兵从珍珠港和吉尔伯特群岛等地，不断袭击马绍尔群岛的外围岛屿。轰炸持续了数天之久，日军被打得晕头转向。日军大本营据此判断，尼米兹的进攻目标是马洛埃拉普和沃特杰。因此，他们加强了这两个岛屿的防御，而忽视了位于马绍尔群岛正中间的夸贾林。

30日，第五舰队的两路大军同时抵达目的地。米歇尔将军立即命令快速航空母舰编队出动舰载机，对日军阵地实施密集轰炸。随后，护航舰载机和舰艇上的火炮也加入了进来。猛烈的轰炸很快就摧毁了敌人的防御阵线。

31日，美军兵不血刃地登上马朱罗岛。2月1日，海军陆战第四师顺利从夸贾林北部登陆。在南部担任主攻任务的陆军第七师进展更为顺利。在短短的12分钟时间里，就有1200名官兵冲上了滩头阵地。一些指挥官在战后回忆说："这根本不是打仗，看上去更像是演习……"

登陆后，美军以飞机为先导，层层轰炸，步兵紧随其后，清扫战场。战斗进行得很顺利，到2月4日黄昏时分，日军已经放弃了有组织的抵抗，只有一些游兵散勇躲在丛林里放冷枪。特纳将军命令部队加强防御，不予理会，任其自生自灭。

2月7日，美军攻占了夸贾林环礁中的大小30余个岛屿，胜利结束了"燧发枪行动"。这次胜利比吉尔伯特战役大得多，但损失却小得多。在夸贾林北部战场，美军阵亡195人，击毙日军3472人；在南部战场，美军阵亡177人，击毙日军4398人。

尼米兹看了战报之后，非常高兴，立即电令斯普鲁恩斯实施"法警战役"计划，向埃尼威托克岛挺进。斯普鲁恩斯信心十足地回答说："保证完成任务！"

日军在埃尼威托克岛的防御相对松懈，但在600余海里外的特鲁克岛却守备森严。尼米兹的计划是，让第五十八特混舰队兵分两路，1个特混大队直接支援特纳进攻埃尼威托克岛的行动，另外3个特混大队前去袭击特鲁克岛，迫使躲藏在那里的日本联合舰队出来迎战。

斯普鲁恩斯的远征军可出动9艘航空母舰和6艘大型战列舰，打败屡遭重创的联合舰队应该没有问题。尼米兹希望在那里和日本海军展开决战，进一步打开中太平洋地区的局面。如果条件允许，第五十八特混舰队还可以向马里亚纳群岛南部出击。

2月中旬，斯普鲁恩斯频繁出动侦察机侦察特鲁克岛。古贺峰一敏锐地意识到，尼米兹要和他展开决战。这位海军上将的指挥才能不如他的前任山本五十六，但他很有自知之明。他知道目前的联合舰队已经无法和美军正面交战，便下令撤离特鲁克，退到了帕劳群岛。

这是古贺峰一上任以来作出的最明智，同时也是最愚蠢的决策之一。特鲁克是一个天然深水良港，也是日军在太平洋最重要的海陆空基地。中途岛战役之后，山本五十六便将联合舰队迁到了这里。从此，特鲁克就成了日本帝国海军的大本营。同时，这里又是日本所谓的"绝对国防圈"最重要的一环。

从这个意义来看，古贺峰一应该死守该港。但是，他的兵力不足，士气太差，死守下去只能全军覆没。所以，他撤离特鲁克是明智的。然而，联合舰队主力撤离之后，特鲁克就只剩下编制不全的第四舰队了。更为严重的是，联合舰队的撤离极大地动摇了日军的士气。2月中旬之后，岛上的士兵和军官纷纷告假外出。留下的人也都神情恍惚，无心和美军作战。

2月17日，斯普鲁恩斯命令两栖部队和第五十八特混舰队同时发动进攻。日军的防线迅速土崩瓦解。21日下午4点30分，美军占领了埃尼威托克，岛上808名日军全部被击毙。

米歇尔将军的第五十八特混舰队取得的战果更大。当9艘航空母舰载着100余架飞机逼近特鲁克时，日军毫无防备。直到炸弹落地之后，日军指挥官才匆忙发布战斗警报。日军飞行员冒着炮火爬进机舱，起飞迎战。然而，美军战斗机的性能和飞行员的飞行技术已经不是战争初期可比的了。日本的零式飞机纷纷中弹落地。

战斗进行了一天之久，美军共击沉日军舰艇9艘，击落飞机270余架，击毙日军1700余人。日军口中的"坚不可摧的特鲁克"成了一个笑柄。古贺峰一收到战报后，大惊失色，半天缓不过神来。直到参谋人员提醒他，他才命令拉包尔方向的航空兵驰援特鲁克。

如此一来，日军在拉包尔可调动的飞机就大为减少了。这为南太平洋战区的哈尔西和西南太平洋战区的麦克阿瑟创造了有利时机。他们立即在俾斯麦群岛发动反攻，加快了战争进程。

美军袭击特鲁克的消息很快就传到了东京。日本人惶恐地将这次空袭称为"第二次珍珠港事件"，并在广播电台中惊呼道："敌人的作战速度和战果表明，战局已经变得空前严重了。美国人的力量已经直接威胁到我们本土了。"

与日本人的反应相反，尼米兹和他的同胞们无不欢欣鼓舞。国内各大媒体纷纷以"尼米兹指挥第五舰队空袭特鲁克"为题，在头版头条进行了大幅报道。一时间，尼米兹成了美国民众心中最伟大的军人。那些曾因吉尔伯特战役对他心存不满之人也纷纷放下成见，真诚地给他发来贺电。

不过，尼米兹并没有居功自傲。他在记者招待会上，一再谦逊地表示："这次胜利属于太平洋舰队全体官兵，尤其是远征军的指挥官斯普鲁恩斯、霍兰·史密斯、特纳和米歇尔……"

战役结束不久，尼米兹就向金上将呈交了一份报告，为他的部下邀功。金上将毫不犹豫地批准了他的请求。斯普鲁恩斯中将被晋升为四星上将，特纳、史密斯、米歇尔等人皆晋升为海军中将。此外，米歇尔还被任命为太平洋舰队快速航母舰队司令。从此之后，他们集体得到了一个雅号——"尼米兹的四员虎将"。

二
"要再表演一次"

马绍尔群岛战役结束后，尼米兹奉命飞往华盛顿，出席参谋长联席会议扩大会议。西南太平洋战区司令麦克阿瑟也接到了类似的命令。不过，麦克阿瑟以前线吃紧为由，拒绝列席会议。

桀骜不驯的麦克阿瑟一向不大看得起尼米兹。而尼米兹也对麦克阿瑟那种咄咄逼人、自以为是的作风颇为不满。太平洋战争爆发之后，两人更因为军事观点不同，矛盾逐渐加深。早在1943年底，参谋长联席会议就制订了1944年的作战方案。

该方案规定，西南太平洋部队应沿着新几内亚北部海岸，反攻棉兰老岛，继而占领整个菲律宾。尼米兹的中太平洋部队攻占马绍尔群岛，越过加罗林群岛，直接向马里亚纳群岛挺进，攻占塞班岛、提尼安岛和关岛等地。而后，尼米兹将和麦克阿瑟在南中国海会合，切断东南亚日军和本土的联系，伺机攻打日本本土。

麦克阿瑟对这个既定方案非常不满。如果执行这一方案的话，那就意味着接下来的战争将继续以尼米兹的中太平洋战区为进攻主轴，而西南太平洋战区依然显得无足轻重。麦克阿瑟不愿看到这种局面。所以，他想让中太平洋战区变直接攻击为助攻，配合他在重返菲律宾的行动。

当然，麦克阿瑟反对这个方案也有其军事上的考虑。因为南中国海一带没有陆基航空兵基地，让庞大的舰队在没有飞机护航的情况下向日本本土靠近，危险性非常大。如果出现意外，还可能会让之前取得的战果付诸东流。为了实现这一目的，麦克阿瑟曾多次派他的参谋长萨瑟兰将军前往华盛顿游说。遭到参谋长联席会议拒绝之后，麦克阿瑟又直接向陆军部长史汀生进言，希望能借助他的影响力打动罗斯福总统，继而向参谋长联席会议施压。

马绍尔群岛战役前夕，尼米兹和他的参谋人员认为，攻占马里亚纳群岛时机尚不成熟。一则，日军在硫磺岛和父岛设置的空军基地都可直接对马里亚纳实施打击；二则，占领马里亚纳之后，无法对日本本土实施精确轰炸。因为战斗机的行程有限，无法给轰炸机提供全程护航。而在没有护航的情况下，轰炸机为避免遭受敌机和地面炮火的打击，只能升高高度。如此一来，打击精确度将十分有限。

出于这两个方面的考虑，尼米兹在原则上同意了麦克阿瑟提出的以新几内亚-棉兰老岛为主轴的单路作战方案。不过，他无法单方面向麦克阿瑟做任何承诺。一切必须上报参谋长联席会议，等待裁决。

麦克阿瑟听说尼米兹作出了让步，非常高兴。他马上向参谋长联席会议提出了进一步的要求。他要求将现有的B-29轰炸机全部调到西南太平洋地区，把太平洋上的所有海军部队都置于哈尔西将军的指挥之下，并要求英国派一支皇家海军特混舰队到西南太平洋战区参战。

换句话说，麦克阿瑟想通过这种方式把海陆军部队全部置于自己的指挥之下，成为实际上的太平洋战区总司令。但他忽略了两个基本事实。第一，太平洋战场不同于欧洲战场，陆军无法主导整个战争。参谋长联席会议也不可能把海军交给一个陆军上将去指挥。第二，就指挥能力和威望而言，海军中无人可以和尼米兹相比肩，哈尔西上将无法代替他的位置。

这下，麦克阿瑟惹恼了金上将、尼米兹和哈尔西。甚至他的参谋长萨瑟兰将军对此也深为不满。他面色冷漠地质疑麦克阿瑟："将军，这样做是否太过分了？"

而此时，斯普鲁恩斯已经轻而易举地攻占了马绍尔群岛。这说明，日本已经成为强弩之末。那么，横跨中太平洋，直取马里亚纳群岛也未必不可行。尼米兹有些后悔，他似乎不应该提出以新几内亚-棉兰老岛为主轴的单路作战方案。

金上将也在此时致电尼米兹，严厉批评了他不久前提出的那个单路作战方案。他说："那些主张在西南太平洋地区集中使用兵力和那些认为这种意见可行的人，既没有认真考虑，也没有讲清是否要结束以及何时才能结束日军占领、使用马里亚纳群岛和加罗林群岛的状态……在我看来，如果以沿新几内亚海岸通过哈马黑拉和棉兰老岛，直穿菲律宾到吕宋岛去消灭日军作为我们的主要战略方针，而不考虑扫清中太平洋到菲律宾的交通线，那是荒谬的。而且，也不符合参谋长联席会议决议的精神。"

尼米兹马上回复金上将，表示愿意回到原来的战略路线，即以中太平洋为进攻主轴,占领马里亚纳群岛等地。麦克阿瑟勃然大怒,认为尼米兹出尔反尔,并致电陆军总参谋长马歇尔,希望他出面为陆军争取利益。

参谋长联席会议正是在这种情况下邀请尼米兹和麦克阿瑟出席会议的,希望他们当面解决分歧,以赢得确定战略决策的最佳时机。可是,麦克阿瑟却借故缺席,只派了他的参谋长萨瑟兰前往华盛顿。

会上,金上将、尼米兹、马歇尔和萨瑟兰等人各抒己见。基本上,金上将和尼米兹的意见一致,而马歇尔和萨瑟兰则在帮麦克阿瑟说话。就在双方争论不休之时,主管航空兵事务的陆军副总参谋长阿诺德站了出来。一般情况下,阿诺德在联席参谋长会议上都会忠实地拥护马歇尔的决议。但这一次是个例外,因为这关系着空军的未来。第二次世界大战爆发后不久,美军实施了两项耗资巨大的项目:一项是耗资20亿美元的原子弹,一项是耗资近23亿美元的B-29项目。

这种被称为"超级空中堡垒"的轰炸机是美国航空兵的王牌。阿诺德认为,利用这种轰炸机对日本本土实施轰炸,可能会迫使日本屈服,而且这一贡献可能会使空军从陆军中独立出来。

如今,"超级空中堡垒"已经投入生产,在中国战场的表现也确实可圈可点。阿诺德迫切地希望能用B-29轰炸日本本土。不过,他还需要一处能将日本本土纳入航程之内的机场。马里亚纳群岛正好提供了这一条件。"超级堡垒"的航程足够从塞班出发去轰炸东京。而向马里亚纳群岛运送燃料和炸弹的任务也必须由海军来完成。所以,阿诺德坚决支持金上将的主张。就这样,金上将战胜了马歇尔。不过,他也做出了相应的让步。

一架美国空军的B-29轰炸机

3月11日,参谋长联席会议起草了1944年余下9个月的战略指令。尼米兹将在6月15日进攻马里亚纳群岛,9月15日攻打帕劳群岛。麦克阿瑟关于在霍兰迪亚登陆的建议也被批准。此外,参谋长联席会议还允许麦克阿瑟于11月在菲律宾南部的棉兰老岛登陆。届时，尼米兹的第五舰队应给予西南太平洋战区必要的支援。但有一个前提，即西南太平洋战区的行动必须围绕着1945年2月海军进攻台湾的计划而进行。

尼米兹在华盛顿期间受到了罗斯福总统的接见。他惊讶地发现罗斯福总统的身体状况很糟糕，脸色苍白，肌肉松弛，已经失去了往日的容光。尽管健康状况不佳，但罗斯福对太平洋战区却了如指掌。寒暄过后，罗斯福笑着说："切斯特，很明显，现在的计划还没有提到如何彻底击垮敌人。"

尼米兹回答说："确实如此，总统先生。"

罗斯福颤巍巍地抽出一根雪茄，递给尼米兹，自己又抽出一支点燃了。尼米兹一边点烟，一边说："总统先生，能再给我一支吗？我想让我的医生安德森也尝一尝总统的雪茄，他总是劝我少抽烟。"

罗斯福笑了笑，又递过去一根。随后，他们聊了些无关战局的轻松的话题。直到会见将要结束的时候，总统才问："切斯特，为什么袭击特鲁克之后还要去攻打马里亚纳群岛呢？"

尼米兹立即明白，总统要和他开个小玩笑。他笑着说："总统先生的问题让我想起了一个故事。"

罗斯福饶有兴趣地问："哦，什么故事？"

于是，尼米兹给罗斯福讲了一个小故事。说是有一个身体肥胖的人得了阑尾炎，要求一个医术高明的医生给他切除阑尾。手术结束后，病人苏醒过来。医生对他说："嘿，你的情况好极了。"

病人回答说："医生，我有点不明白，为什么我的嗓子痛得厉害呢？"

医生说："好吧，我告诉你，你的病情很特别。我的许多同事都来看我动手术。手术结束后，他们都认为我的表演棒极了。为了再表演一次，我就把你的扁桃腺切除了。"

讲到这里，尼米兹一本正经地对罗斯福说："总统先生，你知道，我们在袭击了特鲁克之后再攻打马里亚纳群岛，就像那位医生一样，要再表演一次。"

罗斯福仰头大笑，连声道："棒极了，切斯特。好好进行你的表演吧！祝你成功！"

三
破译日军"Z行动"方案

离开白宫后,尼米兹就匆匆告别家人,返回珍珠港去了。刚进办公室,他就看到了一封电报放在非常显眼的位置。电报是麦克阿瑟发来的。他邀请尼米兹到布里斯班,举行一次私人会晤。言辞非常恳切,这表示他愿意和尼米兹和解。

尼米兹很高兴,他很愿意改善和麦克阿瑟的关系,继而缓和海陆军两个军种之间长期以来的积怨。3月25日,尼米兹乘坐水上飞机飞到了澳大利亚的布里斯班。麦克阿瑟的司令部和家都安在那里。

麦克阿瑟和他的参谋人员早已在机场等候多时了。两位上将抛弃前嫌,四手紧紧相握。当晚,麦克阿瑟在当地最好的旅馆设宴招待了尼米兹和他的副官拉马尔。

作为酬谢,尼米兹送给了麦克阿瑟夫人一盆夏威夷兰花,送给了麦克阿瑟的儿子小亚瑟一套丝质运动服和一大盒糖果。

第二天,尼米兹和麦克阿瑟召开了一次特别军事会议,重点讨论霍兰迪亚战役的协同问题。会议的氛围很轻松,进行得也非常顺利。两人很快就相关问题达成了一致意见。

3月28日,尼米兹正要离开布里斯班,参谋长联席会议发来了一封急电,要求两位战区司令就在南中国海会合问题,制订一份补充作战计划。麦克阿瑟勃然大怒,讽刺说:"那些先生们待在华盛顿,远离战场,甚至从来没有听过枪声,却在那里制订什么战争战略。"

尼米兹听了这话,心里很不是滋味。这个麦克阿瑟也太自负了。他替参谋长联席会议的成员们分辩道:"将军,你的心情我能理解,但我不同意你的看法。参谋长联席会议的成员们和我们一样,都在努力工作。大家的目标是一致的,都想尽快击败日本人。他们都是值得钦佩的人。"

尼米兹将军回到珍珠港时,斯普鲁恩斯的第五十八特混舰队已驶离马朱罗基地,前去袭击撤到帕劳群岛的日本联合舰队。29日晚些时候,斯普鲁恩斯发来一份电报。尼米兹一接电报,还没打开,心里就嘀咕开了:"斯普鲁恩斯打破了无线电静默,说明日军已发现我舰队的动向了。"

展开电报一看,只见上面写着:"日军已发现我舰队。我部将在48小时内进攻帕劳群岛,以防止日联合舰队主力外逃。"

尼米兹立即回电:"按计划行事。"

遗憾的是,斯普鲁恩斯没能把握时机。等他下达作战命令时,日本联合舰队已撤出了一部。尚未撤走的舰艇全部成了第五十八特混舰队的靶子。日本联合舰队撤走之后,古贺峰一立即组织兵力,准备反扑。

斯普鲁恩斯瞅准时机,又在日军反扑之前轰炸了附近的雅普岛和沃雷艾岛。等到日本联合舰队反扑之时,第五十八特混舰队已撤到马绍尔群岛了。如此一来,日军设在西加罗林群岛的基地陷入了瘫痪状态,从而解除了麦克阿瑟攻击霍兰迪亚部队右翼的威胁。

就在这时,日本联合舰队司令官古贺峰一大将神秘失踪了。尼米兹的情报人员费尽了脑筋,收集了大量的情报,但始终没能找出蛛丝马迹。后来,尼米兹才得知,这个倒霉的古贺峰一和他的前任山本五十六一样,都在乘飞机外出考察时死于非命了。

3月31日,古贺峰一和他的参谋长福留繁将军等人分乘两架大型水上飞机,从帕劳飞向菲律宾的达沃。不料,途中突遇暴风雨。古贺峰一的飞机未能冲出暴风雨,不知所踪。福留繁将军的座机勉强挣扎出暴风雨区,迫降在菲律宾的宿务岛海域,逃过了一劫。

事后,附近的日军多次出动飞机、舰艇在出事海域寻找,但毫无结果。就这样,古贺峰一失踪了,活不见人,死不见尸。

福留繁迫降后,被菲律宾游击队所俘(后在日军的威胁下,游击队释放了他)。他随身携带的一箱绝密文件被移交给了西南太平洋战区司令部。麦克阿瑟发现其中有一份代号为"Z行动"的作战方案,立即命参谋长萨瑟兰找了一名日裔将其翻译出来,并将要点转发尼米兹。

尼米兹的情报官莱顿上校看了半天,发现其中有很多奇怪的句子,根本看不懂。尼米兹得知后,给麦克阿瑟发了一封电报,要求他把原文发过来。麦克阿瑟同意了。莱顿和他的日文专家连夜把文件翻译了出来,惊呼道:"天哪,日本人的胃口真是太大了。"

原来,"Z行动"的作战区域几乎涵盖了整个日美交战区,从马里亚纳群岛到加罗林群岛，一直到南方的新几内亚。

4月中旬，米歇尔将军领着快速航母舰队支援了麦克阿瑟登陆霍兰迪亚的战斗。战役打得非常顺利，几乎没有遇到任何抵抗（这和古贺峰一的失踪不无关系）。返航途中，米歇尔又根据尼米兹的指示，出动舰载机轰炸了特鲁克，并令巡洋舰群集中炮火，轰击加罗林群岛的萨塔万和波纳佩两个岛屿。经过一番狂轰滥炸，特鲁克和加罗林群岛彻底陷入了瘫痪。

5月5日，东京方面公开宣布，由丰田贞次郎大将接任日本联合舰队司令。他一上任，就将原先的"Z行动"改头换面，制订了代号为"A-GO行动"作战计划。该计划和"Z行动"并无实质性区别。

莱顿和他的同事们截获了丰田贞次郎发给部队的命令，并成功地将其破译了出来。随后，莱顿匆匆来到尼米兹的办公室，报告说："将军，'A-GO行动'和之前的'Z行动'惊人的一致，连细节都没有改变。"

尼米兹令副官拉马尔找出之前翻译的"Z行动"方案，仔细研究了起来。过了半晌，他对莱顿说："马上把文件转发第五十八特混舰队指挥官手中，发到舰长一级。"

所谓"知己知彼，百战不殆"。第五舰队之所以能够取得马里亚纳群岛战役的胜利，除了兵力和装备上的优势之外，莱顿上校出色的情报工作也是必不可少的积极因素。

这时，金上将和尼米兹又对太平洋舰队进行了改组。随着战争的深入，哈尔西将军指挥的南太平洋战区已经远离战场，逐渐降为守备部队。他手中的部分舰队和陆军被移交给了麦克阿瑟，海军陆战队和其他舰只全部移交给了尼米兹。

如此一来，哈尔西这位杰出的指挥官就英雄无用武之地了。为了改变这种状况，进一步整合太平洋舰队，加快战争进程，金上将和尼米兹决定实施两班制。所谓的两班制，就是一支部队建立两套指挥系统。一套指挥系统由现第五舰队司令斯普鲁恩斯为首，一套指挥系统由哈尔西将军负责。一个指挥部进行整训，制订作战计划，一个指挥部实施作战。两个指挥部交替工作，以便缩小两个战役之间的时间间隔，加快战争进程。

具体的安排是：当舰队归属斯普鲁恩斯指挥时，番号称为第五舰队，快速航母编队仍称第五十八特混舰队，两栖作战部队称第五军团；当舰队归属哈尔西指挥时，番号为第三舰队，快速航母编队称第三十八特混编队，两栖作战部队称第三军团。米歇尔仍为快速航母编队司令，特纳则负责指挥所有的两栖部队。

这种两班制并没有什么特别之处，只不过是太平洋舰队人才过剩的产物罢了。与此相反，日本联合舰队自山本五十六死后，再也找不出一个合格的司令官了。但就军事人才而言，日本在战争开始的时候就输了。

不过，两班制也产生了意想不到的效果。正如哈尔西所说："过去的公共马车是换马不换驭手，我们现在是换驭手不换马。马虽然苦，但能发挥作用。而且，这样一来可以使日本人对我们的海上力量产生错觉，以为我们有很多部队。"

四

马里亚纳海战大获全胜

马里亚纳战役作战计划和训练工作在有条不紊地进行着。尼米兹决定,由斯普鲁恩斯指挥这次战斗。作战的主要目标是攻占塞班岛、提尼安岛和关岛。

随着战役日期的邻近,尼米兹的心情也越来越平静。他唯一期盼的事情是丰田贞次郎出动联合舰队主力,以便将其消灭。当他得知曾经偷袭过珍珠港的"翔鹤号"和"瑞鹤号"航空母舰也将参战时,更是按捺不住内心的兴奋。他对霍兰·史密斯说:"我真希望能在办公桌上看到这两艘航空母舰被击沉的电报。"

6月6日,尼米兹送走了他的舰队。这次出动舰艇共有535艘,官兵12.7万人。部队在无线电静默中悄悄靠近马里亚纳群岛。尼米兹则守在办公室,等候哈尔西的消息。

11日,莱顿送来一封破译的日军电报。电报上说,马里亚纳群岛南部岛屿遭到空袭。这说明哈尔西和他的部队已经逼近马里亚纳群岛了。在随后的几天里,类似的电报不断送到尼米兹的办公桌上。

美军快速航母编队对塞班岛、提尼安岛的轰炸持续了4天之久。15日上午8点44分,特纳将军命令陆战第二师登陆塞班岛。美国大兵们乘着登陆艇,冒着敌军猛烈的炮火,向滩头阵地冲去。日军的抵抗非常顽强,滩头阵地上立时血流成河,尸积如山。

此时,日本联合舰队主力部队抛锚在苏禄群岛的塔威塔威岛海域。攻占吉尔伯特群岛之后,美军的潜艇横行太平洋,摧毁了日本许多油船。结果,联合舰队的油料严重匮乏,不得不向产油区塔威塔威岛靠近。没想到,塔威塔威岛海域也不安全。早在5月末,美军的潜艇就光顾这里,给日军造成了不小的损失。

此后,美国一支由3艘潜艇组成的编队一直潜伏在塔威塔威岛锚地的出口处，严密监视联合舰队的动向。此外，吕宋岛以北、棉兰老岛以南各有3艘潜艇，圣贝纳迪诺海峡东口、苏里高海峡东口、菲律宾海和马里亚纳群岛之间的太平洋海域内亦有潜艇巡逻。联合舰队的一举一动全部在尼米兹的掌控之中。

当联合舰队的主力离开塔威塔威岛海域，向北行驶之时，尼米兹的作战官已用蓝色和橙色铅笔，把他们的动向在地图上标示出来了。

17日，美军潜艇"棘鳍号"在菲律宾海域两次发现联合舰队行踪。他们行驶的方向表明，目标很可能是马里亚纳群岛。太平洋舰队潜艇部队司令洛克伍德将军立即率领4艘潜艇向塞班岛西南方向移动，以便切断联合舰队的去路。

尼米兹坐在办公桌前，仔细研究着近日收到的电报。他估计日本快速航母编队司令小泽治三郎海军中将手中有包括9艘航母在内的60余艘舰艇，作战飞机400余架。单纯从兵力上来看，不足第五十八特混舰队的一半。

不过，小泽治三郎也有他自己的优势。由于交战海域正刮着东风，而日本舰队在第五十八特混舰队以西，他可以借助风向发射和回收飞机。关岛、罗塔岛和雅普岛等几个陆基航空基地也能随时出动飞机增援他。另外，疯狂的日本人拆掉了舰载机上的防护装甲和自封式油箱。飞机的负荷远比美军飞机小。这就意味着，日本快速航母编队的作战半径比第五十八特混编队大。

如果小泽治三郎把舰队停在美军舰载机的攻击范围之外，美军将无法轰炸其舰队，而日军的舰载机却可以在实施打击之后飞往关岛或罗塔岛补充弹药和油料，返回时再轰炸一遍。这在航空兵的作战术中被称为穿梭轰炸。

尼米兹认为，应对日本快速航母编队最好的办法是提前把第五十八特混舰队机动到塞班岛以西，主动靠近日军，寻找战机。不过，他同时认为在这种情况下告诉一个指挥官如何去打仗是不礼貌的。所以，他并没有说出自己的想法，只是让参谋人员提醒斯普鲁恩斯提防敌机进行穿梭轰炸的可能性。

斯普鲁恩斯把舰队隐藏在马里亚纳以西海域，静静地等待着日本快速航母编队。然而，小泽治三郎好像突然失踪了，美军舰艇再也没有发现日本舰队的踪影。直到18日晚，尼米兹的司令部才用高频测向仪捕捉到日本舰队的具体位置——距关岛600海里以西的地方。

尼米兹立即向斯普鲁恩斯通报了这一消息。斯普鲁恩斯大惊，立即命令米歇尔将军率第五十八特混舰队向西搜索，以避开日机的穿梭轰炸。与此同时，斯普鲁恩斯又出动大批飞机，持续轰炸日军设在关岛和罗塔岛上的简易机场，以防日军舰载机在那里降落，补充弹药和燃料。

19日上午10点45分，日军舰载机对第五十八特混舰队进行了长达数小时的轰炸。美军立即出动飞机迎战，舰队炮火也加入了进来。此时，美军战斗机的性能已远超日机，美军飞行员的飞行技术也比日本人更胜一筹。几个小时下来，日军损失飞机300余架。水手们形容当时的场面说："日本飞机就像落叶一样沉入大海，壮观极了。这次战斗可以称为'马里亚纳火鸡猎获场'。"

美中不足的是，第五十八特混舰队未能发现日军舰队的踪迹，让小泽治三郎躲过了一劫。而"棘鳍号"潜艇却闯进了日军的编队中，成功击沉了"翔鹤号"航母。当晚，尼米兹收到了潜艇部队发来的电报。电报上说："发射6枚鱼雷，其中3枚击中'翔鹤'号航空母舰……袭击后2小时30分钟，在目标方向听到4次剧烈的爆炸声……相信敌舰已沉没。"

尼米兹激动极了。他立即命令情报部门搜索情报，以便确认"翔鹤号"是否已被击沉。随后，莱顿上校告诉他，从破译的日军电报来看，这一消息可信度非常高。尼米兹笑着说："我的愿望已经实现了一半。"

第二天下午，米歇尔的第五十八特混舰队终于发现了日军舰队的踪迹。侦查员报告说："日军舰队有6艘航空母舰、6艘巡洋舰、4艘战列舰；航空母舰甲板上没有飞机，只有几架在天空中飞行。"

米歇尔猜想，日军的飞机已在前一天的战斗中打光了，毫不犹豫地出动舰载机对其实施轰炸。遗憾的是，小泽治三郎也同时发现了第五十八特混舰队。他立即命令舰队迅速撤离交战区域。结果，美军的攻击只持续几分钟，日本舰队便不见了踪影。飞行员报告："击沉日军'飞鹰'级航空母舰1艘、驱逐舰两艘（战后查明其中一艘为巡洋舰）、大油轮两艘，击伤航空母舰两艘。"

第五十八特混舰队的损失也不小。由于飞行员的飞行时间过长，又在夜间返航，看不清甲板，很多飞机降落时掉到了海里。米歇尔只能放慢追击速度，抢救飞行员。到21日上午，抢救工作才全部完成。

21日晚些时候，斯普鲁恩斯下令停止追击，宣布菲律宾海战（日本方面称为马里亚纳海战）结束。在这次海战中，日军共损失航空母舰3艘，分别为小泽治三郎的旗舰"大凤号"、"瑞鹤号"和"飞鹰号"，损失油船两艘，战列舰和驱逐舰各1艘，损失的飞机更达300余架。战斗结束之后，小泽治三郎回收成功的舰载机只有35架。

五

艰苦卓绝的塞班岛登陆战

海战结束了，登陆战却打得异常艰难。驻守塞班岛的日本陆军为第四十三师团、独立混成第四十七旅团、工兵独立第七联队、坦克第九联队、山炮独立第三联队和高炮第二十五联队等部，共2.8万人，火炮211门，坦克39辆；海军为第五水警区的第五十五警备队和横须贺第一海军陆战队等部，共1.5万人，火炮49门，坦克10辆，合计总兵力4.3万、火炮260门、坦克49辆。

由于日本中太平洋舰队司令南云忠一将军基本不过问地面战斗，而第三十一军军长正在关岛视察，指挥工作实际上是由第四十三师团长斋藤义次中将负责的。

美军的进攻部队为陆战第二师和第四师，合计7.1万人，称北部登陆编队，由特纳将军直接指挥。由于登陆前的炮火准备不够充分，再加上第四师登陆时遇到了强烈的潮汐，登陆地点有所偏差，导致两个师之间出现了长达900余米的空袭。结果，美军在登陆的第一天举步维艰，损失惨重，伤亡达2000余人。

第二天，斯普鲁恩斯与特纳、史密斯等人商议后，决定将预备队陆军第二十七师投入战场，同时推迟准备6月18登陆关岛的计划。第二十七师参战之后，战况有所缓和，但依然非常艰难。日军在夜间多次组织反攻，企图将美军赶入大海。美军发射大量照明弹，为舰队炮兵指示方向，猛攻猛打，将日军的49辆坦克全部击毁。

战斗持续3天后，美军才在滩头阵地站稳脚跟。随后，陆战第四师攻占了小岛南部的马基奇思海滩，第二十七师一六五团拿下了岛上最大的机场阿斯利洛机场。斋藤中将被迫将部队撤到纳富坦角，准备持久防御。

6月20日，霍兰·史密斯从特纳手中接过地面作战指挥权。特纳转而负责组织物资卸载和作战飞机转运等工作。而日军大本营也在千方百计地增援塞班岛。结果，增援部队要么因第五十八特混舰队的严密封锁无法靠近，要么就因为缺乏运输船只，无法起航。

22日，史密斯将军将美军3个师调整部署完毕，特纳将军的物资卸载和飞机转运工作也已完成。大规模的地面作战开始了。陆战第二师在左，陆战四师在右，陆军第二十七师居中，齐头并进，稳扎稳打，向前推进。

与此同时，第五十八特混编队的所有军舰、舰载机和18个地面炮兵营的火力也全部瞄准了日军阵地。霎时间，弹如雨下，地动山摇，杀得天地为之变色，鬼神为之发愁。日军抵挡不住美军猛烈的火力，开始向塔波乔峰退却。

地面部队乘机推进。到黄昏时分，陆战第二师推进到了塔波乔峰西侧山坡下，陆战第四师到达了马基奇思湾北岸，形成了对塔波乔峰的夹击之势。然而，陆军第二十七师师长拉尔夫·史密斯少将担心部队不熟悉地形，在夜间迷失方向，令部队原地驻守，错失了良机。

6月23日凌晨，霍兰·史密斯将军下令3支地面部队发动总攻。结果，由于处于中间位置的陆军第二十七师前一夜一直待在原地，直接导致整个战线呈现为一个巨大U形，两个陆战师的侧翼完全暴露在了日军的火力之下，形势非常危急。

无奈之下，史密斯将军只好下令，让两个陆战师暂时停止推进。这就给了日军以喘息之机，使其得以休整部队，重新组织兵力。

脾气火爆的史密斯将军未向尼米兹汇报，便下令撤了拉尔夫·史密斯的师长之职，由塞班岛驻军司令桑德福特·贾曼陆军少将代理师长之职。史密斯将军这一冒失的行为引发了陆军的强烈不满，导致两军之间再次出现了争执。尼米兹深陷这场风波之中，再次承受了巨大的精神压力。

结果，经过一段时间的争论，拉尔夫·史密斯被调到了欧洲战场，而霍兰·史密斯也在战役结束后被调到了新成立的太平洋海军陆战队司令部。

但不管怎么说，史密斯将军雷厉风行的指挥风格极大地触动了陆军第二十七师。在此后的战斗中，他们和陆战师一起，猛攻猛打，作战十分顽强。6月26日，美军攻下塔波乔峰，向地形比较狭窄的北部地区推进。

斋藤率余部退至塔纳帕格村一线的"最后抵抗线"，负隅顽抗，做最后的垂死挣扎。7月3日，陆战第二师占领加特潘角和木特乔，这两地经过异常惨烈的战斗，已经成为一片废墟。7月4日，第二十七师攻占了福劳里斯角水上飞机基地，将残余日军压缩至东北角的狭小地域。至此，美军全面突破了日军的防线。

7月6日，斋藤和南云向东京大本营发出了最后的诀别电，然后将岛上残余的5000名官兵集中起来，部署了最后的决死攻击。当晚，斋藤剖腹自杀，南云则用手枪结束了自己的生命。

史密斯将军根据以往的经验，告诫部队，日军肯定会在最后的失败前夕发动一次自杀式的进攻。各部，尤其是作战经验尚不丰富的陆军第二十七师一定要加强戒备，严密防范日军的自杀冲锋。

但第二十七师并没有理会史密斯的告诫。他们认为，日军既已失败，就会像欧洲战场上的德国人一样，集体走出战壕，缴械投降。他们实在太不了解日本人了。

7日凌晨4点45分，5000多名抱着必死决心的日军毫无征兆地冲向美军阵地。他们全然不顾美军的火力，从第二十七师两个营的空隙间突入了美军战线。一〇五团的一个营在日军的疯狂冲锋下溃散了，另两个营则遭到了己方炮火的误击，损失惨重。

惨烈的战斗持续了好几个小时。最危急的时候，美军的后勤人员也被编入了作战部队，端着枪往前冲。这次战斗的损失很大，美军伤亡1000多人，其中阵亡400余人。而日本的伤亡更大，仅堆积在阵地前的尸体就有4300多具。美军只得出动挖掘机，将堆积如山的尸体推入大坑，集体掩埋。

日军有组织的抵抗结束了，但仍有游兵散勇和平民不断对美军发动袭击。7月9日，美军推进到了塞班岛最北端的马皮角，基本占领全岛。在马皮角的悬崖边，发生了骇人听闻的大规模自杀，不仅日军士兵拉响手榴弹，不少平民也跳海自尽，甚至很多母亲抱着孩子跳下悬崖，美军一再通过翻译、日军俘虏和平民表示：等待他们的不会有屠杀，只有食物和安全。但自杀依然没有停止，共有数千人丧生。

在塞班岛登陆战役中，美军阵亡3400余人，伤1.31万人。日军守备部队中4.1万人阵亡，其中陆军2.61万人，海军1.5万人，被俘2000余人。此外还有2.2万平民或自杀，或死在炮火、流弹之下，几乎占全岛居民的三分之二。

美军占领塞班岛之后，登陆提尼安岛和关岛的计划也被提上了日程。胜利的消息传来之后，尼米兹非常振奋。他和金上将一致认为，接连不断的胜利表明，加快战争进程的时机已经成熟。所以，金上将建议绕过菲律宾，占领台湾，直逼日本本土，以免在菲律宾和日军陷入旷日持久的争夺战。

　　这一方案立即遭到了西南太平洋战区司令麦克阿瑟的反对。绕过菲律宾，也就意味着他的使命已经结束，再也无法扮演"菲律宾的解放者"这一角色了。和以往一样，他马上向陆军总参谋长马歇尔求助。

　　他从军事和政治两个角度论述了绕过菲律宾的战略并不可行。从军事角度讲，无论是攻打台湾，还是直接攻打日本南部，都必须有陆基航空兵的护航。否则的话，直接进攻只能是自取灭亡。从政治角度来看，一旦绕过菲律宾的战略计划传出去，一定会引起"极度不利的反应"。

　　最后，他再次以辞职相威胁，想要挽回局面。他说："如果上述行动能得到认真的考虑……我要求给我一个亲自去华盛顿全面阐述自己的观点的机会。"

　　马歇尔已经听厌了这些话。现在，他越来越相信绕过菲律宾才能加速战争进程的正确选择。他对史汀生说："菲律宾并不是打败日本的关键。进攻菲律宾是一条漫长路……在菲律宾群岛中我们不得不以战斗来开路，这比抄近路要用多得多的时间。"

　　在给麦克阿瑟的回函中，马歇尔坦率地说："我们的一大目标就是早日与日本决战。可我却觉得你把个人感情和对菲律宾政治事务的考虑置于这个大目标之上了。而且你混淆了'绕过'和'放弃'这两个词的含义。我认为两者截然不同。"

第十二章
美、日海军决胜莱特湾

一

关岛和提尼安岛登陆战

麦克阿瑟几乎绝望了，但他还想再争取一下。他让他的参谋人员制订了一份代号为"火枪手"的战役计划。计划规定，西南太平洋战区将于1944年11月15日进攻棉兰老岛，12月20日向菲律宾中部的莱特岛进军，然后于1945年2月中旬在马尼拉以北约200公里的林加延湾登陆。

"火枪手"计划被送到参谋长联席会议后，立即掀起了轩然大波。也就是在这个时候，罗斯福总统抵达夏威夷，并召见了尼米兹、麦克阿瑟等人。能言善辩的麦克阿瑟将军从政治角度出发，说服了罗斯福。

罗斯福总统视察珍珠港之时，登陆关岛和提尼安岛的战斗也打响了。关岛是马里亚纳群岛中面积最大的岛屿，整个岛屿两头宽中间窄。岛上地形非常复杂，海岸上遍是珊瑚暗礁，内陆则是高原型的台地，高低起伏不定，大部分地区都是陡峭的山地，岛上最高的山峰是海拔3300米的腾爵山。

守备关岛的日军和塞班岛的力量大致相当，共计两万余人，火炮20余门，坦克40余辆。战斗编成分别为陆军第二十九师团、第四十八独立混成旅团、第十独立混成联队、第五十二高炮大队以及海军第五十四警备队，由第二十九师团长高品彪中将统一指挥。第二十九师团是日本陆军的王牌师团之一，原属关东军的作战序列，训练有素，装备精良，战斗力非常强劲。

美军原计划7月8日登陆关岛的，但惨烈的塞班岛登

由左至右：麦克阿瑟、罗斯福、尼米兹

陆战让斯普鲁恩斯改变了想法。根据塞班岛的经验，陆战第三师和暂编第一旅无法胜任登陆任务，必须把预备队陆军第七十七师调过来，一起发动进攻。所以，登陆计划被推迟到了7月21日。

关岛登陆由康诺利少将指挥的南部编队承担，该编队共有战列舰6艘、护航航母5艘、巡洋舰10艘、驱逐舰53艘、护卫舰两艘、登陆舰75艘、运输船21艘，加上扫雷、后勤等舰只，总计265艘。地面作战美军对关岛的炮火准备早在6月11日就已开始，岛上日机尽数被消灭，日军机场也遭到严重破坏而无法使用。

总结了登陆塞班岛的教训，康诺利将军加强了炮火准备的力度。从7月8日开始，猛烈的炮击持续了13天之久。美军共发射406毫米炮弹和356毫米炮弹6258发、203毫米炮弹3862发、152毫米炮弹2430发、127毫米炮弹16214发。整个关岛几乎被掀了个底朝天。日军的防御工事损毁严重，所有的暴露火力点全部被拔掉了。

20日，美军进一步加强炮火，集中轰击登陆地点阿加特和阿散两地。斯普鲁恩斯也乘坐旗舰"印第安纳波利斯号"重巡洋舰亲自到达关岛督战。

第二天上午8点30分，美军登陆部队在火炮和飞机的掩护下冲上滩头。陆战第三师在奥罗特半岛北部的阿散海滩登陆，暂编第一旅和陆军第七十七师在奥罗特半岛南部的阿加特海滩登陆。日军的抵抗非常顽强，惨烈的战斗打了一整天，双方均伤亡惨重。

入夜之后，日军按惯例发起了反击。美军早有防备，不断发射照明弹，一发现日军攻击，立即召唤舰炮火力射击。日本武士作战虽然顽强，但毕竟是血肉之躯，挡不住炮弹密集轰炸。几番较量之后，日军灰溜溜地抛下数百具尸体，又退回了工事。

接下来的几天里，美军步步为营，向内陆推进。日军则节节抵抗，严重迟滞了美军的进军速度。23日，南部美军攻占了鸟瞰滩头阵地的高地，站稳了脚跟。次日，北部美军也肃清了鸟瞰滩头的高地上的日军。

7月25日晚，日军组织了一次猛烈的反攻。日军先是集中炮火轰击，再以小股部队渗透突击。美军全力应战，击退了日军多次冲锋，但日军根本不顾死伤，攻击波一浪接一浪，终于从北部美军陆战第三团与第九团之间的空隙冲破了美军防线。

一小股日军冲到了滩头，另有一股日军冲到了陆战第三师的野战医院，给美军后方造成了极大的威胁。不得已，美军只好把后勤人员武装起来，前去堵截。野战医院的伤员也加入了战斗。惨烈的战斗一直打到26日中午才结束。日军被击退了，在战场上留下4000余具尸体。日军第四十八独立混成旅团长重松少将也在战斗中被击毙了。

此后，战局稍有缓和。27日，陆军第七十七师攻占了关岛的制高点腾爵山，北部美军则占领了方提台地。次日，南北两支队伍在腾爵山胜利会师。日军关岛最高指挥官第二十九师团长高品彪中将在战斗中被击毙。

第三十一军军长小畑将军接过指挥权，立即组织兵力撤到圣罗萨山一带，准备负隅顽抗。美军两栖部队司令官盖格将军（霍兰·史密斯已被调到陆战队司令部去了）决定也调整了部署，准备在日军建立圣罗萨防线之前占领该地。陆战第三师在左、陆军第七十七师在右，并肩向北发展攻击，暂编第一旅则负责掩护后方，肃清已经占领地区的日军残部。

从7月31日开始，美军两个师迅速向北推进，先后攻占了关岛首府阿格拉、提延机场、巴里加达村等地。8月6日，两支部队已经推进到了圣罗萨山下。但日军的炮火猛烈，几次冲锋都被打了下来。盖格将军立即召唤舰炮支援，压制了日军炮火。

8月7日，暂编第一旅完成了肃清后方的任务，在陆战第三师左翼加入进攻。美军实力大增，进一步加快了向前推进的速度。

8月8日，陆军第七十七师攻下了圣罗萨山，暂编第一旅则推进到了里提迪安角。

9日，陆军七十七师的先头部队到达了帕提角，与暂编第一旅会师。至此，日军有组织的抵抗结束了。小畑将军向东京大本营发出了最后的诀别电，剖腹自杀了。3天后，美军占领全岛。不过，仍有9000多日军隐藏在丛林和岩洞中，不时出来骚扰，扫荡日军残部的战斗一直持续到战争结束。1945年9月的时候，还有最后一批日军约百余人出来投降。9000名日军中的大部因为补给断绝，在丛林和岩洞中冻饿而死。

关岛一战，美军阵亡1435人，伤5648人。日军阵亡18560人，被俘1250人。美军伤亡比塞班岛几乎少了一半，主要因为美军将登陆时间推迟了一个多月，充分利用这段时间，增加了进攻兵力，加强了舰炮和航空火力准备。

美军南部编队攻占提尼安岛的战斗相对顺利一些。驻守该岛的日军海军为第五十六警备队、第八十二和第八十三防空队，以及第一航空舰队的空勤、地勤和司令部机关人员，共约4100人，配置有140毫米岸炮10门、75毫米高平两用炮9门。陆军为步兵第二十九师团之第五十联队、步兵第一三五联队第一大队和一个坦克中队，共4000余人，配属75毫米山炮12门、37毫米反坦克炮6门、坦克12辆。

岛上军衔最高的是第一航空舰队司令角田觉治海军中将，但他所属的部队是岸基航空兵，而且已在战斗中几乎损失殆尽，所以实际指挥地面战斗的是第五十联队联队长绪方敬志大佐。

全面占领塞班岛之后，美军南部编队就开始准备进攻提尼安岛了。从6月20日开始，部署在塞班岛西南海岸的第二十四野战炮兵团的近200门155毫米火炮持续对提尼安岛发射炮弹。在15天里，美军共打出炮弹24536发，平均每分钟就落弹一发。

7月22日，美军还出动了P-47战斗攻击机，使用凝固汽油弹攻击提尼安岛。次日夜间，陆战第四师和第二师同时发起攻击。日军的抵抗非常顽强，但面对兵力和火力均占绝对优势的美军，他们的抵抗几乎等同于自杀。战斗仅持续了9天，美军就占领了全岛。绪方敬志等日军指挥官下落不明，估计多半已经按照日军的传统剖腹自杀了。

此役，美军阵亡389人，伤1816人。日军守岛部队大部被歼，仅美军掩埋的日军尸体就有5000具，日军还有252人被俘，其余守军有的隐藏在丛林或岩洞中，有的乘小艇逃往其他岛屿。直到战争结束后，还有61人从丛林中走出来投降。

马里亚纳海战、塞班岛、提尼安岛和关岛登陆战被统称为马里亚纳群岛战役。在这次战役中，日本联合舰队虽然侥幸逃脱了被全歼的命运，但陆基航空兵损失殆尽，舰载航空兵的损失也超过92%。这些飞机和飞行员的损失，日军在短时期里是无法补充的。经此一战，日本海军的核心力量遭到了毁灭性的打击，中太平洋上的制海权和制空权随之彻底落入美军之手。

美军占领塞班岛、关岛和提尼安岛之后，日军大本营规定的"绝对国防圈"由于核心地区的丧失而面临崩溃，日本本土也随时面临着美军B-29轰炸机的直接空袭。这次战役对日本朝野的震动非常大，对美发动战争的东条英机内阁不久就垮台了。

与此同时，盟军在其他战场也取得了辉煌的胜利。盟军在诺曼底成功登陆，开辟了欧洲的第二战场。苏联红军也在白俄罗斯战役和西乌克兰战役中歼灭德军约60万人，解放了白俄罗斯全境、立陶宛和拉脱维亚的部分、西乌克兰全部和波兰东南部。两支部队从东西两个方向，快速向德国本土推进。中国抗日军民也向日本侵略者发起了全面反攻，取得了一系列胜利。

二

支援麦克阿瑟登陆莱特岛

1944年9月，在罗斯福总统的干预下，美军参谋长联席会议批准了麦克阿瑟将军提出的"火枪手"计划。这事引起了金上将的不满。他从军事角度出发，提出了攻打台湾和中国沿海城市厦门的计划。尼米兹支持金上将的想法，并令他的情报部门为金上将提供了一份有关台湾的情报资料。

9月11日，哈尔西从斯普鲁恩斯手中接过了第五舰队的指挥权。第五舰队改称第三舰队，快速航母编队第五十八特混舰队改称第三十八特混舰队，两栖登陆部队第五军团改称第三军团。随后，斯普鲁恩斯乘坐他的旗舰"印第安纳波利斯号"驶回珍珠港。

尼米兹热情欢迎了斯普鲁恩斯，并对他在马里亚纳群岛战役中的指挥给予了充分肯定。斯普鲁恩斯离开尼米兹的办公室时，尼米兹对他说："下一步，我们将要攻打台湾和厦门。现在你回家看看家人吧，两个星期以后回来。"

斯普鲁恩斯惊讶地回答说："什么？打台湾？不，我不希望下一步的目标是台湾。"

尼米兹也感到有些诧异，马上反问道："你想打哪里？"

斯普鲁恩斯走到作战地图前，指着硫磺岛和冲绳岛，大声说："毫无疑问，我们应该打这里。"

"为什么？"尼米兹一边问，一边点燃了一根雪茄。

斯普鲁恩斯解释说，硫磺岛可以作为B-29轰炸东京的护航战斗机机场，同时可以支援太平洋舰队在日本海域作战。而冲绳岛则位于日本九州、四国、本州到东京之间，可以完全切断日军从东南亚运输石油和其他物资的船只，并切断日本本土和中国战场的联系。

尼米兹不得不承认，斯普鲁恩斯的分析很有道理，但他坚信金上将的想法也是合理的。沉思了一会，他缓缓道："好啦，还是进攻台湾吧。"

斯普鲁恩斯无奈地离开了。不过，他并没有让他的参谋人员按照金上将和尼米兹的指示去制订作战计划。他坚信，金上将肯定会放弃攻打台湾的计划。与其在一场永远不会打的战役上浪费时间，倒不如让他征战多月的参谋人员去放松放松。

斯普鲁恩斯离开的第二天，尼米兹收到了哈尔西发来的一封电报。哈尔西在电报中说，第三十八特混舰队攻击菲律宾中部后，惊讶地发现日军在这一地区的防守十分薄弱，几乎没有作战飞机，油料也十分匮乏。因此，他建议尼米兹取消之前制订的攻打棉兰老岛和帕劳群岛等战役计划，直接在莱特湾登陆。尼米兹对哈尔西的建议不置可否，但还是向参谋长联席会议通报了这一消息。

与此同时，尼米兹从太平洋战局考虑，建议哈尔西将两栖作战部队第三军团和陆军第二十七师、第七十七师全部划归麦克阿瑟将军指挥。

陆军总参谋长马歇尔把这些材料转发给了麦克阿瑟。当时，麦克阿瑟正在去莫罗太岛的途中，不能用电台发报，但在霍兰迪亚的参谋长萨瑟兰用他的名义复了电。复电说，莱特岛上无日军的消息不确实，但由于有尼米兹提供的增援部队，可取消原计划中的一些过渡性战斗，提前进攻莱特岛。

事后，麦克阿瑟对萨瑟兰的决定给予了充分的肯定。他想，这或许会成为军事史上最大胆的袭击，一场足以和坎尼之战、滑铁卢之战媲美的伟大战役。用他的第七舰队和尼米兹提供的其他进攻登陆舰艇，他能把6个师的部队全部送上岸。但为什么要在一个地方使用6个师的兵力呢？

麦克阿瑟坚持认为，一个伟大的指挥官是可以做到一箭双雕的，他想同时攻打莱特岛和吕宋岛——4个师的兵力在林加延湾登陆，另外两个师在莱特岛上岸。随后，麦克阿瑟命令他的参谋长萨瑟兰制订战役计划，并呈送给参谋长联席会议审议。

电报呈送参谋长联席会议仅仅90分钟，麦克阿瑟就收到了回复。参谋长们同意取消先原批准的3次过渡性登陆作战，定于10月20日进攻莱特岛。

这时，太平洋舰队两栖登陆部队也接到了尼米兹的命令，取消攻占雅普岛的计划，驶向马努斯岛，向麦克阿瑟报到。除第三十八特混舰队之外，第三舰队的其他舰只也接到了类似的命令，准备参与莱特湾战役。这表明，尼米兹和他的太平洋舰队具有优良的协作精神。

在麦克阿瑟准备进行莱特湾战役之时，尼米兹、斯普鲁恩斯等人也就下一步的战役计划进行了深入的讨论。尼米兹越来越觉得斯普鲁恩斯等人的建议较为合理，继而说服了金上将，使其放弃了攻打台湾的计划。就这样，太平洋舰队确定了攻打硫磺岛和冲绳岛的计划。

10月3日，美参谋长联席会议对麦克阿瑟和尼米兹发出了这次战争中最后一个重要的战略指令：麦克阿瑟于1944年12月20日进攻吕宋岛，尼米兹负责掩护和支援。尼米兹于1945年1月20日进攻小笠原群岛、硫磺列岛中的一个或数个岛屿（如硫磺岛），于3月1日进攻琉球群岛中的一个或数个岛屿（如冲绳岛）。

随着莱特湾战役日期的邻近，哈尔西将军率领他的舰队在菲律宾海域和日军展开了激战。他的初步任务是尽可能多地消灭敌机，切断日本本土和菲律宾之间的海上和空中通道。10月中旬，尼米兹收到哈尔西的电报，得知第三十八特混舰队陆续袭击了吕宋、台湾、冲绳等地，击落敌机600余架，击沉敌舰26艘。哈尔西损失飞机89架、巡洋舰两艘（未被击沉，只是失去了自航能力）。

日本方面为掩盖事实，竟然在广播中公开宣称："我部队自10月12日以来，连续袭击了敌军在台湾及吕宋东部海面的机动舰队，击沉其过半兵力，迫其溃退。"

不明真相的日本民众大肆庆祝所谓的"胜利"。东京各大电台持续报道了这一情况。战争时期的欺骗性宣传有时候会起到意想不到的效果，如果美国大兵们相信日军的这些谎言，士气势必会遭受打击。

尼米兹立即予以反击，他发表了一份新闻公报。他说："尼米兹将军欣悉，最近东京广播电台所谓第三舰队被击溃的舰只已被哈尔西营救出来，正在收回准备迎战敌人。"

这个公报写得非常有艺术，既向美军表明了他的舰队并没有受到损失，同时又给了日本人这样一种错觉：美国舰队确实遭受了日军的打击。如此一来，就产生了两种截然不同的效果。一方面，美军的士气大振；另一方面，日军不免产生骄敌之心，疏于防范。

莱特湾战役就是这种背景下打响的。10月20日凌晨，西南太平洋战区由4个师组成的登陆部队冲上了莱特岛的滩头阵地。登陆进行得很顺利，几乎没有遭遇什么抵抗。这主要是因为日军在滩头阵地的兵力部署实在太少，只有2000多人。这和哈尔西之前提供的情报大致吻合。

中午时分，麦克阿瑟将军冒着大雨，来到了岸上。一群满怀好奇的战士簇拥在他身旁，头盔被雨水打得"劈劈啪啪"作响。他看了看远方，激动得双手乱颤，用深沉、稳健的嗓音缓缓说道："菲律宾人民，我回来了。托万能的上帝的福，我们的部队又站到了菲律宾的国土上……团结在我周围吧！让巴丹和科雷吉多尔不屈不挠的精神发扬光大……挺身而出战斗吧……利用每一个有利机会打击敌人，为了你们的家园，战斗吧！为了你们的子孙后代，战斗吧！以你们神圣的死难者的名义，战斗吧！让每一颗心都不再畏惧，让每一只手臂都强壮如钢。上帝为我们指明了道路。让我们以上帝的名义去实现我们孜孜以求的目标，向着正义的胜利前进！"

道格拉斯·麦克阿瑟将军及其助手登陆莱特岛

三

不要干预战术指挥官的指挥

莱特湾登陆可能是历史上代价最小的大规模两栖登陆战。当天登陆部队约5万人，车辆4500辆，物资10.7万吨。在登陆过程中，美军阵亡49人，伤192人。但海上的战斗就惊险多了。为了保住菲律宾岛链，日军大本营制订了"捷号"作战计划。日联合舰队新任司令丰田副武海军大将企图在菲律宾海域和美军展开决战。

这个计划要摧毁哈尔西和金凯德的海军力量，并把麦克阿瑟赶出滩头。疯狂的日本人要投入一切可以集中起来的力量，有战列舰、航空母舰和陆基飞机。还有两种新的自杀式的罪恶武器——"神风队"（全部由十六七岁的青少年组成的自杀式敢死队，用飞机撞击地方的舰艇）和自杀鱼雷（潜艇发射有人驾驶的鱼雷）。

日本人的计划是以台湾、菲律宾和马里亚纳群岛（尚有部分岛屿在日本的控制之下）3块陆地为依托，用一支航母部队作诱饵，将哈尔西的第三舰队吸引到台湾方向。一旦哈尔西上当，另外两支舰队（南部舰队和中部舰队）则分别从南北两个方向驶入莱特湾，围困金凯德的第七舰队。届时，日军将在近10比1的火力优势下以猛烈炮火将金凯德混合舰队彻底打垮。

地面战斗打响后不久，金凯德将军指挥的第七舰队（归属于西南太平洋战区，不受尼米兹的太平洋舰队指挥）就发现了日军一支舰队（西村祥治的第一游击部队第三部队，南部舰队的主力，无航母）正在逼近战场。与此同时，哈尔西也在锡布延海域发现了栗田健男第二舰队（日本海军在菲律宾的主要力量，即中部舰队，无航母）的中心舰队。

哈尔西当即决定，集中力量打击栗田舰队，同时转告金凯德将军，让其留心莱特岛南部的苏里高海峡。他还问金凯德，莱特湾以南的苏里高海峡和莱特湾以北的圣贝纳迪诺海峡扫过雷没有。这是菲律宾的两个海上通道。他这样问的目的，无非是想穿过其中一个海峡，到南中国海去。他担心联合舰队会向那里逃窜，或不敢出来迎战。而好战的哈尔西，则准备追着日本人打。

就战役目的而言，哈尔西的想法显然是荒谬的。因为他主要是掩护和支援西南太平洋战区的登陆行动。尼米兹得知这一消息后，立即在电报中指示哈尔西说："第三舰队的主力部队没有太平洋舰队总司令的命令，不能穿过苏里高海峡或圣贝纳迪诺海峡行动。"

哈尔西无奈，只好命令第三十八特混舰队的几个大队向圣贝纳迪诺海峡靠拢，准备向栗田舰队发动攻击。但由于第三十八特混舰队第三大队遭到空袭，"普林斯顿号"轻型航空母舰起火瘫痪，这一目的未能达成。

这时，哈尔西才惊奇地发现，日军出动了这么多战舰，却没有发现他们的航空母舰。这一点让他非常费解。尼米兹同样对眼前的战局感到迷惑不解，日本人为什么不出动航空母舰呢？是因为害怕，不敢出来迎战吗？那么，他们又为什么敢出动战列舰、驱逐舰和巡洋舰呢？要知道，把这么多水面舰艇安置在美军的航母编队边上，是非常危险的。

尼米兹站在地图前看了半晌，突然悟到，日本的航空母舰很可能将在小泽治三郎的率领下组成一支北路舰队，配合南路舰队和中路舰队的行动，对莱特湾形成三面夹击的态势。这时，哈尔西将军也想到了这一点。24日下午1点34分，他发报给第三十八特混舰队司令米歇尔："敌军航空母舰位置不详，务请注意观察北面。"

稍晚些时候，哈尔西决定从航母编队中抽调4艘战列舰、两艘重型巡洋舰、3艘轻型巡洋舰和14艘驱逐舰，组成第三十四特混舰队，以对付日军中路舰队。第三十八特混舰队则伺机和动向不明的舰队展开决战。

黄昏时分，哈尔西的舰队发现了日军北路舰队的踪迹。小泽治三郎的航母编队分为两个小队，位于吕宋岛北端以东约180海里处。哈尔西立即电告尼米兹，称已发现敌军航空母舰的具体位置。

晚上8点24分，哈尔西给第七舰队司令金凯德发了一封电报，并抄送尼米兹。他在电报中通报了栗田舰队的具体位置、航向和航速。他说："日军正驶向圣贝纳迪诺海峡，并在几小时之内通过那里……日军中路舰队已受重创。拂晓，我将随3支大队北上攻击敌军航空母舰。"

很明显，哈尔西这里所说的3支大队指的是第三十八特混舰队。尼米兹判断，第三十四特混舰队将留守原地，防范敌人的栗田舰队。这是一个让人揪心的决策。第三十四特混舰队没有航空母舰，无法得到空中掩护。栗田舰队虽然也没有航空母舰，但他们从吕宋的陆基机场得到空中支援。尼米兹敏锐地意识到了这一问题。不过，他一贯不会在战役之中对前线指挥官的决策指手画脚。他认为这是高级指挥官的大忌。

10月25日拂晓，哈尔西亲率第三十八特混舰队开始向北搜索敌军的航空母舰。他在电报中向尼米兹通报了这一情况。与此同时，金凯德也向尼米兹通报了前一天的战况，并询问："第三十四特混舰队守住圣贝纳迪诺海峡没有？"

尼米兹的心里也没有底。按照哈尔西之前报告的中路舰队的航向和航速，日本人应该已经进入了圣贝纳迪诺海峡。如果第三十四特混舰队守在那里的话，敌我双方应该已经交上火了。但为什么迟迟没有收到他们的消息呢？

实际上，金凯德的想法和尼米兹一样，他们都在怀疑所谓的第三十四特混舰队是否存在。想到这里，尼米兹马上把他的副参谋长伯纳德·奥斯汀上校叫到办公室，问道："菲律宾方面的电报是否全部送到我这里来了？"

奥斯汀回答说："是的，将军，全部送过来了。"

尼米兹皱了皱眉，更加弄不明白了。奥斯汀敏锐地发现了这个细节，问道："你告诉我，你想知道哪方面的情况？"

尼米兹忧虑地说："到现在为止，我还没有看到哈尔西留在圣贝纳迪诺海峡防守日军部队的消息。日军的中路部队却马上要进入莱特湾，把我们的部队赶走了。"

"是的，将军！"奥斯汀附和着说，"大家都在担心这件事，哈尔西将军的电报中没有明确这一点。"

尼米兹叹了口气，吩咐说："好了，你去吧。如果有什么消息，马上送过来。"

奥斯汀摇着头走出去了。整个上午，尼米兹把奥斯汀叫进办公室好几次，询问第三十四特混舰队的情况。奥斯汀就问："将军，你这么想知道这件事，为什么不去问问哈尔西呢？"

尼米兹沉默了一会，回答说："我不愿意发报，是因为我不想直接或间接影响我的主要战术指挥官指挥自己的部队。"

稍后，尼米兹的电台收到第七舰队第四特混编队第三中队的求救信号。求救信号是发给第三舰队司令哈尔西和第三十四特混舰队司令李将军的。求救电报中指明了日军中路舰队所在位置，并指出："敌舰显然是在夜里从圣贝纳迪诺海峡进来的。"

紧接着，金凯德将军也向哈尔西和李将军求援。但他始终没有收到任何回复。尼米兹和金上将急得不得了，一个在珍珠港的办公室里踱着方步，一个在华盛顿的办公室里踱着方步。

直到几小时后，尼米兹才收到哈尔西发给金凯德并抄送珍珠港的复电。原来，他的电台出了故障，没能及时收到金凯德求援电报。他在电报中说："我部正在与敌军航空母舰编队作战，已命令包括5艘航空母舰和4艘重型巡洋舰的第三十八特混舰队第一特混大队立即前去支援你们。"

四

美、日海军决胜莱特湾

哈尔西复电金凯德之时，麦凯恩将军指挥的第一特混大队此时位于第七舰队第三中队正北350海里处。他没有让第三十四特混舰队前去营救金凯德第三中队，而是派出了第一特混大队。这是怎么回事呢？

金凯德马上猜测，哈尔西根本没有组建第三十四特混舰队。不过，尼米兹却不这样认为，他相信哈尔西的为人。他从几天里往来的电报中分析出，哈尔西确实组建了以李将军为首的第三十四特混舰队。不过，这支舰队并没有留在圣贝纳迪诺海峡，而是随着航空母舰大队一起向北追击小泽治三郎的航母编队去了。

尼米兹表情凝重，坐在办公桌前，半天不说话。奥斯汀打破了沉默，建议说："将军，你可否就问哈尔西一个简单的问题：第三十四特混舰队现在何处？"

尼米兹沉思了几秒，点了点头说："好，这是个好主意。你去起草电报吧。"

尼米兹希望这封电报能够暗示哈尔西，让他把第三十四特混舰队摆到该摆的位置。虽然这是干预战术指挥官的指挥，但也是不得已而为之。

奥斯汀在向发报员口述电报的时候，不自觉加重了"在何处"这个词语。而发报员又自作主张地将整个词语重复一遍。又把落款尼米兹改为了太平洋舰队总司令。按照惯例，电文中还会加上一些无关紧要的添加语，比如世界和平、圣诞节快乐、太平洋广大之类的。而这封电文的末尾加的添加语是"世界都为之震惊"。

结果，这封电报就变成了如下样式：

发文：太平洋舰队总司令

收文：第三舰队司令

抄送：美国舰队总司令第七十七特混舰队（第七舰队的航母编队）

司令

正文：第三十四特混舰队在何处【重复一句】在何处RR全世界都为之惊诧。

RR后面一句话是添加语。而不惯看电文的哈尔西把这句话也看成了电报正文。如果把发文单位的落款和电文正文以及添加语联系起来看的话，这封电报简直就是赤裸裸的指责。

哈尔西看完电文，勃然大怒，一手把电报揉成一团，一手抓掉头上的帽子往甲板上一摔，骂起了娘。一名参谋跑过来，抓住哈尔西的手臂，大声道："嘿，比尔，你怎了？冷静些！"

哈尔西转身把电文递给他的参谋，气呼呼地说："我真不敢相信，切斯特·尼米兹会发这样的电报来侮辱我。"

冷静了一会，哈尔西下令第三十四特混舰队掉头向南驶去。途中，他们遇到了仍在向北行驶的第三十八特混舰队。哈尔西又令第二特混大队为第三十四特混舰队提供空中支援，从第三十四特混舰队中抽出4艘巡洋舰和10艘驱逐舰，为米歇尔将军的航空母舰提供护航。

哈尔西给太平洋舰队总司令的报告说："我率第三十四特混舰队正在同敌航空母舰作战。已调第三十八特混舰队第二大队及全部快速战列舰支援金凯德。敌一艘航空母舰被击沉，两艘航空母舰被重创。我无损失……早先已令第三十八特混舰队第一大队前去支援金凯德。"

哈尔西率领第三十四特混舰队快速向南增援金凯德第七舰队，但已经错过了最佳时机。，从这个意义来说，小泽治三郎的北部舰队已经出色地完成了诱敌任务，取得了出乎意料的成功。如果哈尔西没有向北追击的话，栗田舰队毫无疑问地会遭到全军覆没的下场。但现在，栗田舰队保住了，小泽的"自杀部队"绝大部分舰只（航空母舰除外）也免遭厄运。

然而，日军的舰队装备太差，飞行员技术又不过关，并没有在莱特湾海战中占到什么便宜。日军并没有抓住小泽治三郎创造的大好时机。这主要是因为小泽与栗田的无线电通信联系中断了。而栗田健男又破译了金凯德发给哈尔西的求救电报，错误地认为哈尔西已经来援。

同时，美军护航航空母舰上的飞机为了免遭和航母一起被日军袭击的厄运，大部紧急降落在了莱特岛上。栗田健男又错误地判断，以为美军要建立陆上航空基地，对日军舰队实施更加密集的打击。

于是，栗田健男在他的中部舰队逼近美军第七舰队之时突然下令北撤，从而错过了攻击第七舰队的大好时机。

午后，继续向北追击小泽治三郎的米歇尔将军出动舰载机，集中攻击了敌人的航空母舰（小泽的航母上根本没有飞机）。经过一番狂轰滥炸，"瑞凤号"遭受重创，"瑞鹤号"被击沉。值得一提的是，"瑞鹤号"航空母舰是所有参加袭击珍珠港的航空母舰中最后被击沉的。它几乎参加了自中途岛海战以来，美日之间所有的航母大混战。

25日晚，莱特湾海战进入了尾声，处于劣势的日军舰队迅速撤离战场。在莱特湾海战中，日军损失了3艘战列舰、4艘航母、6艘巡洋舰和14艘驱逐舰。而美军也在日本神风特攻队的自杀式攻击中遭受了不小的损失，1艘航母被撞沉，3艘严重受损。

莱特湾海战是太平洋战争中最后一次大海战，也是历史上最大的一次海战。这场海战消灭了日本的海军力量，除了陆上基地的飞机外，日本海军几乎已不存在了，美军取得了绝对的制海权。战后，小泽治三郎在受审时说："在这一战之后，日本的海面兵力就变成了绝对性的辅助部队，除了某些特种性质的船只以外，对于海面军舰已经是再无用场可派了。"

当晚，尼米兹在寓所举行了晚宴，欢迎他的儿子切特回国休假。当时，切特已经是一名海军少校了，在潜艇部队任艇长。宴会上，众人对刚刚结束的莱特湾海战评头论足，切特更因自己是太平洋舰队司令的儿子说了许多别人不敢说的话。

他高声质问尼米兹，为什么不直截了当地问哈尔西第三十四特混舰队在什么地方，命令他让第三十四特混舰队开往它应该去的地方？

尼米兹耐心地向他作了解释，说自己和他的参谋人员从来不干预远在几千海里之外的战场作战的战术指挥官。

这时，有人提到，尼米兹在战前给哈尔西下达的战略命令中有这样一句话："如果发现有消灭敌军舰队主力的机会，这应成为舰队的主要任务。"

年轻气盛的切特马上抨击父亲说："下达这样一个命令，实际上等于授权哈尔西放弃滩头阵地。你要哈尔西完成支援莱特岛登陆任务，又要他去完成其他任务，这是你的过错。"

切特的话说得太重了，屋子里立刻静了下来。尼米兹看着傲慢的儿子，沉默了半晌，才缓缓道："这是你的看法。"

这件事情在尼米兹的司令部就这样结束了，但舆论却一再指责哈尔西。麦克阿瑟甚至在他的司令部公开骂哈尔西是"狗娘养的"。尼米兹想尽了办法，来挽救这位得力部属的声誉。他从不在公开场合评论莱特湾海战，从不公开批评哈尔西，也不许留下任何可能使这件事公诸于世的记录。

战斗结束后不久，太平洋舰队司令部战况分析组组长拉尔夫·帕克海军上校在正式作战报告中批评了哈尔西的战术。尼米兹看了报告，拒绝签字，并对帕克说："帕克，你打算干什么？这样写会在海军中引起更大的麻烦。报告需要修改一下。记住，把调子定得低一些，再低一些。"

后来，哈尔西始终没有承认他中了小泽治三郎的圈套。不管怎么说，这都是他军事指挥生涯中不光彩的一页，他的内心还是很内疚的。有一次，他对金上将说："对不起，我在那一次战斗中犯了错误。"

金上将礼貌地回答说："没关系，一切都过去了。"

事情是过去了，但历史不会改写。金上将后来写自传时又把这件事情翻了出来，公开批评了哈尔西。当然，他对金凯德的评价也不高。不管怎么说，哈尔西都是一个杰出的海军将领。他之前提出的绕过外围一些岛屿，直接进攻莱特岛已经使战争进程大大加快了。如果按照原计划的12月20日发动进攻的话，小泽治三郎就有机会赢得时间训练飞行员，和美军进行一次真正的海上大较量。如果真是那样的话，结局会如何呢？恐怕，1945年就无法结束太平洋战争了！

五

被擢升为海军五星上将

由于日本海军已经名存实亡，莱特湾海战之后也就不会有真正的海上对决了。从这个意义上来看，尼米兹已经完成了他在第二次世界大战中的主要使命。不过，日本还没有投降，太平洋舰队还需要支援海军陆战队和陆军进行地面战斗。

莱特湾海战结束后，第三十八特混舰队的飞行员们在外围海域继续支持麦克阿瑟将军地面部队的行动。在一个月的时间里，他们击毁敌机700余架，击沉巡洋舰3艘、驱逐舰10艘和许多运输舰。日军开往莱特岛的增援部队大多都葬身太平洋了。

所谓"杀敌一万，自损八千"，第三十八特混舰队也受到了日军神风特攻队的持续攻击。神风特攻队击沉、击毁第三十八特混舰队和第七舰队的航空母舰7艘、战列舰2艘、巡洋舰2艘、运输舰2艘、驱逐舰7艘。

鉴于第三十八特混舰队在海上连续作战的时间太长，尼米兹和金上将于11月底在旧金山召开会议，解除了第三十八特混舰队和第三两栖部队支援麦克阿瑟的任务。

同时，尼米兹和金上将还决定让哈尔西回国休假，把部队交给斯普鲁恩斯，准备下一次战役。而这次战役的准备时间比较长。鉴于气候恶劣及日军仍掌握着吕宋岛制空权的事实，他们决定把进攻吕宋的日期推迟到1945年1月9日，进攻硫磺岛的日期推迟到2月19日，进攻冲绳岛的日期则推迟到4月1日。

尼米兹返回珍珠港后，立即准备迎接英国太平洋舰队司令弗雷泽上将。从1945年开始，这支拥有4艘航空母舰、2艘战列舰、5艘巡洋舰和15艘驱逐舰的小型舰队将加入太平洋战场。从军事角度来讲，这是没有必要的。因为美军太平洋舰队无论在舰艇数量上，还是战斗力上，都已经取得了绝对优势。更何况，日本海军已经名存实亡。

但从政治角度讲，如果英国皇家舰队不介入太平洋战场的话，英国在战后的利益分配上就将处于劣势。这也是英国首相丘吉尔强烈要求派一支舰队赴亚洲参战的主要目的。

英军太平洋舰队的续航能力、战斗力均比久经战场考验的美军差。尼米兹不知道如何安置这支根本没有必要存在于太平洋上的舰队。但作为一项政治任务，他又必须完成。想来想去，他只好把英国舰队交给斯普鲁恩斯，让他在制订冲绳战役计划时，考虑一下英国人的感受。

就这这时，美国参议院通过了一项法案，决定授予几名海军将领和陆军将领五星上将的军衔。陆军五星上将分别为陆军总参谋长马歇尔将军、西南太平洋战区司令麦克阿瑟将军、欧洲盟军总司令艾森豪威尔将军和陆军副总参谋长阿诺德将军，海军五星上将分别为总统参谋长和军事顾问莱希将军、美国舰队总司令金将军和太平洋舰队总司令兼太平洋战区总司令尼米兹将军。

12月中旬，一场罕见的台风袭击了第三十八特混舰队。结果，有3艘驱逐舰在风暴中沉没，7艘其他舰艇遭受重创，186架飞机或被撞坏或被吹入了海中，800余名官兵下落不明。尼米兹闻讯大惊，悲伤地说："这是我们自第一次萨沃岛战役以来在毫无战果的情况下，遭受损失最大的一次。"

24日，第三十八特混舰队撤到乌里锡基地。尼米兹当即命令组建一个调查法庭，以便查明航母编队遭受台风袭击的原因。第二天，他本人也飞到了乌里锡，去看望劫后余生的舰队和官兵。

调查法庭判定，哈尔西应当承担主要责任。军官们提供的材料证明，哈尔西粗枝大叶，随意更改作战计划，无法胜任指挥一支像第三舰队这样庞大、复杂的海军部队。法庭庭长胡佛海军中将主张对哈尔西进行军法审判。

尼米兹再一次站出来，保护了他的爱将。他在调查法庭的文字记录上批示说："哈尔西的错误是在战斗紧张的情况下，出于对完成军事任务的良好愿望而判断错误。"

报告交到金上将手中时，他又改动了一些地方。他把"良好愿望"改成了"坚定的决心"，在"判断"前加上了"由于缺乏充分的情报"。如此一来，这个结论就显得更加温和了。正是有了两名上司的保护，哈尔西才得以在后来晋升为五星上将。

随后，尼米兹又飞到莱特，同麦克阿瑟讨论了第三十八特混舰队支援西南太平洋战区进攻吕宋的有关问题。由于胜利在望，又都新近被晋升为五星上将，两人看上去都春风得意。有关战役协同的讨论也进行得非常顺利。

12月28日，尼米兹返回乌里锡，向哈尔西通报了他和麦克阿瑟达成的协议。两人讨论完作战计划，哈尔西突然说："切斯特，你知道吗？那个

'第三十四特混舰队现在何处'的电报一直让我很痛苦。"

尼米兹诧异地问:"怎么回事?"

于是,哈尔西把电报结尾处那个不恰当的添加语说了出来。尼米兹大吃一惊,缓缓道:"竟然有这样的事情!我一定要查出是谁干的。"

返回珍珠港后,尼米兹让人调查了这件事。不久,他得知那个发报员只是个喜欢咬文嚼字的少尉,便一笑置之了。但把这样一个人留在通信部门显然是不合适的。不久,那个少尉就调到了其他部门。

1945年1月,第三十八特混舰队支援了麦克阿瑟在林加延湾登陆吕宋岛的战斗。舰队并没有遭到日本舰队的攻击,只有神风特攻队却不时出现,给盟军造成了不小的损失。不过,日军的这些小伎俩已经无法扭转战局了。部队的进攻相对顺利,一切都在预料之中。

支援行动结束后,哈尔西率舰队通过吕宋海峡,经由南中国海返回乌里锡基地。途中,他们袭击了印度支那沿海、台湾南部和香港,击沉日军舰艇44艘和大量飞机。25日,舰队顺利返回乌里锡基地。

此时,斯普鲁恩斯将军和他的参谋人员已经在那里等候,准备接管部队了。第三舰队再次改称第五舰队。哈尔西带着无限的惆怅离开了,开始了他的长期休假。

与此同时,尼米兹也在关岛建立了前线指挥部。这个指挥部是他自己设计的,主建筑是一幢木质结构的两层小楼房,不远处是一圈茅屋。尼米兹很喜欢关岛的新环境,但日常工作程序依然和在珍珠港时大同小异。唯一有变化的是,他对军官们的穿着问题不再像以前那么重视了。由于关岛的气候比较炎热,他不再佩戴领带,有时甚至还穿军服短裤。至于他的参谋人员,大都整日穿着短裤,而且连袜子都不穿。

据说有一次,舰队医院的一名精神病人趁护士不注意悄悄溜了出去。他跑出去的时候穿着的正是军服短裤。负责神经与精神科的陆战队医生罗伯特·施瓦布中校立即带着两名护士和一名全副武装的士兵前去追赶。

追着追着,他们发现前面的公路上有一个穿着短裤的人在跑步。众人都以为那就是他们要找的精神病人,便加快了脚步。就在这时,从不远处的拐角处开来一辆带有五星标志的吉普车,在前面那个人身旁停下了。

众人这才意识到,那根本不是什么精神病人,而是他们的总司令尼米兹。后来,施瓦布医生回忆说:"幸好我们看见了五星旗,不然的话,那个穿短裤的人就被带走了。如果他不说'我是切斯特·尼米兹',我们还会把他关进精神病房。"

第十三章
彻底打败日军，赢得胜利

一

打响硫磺岛登陆战

时间进入2月之后，尼米兹和斯普鲁恩斯等人都变得忙碌起来。2月2日，尼米兹从关岛飞抵乌里锡基地，了解攻占硫磺岛的战役准备情况。

第五十八特混舰队正在进行战役前夕最后的休整。士兵们三三两两地聚在一起，打球的打球，游泳的游泳，喝酒的喝酒，还有些躺在沙滩上晒太阳。尼米兹和斯普鲁恩斯漫步沙滩，看着眼前祥和的景象，不禁担忧地说："这一仗下来，不知道这些孩子会有多少幸存下来。"

斯普鲁恩斯双眼忧郁地盯着远处，缓缓道："空中摄影侦察表明，硫磺岛地形复杂，远超之前的估计。擅长构筑工事的日军可能会在这个由熔岩和火山灰烬构成的荒岛上建成有史以来最牢固的防御。"

尼米兹问："陆战队那边怎么说？"

斯普鲁恩斯回答说："霍兰说，这可能是我们必须攻占的最难攻占的地方。他估计，我军也许要付出两万人的伤亡。"

"两万人？"尼米兹简直不敢相信自己的耳朵。

斯普鲁恩斯重复道："是的，两万人。"

当晚，尼米兹研究了陆军航空兵B-24轰炸机和舰队对硫磺岛的轰炸资料。他发现，由于岛上的地形复杂，轰炸效果微乎其微，日本人依然掌控着岛上的两个机场，而且正在抢修3处简易机场。日军的防御工事和火力点也在不断增加。轰炸前，空中摄影侦察表明，岛上有450余处主要的防御工事，但轰炸后却增加到了700多处。尼米兹估计，日本人肯定把防御工事修筑到火山熔岩的洞穴里去了。厚厚的火山灰增强了这些工事对炸弹和炮弹的防御能力。更加要命的是，或许还有更多的火力点没被发现。

斯普鲁恩斯曾考虑绕过硫磺岛，以减少伤亡。他问第二十一轰炸机部队指挥官柯蒂斯·李梅将军："占领硫磺岛究竟有多大价值？"

第二十一轰炸机部队属于陆军第二十航空兵部队的战斗序列，直属陆军副总参谋长阿诺德指挥。这是太平洋战场上唯一不归属尼米兹指挥的部队。不过，参谋长联席会议也授权尼米兹在战术和战略需要时，可以调动该部队的B-29轰炸机。当时，美国所有的B-29轰炸机都在第二十航空兵部队。第二十一轰炸机部队驻守塞班岛，第二十轰炸机部队在中国成都。

李梅将军毫不犹豫地回答说："对我们来说，硫磺岛的意义非常重大。攻下那里，我们就有了前进机场，可供B-29遇险时紧急降落，可作为护航部队的基地。"

斯普鲁恩斯何尝不知道这些呢？但一想到将有两万多鲜活的生命葬身在那个荒岛上，心里就不是滋味。李梅将军见斯普鲁恩斯半响不说话，又补充道："你知道，没有硫磺岛，我就无法轰炸日本。"

斯普鲁恩斯如释重负地说："好吧，我同意你的看法。"

鉴于硫磺岛战役势在必行，斯普鲁恩斯随后向尼米兹提出，动用第五十八特混舰队的舰载机轰炸东京。尼米兹点点头说："这是个好主意。"

轰炸东京有两个目的。其一，东京遭受空袭可以从心理上震撼日本侵略者的嚣张气焰，而且日军大本营也无法向民众隐瞒真相。其二，摧毁日本本土的航空力量，可以在发起硫磺岛战役时使停在外围海域的舰队免遭空袭。

尼米兹批准之后，斯普鲁恩斯马上着手安排。他计划在发起硫磺岛战役前两天轰炸东京。与此同时，从第五十八特混舰队中分拆出来的第五十二特混舰队驶入硫磺岛外围，炮击岛上重要的军事目标。

计划制订之后，尼米兹飞离乌里锡，去了塞班岛。陆战第四师、第五师和第三师正在进行着登陆前最后的演练。陆战第四师是久经战场的精锐部队，它将和首次上战场的第五师一起担负主攻任务。陆战第三师则留在海上，作为预备队。3个师组成两栖作战部队第五军团，由哈里·施密特少将统一指挥。

部队的士气很高，各兵种在演习中的配合也十分默契。对此，尼米兹很满意。这下，他可以安心地在关岛等候胜利的消息了。不过，为了这个消息，他的部队可能要付出极其惨重的代价。

2月14日，第五十二特混舰队在威廉·布兰迪少将指挥下离开基地，向硫磺岛逼近。扫雷舰和护卫舰在前，攻击舰和运输舰在后，浩浩荡荡，十分威武。与此同时，第五十八特混舰队也在无线电静默中驶向日本外海。

两天后，袭击开始了。尼米兹坐在关岛的办公室里，神情凝重，显得有些焦急。上午7点刚过，尼米兹收到布兰迪少将发来的电报。电报称，对硫磺岛的炮击已经开始。与此同时，陆军航空兵的B-24轰炸机也正在对该岛实施日常空袭。

尼米兹脸上的表情稍稍缓和了一些，但看上去仍很凝重。这时，一名参谋走了进来，报告说："将军，东京方面的广播声称，东京遭到小股空

· 243 ·

袭，已在近海发现我军舰队。"

尼米兹笑了起来，马上提笔在纸上写下了第二五九号战报。战报全文如下：米歇尔将军率领太平洋舰队一支强大的特混编队空袭了东京及其周边的机场、空军基地和其他重要军事目标。这是经过长期筹划和太平洋舰队全体官兵一心向往的一次战斗行动。

太平洋舰队海上部队的布兰迪将军正在炮击硫磺岛。太平洋战区的战略轰炸机也正在对硫磺岛和小笠原群岛的敌军阵地实施日常空袭。部队在第五舰队司令斯普鲁恩斯将军的统一指挥下作战。

斯普鲁恩斯原打算对东京的轰炸为期两天，但由于天气有变，只得在17日上午停止攻击。第五十八特混舰队掉头南下，驶向硫磺岛海域，准备直接支援登陆行动。斯普鲁恩斯上报给尼米兹的战报表明，第五十八特混舰队的空袭给日本造成了极大的打击。舰载机在空中击落敌机332架，地面击毁177架，击毁多处机场和航空站机库等基础设施。

19日凌晨6点，美军第五军团在舰炮和飞机的掩护下冲向滩头阵地。在过去的几个月里，美军航空兵、第三十四特混舰队动用飞机、舰炮等武器，共向小小的硫磺岛发射炸弹、炮弹24000余吨，平均每平方公里承受1200吨。这是一个惊人的数字，整个硫磺岛到处弹痕累累，硝烟弥漫。

然而，由于日军的工事大都构筑在岩洞里或地下，美军的空袭和炮火准备并没有给日军造成多大的损失。在750多个目标中，只有17个被成功摧毁。相反，美军的舰队却付出了惨重的代价。日军的反击炮火在2月16日这一天就击沉美军登陆舰9艘，击伤3艘，致使美军伤亡数百人。

上午9点，第一批登陆部队8个营跟在68辆两栖坦克的后面冲向滩头。登陆的滩头在硫磺岛的东海滩，从折钵山山脚下沿海岸向东北延伸，总长3150米，从南到北依次每450米划分为一个登陆滩头，代号分别是绿一、红一、红二、黄一、黄二、蓝一、蓝二。陆战第五师在南端的三个滩头登陆，穿越岛的最狭窄部，孤立或攻占岛南的折钵山。陆战第四师则在北面的4个滩头登陆，攻击一号机场。

登陆异常的顺利，日军的抵抗十分微弱，只有迫击炮和步枪零星射击。这个时候，对美军来说，最大的阻碍是岸上厚厚的火山灰。火山灰异常松软，首批上岸的两栖坦克一下子就陷下去，挡住了后面登陆艇的抢滩通道。除第一批部分登陆部队之外，后面的部队都是直接跳进水里，跋涉上岸的。

两栖作战舰队司令特纳将军乐观地估计，照这样发展下去，美军只需要5天的时间就能占领全岛。上午11点左右，他给尼米兹发了一封电报，报告了登陆情况，称"伤亡轻微"。

二

硫磺岛之战的伟大胜利

收到特纳将军的电报之后，尼米兹脸上的表情又变得凝重起来。从截获的情报来看，日军驻守硫磺岛的兵力应该不下两万人，又装备有大量重武器，战斗力应当不弱，但他们为什么不抵抗呢？这听上去不符合常理，背后一定隐藏着什么阴谋。

尼米兹的担心不无道理。当时，驻守硫磺岛的陆军主力为敌一〇九师团，计有兵力13586人。师团长栗林忠道中将出身武士之家，早年留学加拿大，后长期担任驻美武官。在此期间，他游历美国，积极了解和学习美国文化。所以，他对美国国力和文化的认识非常到位。

和山本五十六一样，他在珍珠港袭击爆发前夕极力反对对美开战。但战争打响后，他又竭尽所能地发挥自己的聪明才智，为国效力。尽管，他的心里非常清楚，这场战争从开始的那一天就已注定了失败的命运。

除第一〇九师团外，驻守岛上的日本陆军还有混成第二旅团，千田贞季少将。海军为小笠原兵团直属部队、第二十七航空战队、硫磺岛警备部队、海军乙航空队、第二〇四设营队大队等。海陆军加在一起，约23000余人。

装备方面，日军拥有轻重机枪200挺、75毫米（或更大）口径的火炮351门、320毫米口径的迫击炮12门、150毫米中型迫击炮65门、80毫米口径的海军炮33门、75毫米（或更大）口径的高射炮95门、37毫米和47毫米口径的反坦克炮69门、火箭炮70门……

由于日军的海空军主力在菲律宾战役中遭到了毁灭性的打击，已无力为硫磺岛提供海空支援，栗田中道将军决定采取纵深防御的办法。但海军守备部队仍坚持歼敌于滩头，最后栗林做出了折中的方案，以纵深防御为主，滩头防御为辅，海军守备部队沿海滩构筑永备发射点和坚固支撑点，进行前沿防御；陆军主力则集中在折钵山和元山地区，实施纵深防御。

栗林忠道在战役爆发前，亲自指挥士兵，以折钵山为核心，以两个机场为主要防御地带，修筑了长达18000米的地下坑道。这种混凝土工事与天然岩洞相结合防御体系非常牢固。美军的几次轰炸，都没能摧毁这些四通八达、相互连接、坚固异常的防御系统。

栗林忠道还规定了近距离射击、分兵机动防御、诱伏等战术，严禁自杀冲锋，号召每一个士兵至少要杀死10个美军。很明显，栗林忠道吸取了塞班岛战役的教训，不愿让他的士兵白白送死。他的这些苦心经营给美军的登陆行动造成了巨大的困难，也使得硫磺岛成了太平洋上最残酷、最艰难的登陆战役。

美军刚推进了200余米，栗林忠道就指挥他的部队从坑道进入阵地，实施炮火打击。瞬间，滩头变成了死亡地狱。美国大兵在猛烈的炮火轰击下，成片成片地倒下。

惨烈的战斗打了一整天。日落时，已有3万人登上滩头，占领了宽约3600米，纵深从650米到1000米不等的登陆场。全天阵亡官兵566人，负伤1858人，伤亡总数约占登陆总人数的8%。

夜晚来临了。特纳将军根据以往的经验判断，日军定会在夜间组织反扑。所以，他命令军舰不间断地发射照明弹，把整个岛屿照得如同白昼。栗林忠道很聪明，早已下令部队不准进行自杀式的冲锋。所以，当晚除了小股日军的袭扰外，太平无事。

第二天的战斗更加残酷。8点30分，陆战第四师在舰炮和坦克的支援下，向一号机场推进，切断了岛南日军与元山之间的联系。陆战第五师则向折钵山地区攻击。然而，由于敌军的工事都在舰炮火力无法覆盖的岩洞中，部队进展十分缓慢。他们只能依靠坦克，逐一消灭岩洞中的日军，有时甚至出动推土机把洞口封闭起来。陆战第五师奋战了一整天，才向前推进了180米。

接下来的战斗愈发艰难，特纳不得不将预备队陆战第三师提前投入战场。3个师齐头并进，但始终无法突破日军的防线，有一天甚至只向前推进了4米。战役打到22日黄昏时，美军的伤亡已达5312人。巨大的伤亡使得美国国内舆论一片哗然。各大媒体纷纷发表文章，要求向岩洞中释放毒气，以减少己方伤亡。

但上至总统罗斯福，下至尼米兹，都不愿违反国际公约（日本和美国均未签署宣布毒气战非法的《日内瓦公约》）。众人一致认为，使用毒气是对付洞中日军的最佳办法，也比枪弹、凝固汽油弹和火焰喷射器更为仁慈，但却是违反道义的。

23日上午，时任海军部长福雷斯特尔来到硫磺岛视察。恰在此时，一支部队登上了苏里巴支山，在山顶插上了美国国旗。福雷斯特尔在望远镜中看到了这一幕。他转身对身边的太平洋陆战队司令霍兰·史密斯说："霍兰，在苏里巴支升起这面国旗，意味着陆战队在今后500年的荣誉！"

第二天，福雷斯特尔等人离开硫磺岛，飞往尼米兹的前进指挥部所在地关岛。离开时，部长乐观地估计："战斗已稳操胜券。"

其实，他刚离开不久，攻上苏里巴支山的美军就被赶了下来。后来，美联社摄影记者乔·罗森塔尔拍摄到的那张举世闻名的照片，已经是美军在山上竖起的第二面旗帜了（美国电影《父辈的旗帜》即是以此为背景而展开的）。

25日，尼米兹和福雷斯特尔等人在关岛看到了罗森塔尔拍摄的那张5名大兵将国旗插在苏里巴支山的照片。这张照片立即被作为胜利的象征送到硫磺岛。尼米兹还令人查问插旗的陆战队员的姓名和家庭地址。随后，各大报刊也刊登了这幅照片。战后，各地还以照片为原型，建了好几座雕塑。

大概正是因为这张照片的存在，太平洋舰队司令部对战役前景普遍持乐观态度。这时，有人想起昨天是尼米兹的60岁生日，便向尼米兹表示祝贺："将军，胜利是英勇的陆战队送给你最好的生日礼物。"

尼米兹的心情也比较轻松，在当日的午宴上喝了一点酒。这时，东京的电台又发出消息，称美国航母编队再次轰炸了东京的几个机场。

福雷斯特尔笑着走到尼米兹的面前，举起酒杯，祝贺他说："切斯特，太棒了，好消息一个接一个传来。看来，战争马上就要结束了。"

5名大兵将国旗插在苏里巴支山
（美联社摄影记者乔·罗森塔尔拍摄）

海上骑士·尼米兹

实际上，硫磺岛战役打得依然非常艰难，美军每前进一步都要付出极其惨重的代价。但战争要结束了，这是不争的事实。作为一名战略指挥官，尼米兹也将目光从硫磺岛转向了未来的战斗。

3月1日，尼米兹奉命取道珍珠港和旧金山，前往华盛顿参加高级军事会议。此时，罗森塔尔所摄的那张照片已经家喻户晓。人们对尼米兹和太平洋舰队的赞誉之声不绝于耳。不过，也有不少报纸发文批评尼米兹和他的司令部，说他们领导无方，致使部队在硫磺岛遭受了惨重的损失。《旧金山调查者报》的一篇社论就公开宣称："这同塔拉瓦和塞班岛所发生的事如出一辙，绝不会发生在麦克阿瑟将军指挥的战斗中……他（指麦克阿瑟）爱惜自己部属的生命，不仅是为了在未来的重大战役中打败日本，而且是为了在赢得和平后能够使他们平安回到家中和亲人团聚。"

社论的最后还呼吁让麦克阿瑟担任太平洋战区的最高统帅。尼米兹看完之后，一笑置之，离开了旧金山。不过，正在旧金山休假的海军陆战队人员就没有这么好的雅量了。他们立即涌进《旧金山调查者报》的编辑部，要求总编辑威廉·雷恩作出解释。

雷恩解释说："瞧，我不过是同你们一样听上级的命令办事。这篇冒犯人的社论是直接从威廉·兰道尔夫·赫斯特那里来的。"

威廉·兰道尔夫·赫斯特是美国著名的报业巨头，掌控着美国舆论的半壁江山。他还有另外一个身份，即麦克阿瑟将军亲密的朋友和支持者。

1945年3月5日，尼米兹在华盛顿和参谋长联席会议成员进行了会晤。参谋长们刚刚从雅尔塔回来，他们向尼米兹透露，欧洲的战事马上就要结束了。下一步，盟国将会把主要精力转向太平洋。苏联最高领导人斯大林也已承诺，将在对德作战结束3个月内对日宣战。

对尼米兹和他的太平洋舰队而言，这是一个莫大的好消息。这意味着，太平洋战争可能会在秋天即取得胜利。

尼米兹高兴地向参谋长联席会议汇报了冲绳战役计划。同时，参谋长联席会议也向尼米兹通报了陆军方面坚持制订的"奥林匹克行动"和"王冠行动"战役计划。前者旨在登陆日本九州，计划于11月实施；后者旨在进攻东京平原，计划在1946年3月实施。届时，尼米兹将指挥所有的海上部队（包括第七舰队），建立滩头阵地，而麦克阿瑟则负责指挥所有的地面部队，以集团军为单位向前推进。

尼米兹和金上将等海军人员都认为，制订这两个战役计划纯属多余。

且不说日本能否撑到秋天之后，单说海军和航空兵的轰炸就足以迫使日本人投降了。不过，他还是和参谋长们就如何与麦克阿瑟配合交换了意见。

3月8日，尼米兹应邀到白宫和罗斯福总统、福雷斯特尔部长共进午餐。他惊讶地发现，罗斯福的健康状况比去年在夏威夷时更加糟糕了，虚弱无力，说话含糊不清，双手颤抖不止。尼米兹心里担忧地想："也许，他看不到战争结束了。"

第二天下午，尼米兹参加了长女凯特的婚礼。他的女婿是一名海军中校。第四天上午，他又参加了小女儿玛丽为"伯克号"巡洋舰命名的仪式。然后，他才经由珍珠港，飞回关岛。

3月16日晚，施密特将军宣布，日军在硫磺岛有组织的抵抗已经结束。尼米兹高兴地发表了战斗公报。他在公报的结尾写道："在硫磺岛作战的勇士们有一个共同的美德，那就是非凡的勇敢。"

当晚，他在给妻子的信中说："陆战队终于占领了硫磺岛，这令我很高兴。我希望以后不再收到因硫磺岛伤亡惨重而骂我的信。事实上，我每天都会收到两三封以'陆战队员母亲'的名义写来的信，把我骂得一塌糊涂。惨重的伤亡令我痛心不已，但又找不出什么好办法。"

实际上，硫磺岛有组织的战斗一直持续到3月底才结束，而零星战斗直到4月底还时有发生。3月24日，尼米兹迎着战火，前往硫磺岛视察。战火烧了一个多月，原本植被就比较稀少的硫磺岛完全成了不毛之地。尼米兹踩着厚厚的火山灰，察看了被美军摧毁的地下工事，又到岛屿的西北角观看了正在进行的清剿行动……

直到这时，尼米兹才明白，攻占这个小小的岛屿为什么会付出如此惨重的代价。硫磺岛战役是太平洋战争中最为惨烈的一战。日军守备部队除被俘1083人之外，其他22305人全部阵亡。美军阵亡6821人（其中陆战队阵亡5324人），伤21865人，伤亡共计28686人。陆战第三师的战斗部队伤亡率达60%，而陆战第四师和第五师战斗部队的伤亡率更是高达75%。这是太平洋的两栖登陆战中，唯一一次美军伤亡超过日军的战役。

但沉重的代价也换来了丰厚的回报。美军很快出动近万名工兵，扩建了岛上的一号和二号机场。为B-29轰炸机护航的战斗机陆续进驻到岛上。B-29也可以在紧急情况下降落在该岛的专用机场。据统计，从1945年3月到战争结束的短短几个月里，在硫磺岛紧急降落的B-29轰炸机达2.4万架次，从而挽救了2.7万名空勤人员。

三
鏖战冲绳岛及附近海域

硫磺岛战役即将结束之时，尼米兹即令第五十八特混舰队和李梅将军的B-29轰炸机对日本九州的各大机场实施持续轰炸，同时在日本海域布雷，以阻止日军向冲绳增派援军。

这时，英国太平洋舰队也进入了太平洋，发报向尼米兹请求任务。尼米兹复电称："美国太平洋舰队欢迎英国航空母舰特混舰队及所属部队。贵部的光临将大大增强我们抗击敌人的力量，表明我们在对日战争的目标下团结一致。"

随后，英国皇家海军太平洋舰队被编入第五舰队的战斗序列，番号为第五十七特混舰队。尼米兹派他们在冲绳岛和台湾之间的海域巡逻，支援冲绳登陆战役。

3月底，第五两栖作战部队的炮舰开始炮击冲绳岛的齿梠滩头。陆军第七十七师等登陆部队则趁机占领了冲绳岛西南约15海里的庆良间列岛。美军很快将其改造成战区舰船的后勤基地。

冲绳岛是琉球群岛的第一大岛，位于日本本土和台湾之间，是日本本土以南最后的防线，素来被日本人誉为"国门"。为了保住这个战略意义非凡的小岛，日本大本营决定集中海陆空所有兵力，在坚守地面阵地的同时，歼灭美国的太平洋舰队。

日军驻守硫磺岛的地面部队为第三十二军下辖的第二十四和第六十二两个师团和独立混成第四十四旅团，总兵力约8.6万人，其中战斗部队7.7万人。另外，岛上还驻有海军警备队和由岛上居民编成的特编团，兵力约10万人，但特编团大多是没有受过训练的普通居民，装备落后，战斗力很差。

部队由第三十二军军长牛岛满陆军中将全权指挥。防御重点在岛的南部，以首里为核心构筑有牧港、首里两道防线，在西北端八重岳、与座岳地域构筑有第三道防线。每道防线都依托丘陵构成多层次的坚固防御阵地。

联合舰队第二舰队在伊藤整一中将的指挥下出动战列舰1艘，巡洋舰、驱逐舰数艘以及潜艇部队和驻扎在九州、台湾的航空兵部队，负责支援和掩护任务。冲绳岛及其邻近岛屿还有1个鱼雷艇中队和600余艘自杀攻击艇。

神风特攻队是日本人用来对付太平洋舰队的主要武器。在尼米兹下令空袭九州和冲绳岛的同时，零散的自杀性飞机已开始在冲绳岛外袭击美国舰船了。

美军参战兵力共为45.2万人，舰艇1500余艘，飞机2500架。第五舰队司令斯普鲁恩斯海军上将任总指挥。登陆任务由陆军中将巴克纳的第十集团军负责。该集团军下辖太平洋舰队两栖登陆部队第三军和陆军第二十四军。

两栖登陆部队由罗伊·盖格海军少将指挥，下辖陆战第一师、第二师和第六师，其中第二师为预备队。陆军第二十四军由约翰·霍奇将军指挥，下辖第七师、第二十七师、第七十七师、第八十一师和第九十六师，其中第二十七师和第七十七师为预备队，第八十一师为战区总预备队。

第五十七特混舰队、第五十八特混舰队以及第二十、第二十一轰炸机部队提供掩护和支援。

从双方投入的兵力和装备来看，这是太平洋战争爆发以来，规模最大的一次战役。后来，这场战役也成了战争中损失最为惨重的战役。

3月31日，驶近冲绳岛外围海域的第五十八特混舰队再次遭受神风特攻队的袭击。斯普鲁恩斯的旗舰"印第安纳波利斯号"不幸中弹。斯普鲁恩斯只好让它开到马雷岛海军船厂修理，将"新墨西哥号"改为旗舰。

第二天凌晨，登陆部队乘坐的运输舰驶抵齿栉滩头附近。舰炮和飞机立即向滩头倾泻炮弹。上午6点，两栖登陆舰队特纳将军下达作战命令，登陆开始。8点30分，登陆部队冲上了滩头。

随后，海军陆战队迅速向东北方向推进。陆军第十集团军各部则向南进攻。疯狂的日本人立即出动飞机，袭击登陆部队和第五舰队。

就在这时，第二十一轰炸机部队指挥官李梅将军来到关岛，求见尼米兹。他说："现在我们已完成了任务，在别的方面也帮不了你们什么忙。我们是否可以回去袭击我们的战略目标了？我们在那边会起到更好的作用。"

尼米兹沉思了几秒钟，回答说："是的，你们的任务完成得很出色。我想，你们应该可以回去执行你们所负担的任务了，不过，我们最好问一下我的副参谋长谢尔曼。"

几分钟后，太平洋战区副参谋长弗雷斯特·谢尔曼少将走进了办公室。尼米兹向他说明了情况。谢尔曼惊讶地说："天哪，这绝对不行。九州的机场确实已经遭到了破坏，但这只是暂时的。日本人的修复速度快得让人吃惊。"

尼米兹转身对李梅说："我同意谢尔曼的看法。我想，日本人不久就会出动更多的飞机，袭击我们的舰队。你应该再制订一个袭击九州的计划，并且马上实施。"

谢尔曼和尼米兹的判断非常正确。4月6日和7日，700余架能够勉强飞上天的破旧飞机从九州升空，袭击了第五舰队。联合舰队第二舰队也加入了这场自杀性的攻击。第五十八特混舰队司令米歇尔立即出动舰载机和战列舰，使用炸弹、鱼雷，对敌舰发动了攻击。战斗仅持续了两个小时，战列舰"大和号"，以及两艘巡洋舰、4艘驱逐舰先后被击沉。联合舰队剩下的4艘驱逐舰灰溜溜地逃走了，再也没有出现在冲绳附近海域。

不过，第五十八特混舰队也在日本神风特攻队的袭击中损失惨重。仅6日和7日两天，就有3艘驱逐舰和1艘登陆舰被击沉，两艘军火船被击爆炸，1艘扫雷舰和12艘驱逐舰遭受重创。"汉科克号"航空母舰和"马里兰号"战列舰也受到袭扰，伤亡数百人。

种种迹象表明，日本人已经走到了穷途末路。特纳将军欣喜若狂地电告尼米兹："我可能高兴过分，但日本人似乎已经认输，至少目前的情况表明这是可能的。"

尼米兹立即回电："把'高兴过分'以后的话全部砍掉！"

从以往的经验和目前掌握的情报来看，尼米兹坚定不移地相信，日本人这次防守计划和莱特岛、硫磺岛一样，都是主动放弃滩头阵地，藏在地下工事中，以逸待劳，伺机给美军以重创。

4月13日晨，尼米兹刚到办公室，就收到了华盛顿方面发来的消息：罗斯福总统已于佐治亚州温泉逝世。尼米兹一惊，跌坐在椅子上，心里默默地想："他果然没能看到战争胜利的那一天。"

随后，尼米兹代表太平洋战区给罗斯福夫人发了一份唁电，表示哀悼。当晚，他在给妻子的信中这样写道："就个人而言，我坚定不移地相信，这是一次巨大的损失。不管我们是否喜欢他的全部言行和主张，但不可否认的是，他始终主张建立一支强大的海军，始终对我十分亲切和友好……"

四

打开日本的门户

冲绳岛战役打到4月中旬之时，海军陆战队已经占领冲绳北部，而陆军在南部的行动却非常迟缓。日本人在那里设置的工事和硫磺岛类似，但规模更大。为了更好地了解战况，尼米兹决定赶赴冲绳视察。

4月22日，尼米兹、谢尔曼和新任海军陆战队司令范德格里夫特将军（瓜达尔卡纳尔战役期间的陆战第一师师长）等人一起飞往冲绳。飞机降落的时候，刚好赶上神风特攻队的袭击。尼米兹惊恐地看到，一架敌机快速冲向一艘货船，"砰"的一声便和它同归于尽了。

随后，尼米兹怀着沉重的心情登上"新墨西哥号"，会晤斯普鲁恩斯将军。正当他们准备坐下来吃午餐时，日本人的空袭又开始了。斯普鲁恩斯立即命令舰载机和舰炮迎敌。十几分钟后，通信兵来报："53架敌机全部被消灭在锚地上空之外。"

尼米兹的心情稍稍平复了一些，但他心里却坚定了一个念头："无论如何，都要加快南部的进攻行动，不能让军舰摆在海上等日本来炸。"

第二天上午，尼米兹、斯普鲁恩斯等人视察了已被占领的地区。工程人员汇报，冲绳岛可增建18个机场，不但能够容纳盟军从欧洲战场转移过来的所有飞机，也可供B-29轰炸机起降。这就意味着，美军无须再在琉球或中国沿海开辟支援进攻日本的其他基地了。换句话说，一旦拿下冲绳，战争的进程将会进一步加快。

下午，尼米兹见到了第十集团军指挥官巴克纳将军。他毫不避讳地指出，陆军必须加快战役进程，以便担负掩护任务的舰队早日撤离。

巴克纳冷冷地回答说："这是一次地面作战。"

尼米兹扫了巴克纳一眼，掂量着他话中的意思。和麦克阿瑟将军一样，巴克纳一向持有军种对立情绪。他话里的意思很明显，即冲绳岛如何作战应该由担负主攻任务的陆军说了算，如果海军不愿插手的话，他将感激不尽。

"是的，也可能是一次地面作战，"尼米兹气愤地说，"但我却每天损失一艘半军舰。所以，如果这条战线5天内不能突破，我们将调别的部队来突破它。这样，我们就全都可以从这些愚蠢的空袭中抽出身来了。"

巴克纳将军这才意识到自己的话太重了。他向尼米兹汇报，他计划在几天内把陆战第一师、第六师调到南部战场，加强攻势。

范德格里夫特将军在一旁插话道："这正是陆战队来冲绳的目的——战斗！"

然而，巴克纳将军把陆战队投入南部战场之后，使用的依然是原先的正面进攻战术。战役局面并没有太多的改变。媒体添油加醋的报道又加深了两个军种之间的误会，导致海陆两军的分歧更大了。

为了弥合海陆两军的关系，尼米兹回到关岛后破例召开了一次记者招待会，向来自世界各地的记者说："冲绳战役打得很漂亮，陆军的战术非常成功。"

这句出自海军高级将领之口的赞誉之语在一定程度上消除了陆军对海军的成见，使得两军在冲绳乃至之后的行动中配合得更加默契。

1945年5月7日，德国法西斯无条件投降（德国向苏联无条件投降的日期为5月8日，协议生效日期为5月9日零点）。随后，苏联红军根据雅尔塔会议的决定，开始筹备远东方面军，准备开赴中国东北对日作战。

日本军国主义终于走到了穷途末路。在持续的轰炸中，东京成了地狱。东京东部的一大片地区已经消失。城市商业中心的60%被炸成了一片断壁残垣；数十万栋建筑消失得无影无踪；几百万人无家可归，惊慌失措地逃到郊外；几十万人死于空袭。

但他们仍在冲绳岛做着无谓的抵抗。斯普鲁恩斯等美军官兵被折磨得筋疲力尽。5月中旬，尼米兹令哈尔西换下了斯普鲁恩斯，哈里·希尔擢升为海军中将，换下了升为四星上将的凯利·特纳，麦凯恩换下米歇尔。第五舰队再度改称第三舰队，第五十八特混舰队改称第三十八特混舰队。

哈尔西上任后，立即和陆军方面沟通，着手建立全岛雷达网，并从麦克阿瑟将军手中调来一个陆军航空大队，直接支援岛上的地面战斗。随后，第十集团军和陆战队也在尼米兹的命令下，直接接受哈尔西的指挥。

如此一来，第三十八特混舰队存在的意义也就不大了。尼米兹随即下令，第三十八特混舰队撤出冲绳的战斗，开始空袭九州。6月13日，舰队驶抵莱特湾，进行修整，准备参加下一阶段对日本本土的进攻行动。

6月18日，巴克纳中将亲临前线督战。当他在陆战第八团团部附近小山上观察部队推进时，日军一发炮弹飞来，四下崩飞的弹片和尖锐的碎石片击中他的头部，当场身亡。这实在令人感到不解。当时，日军的炮火已经极其微弱。巴克纳抵达之前，这里几小时都没有遭到过炮击了。令人不可思议的是，日军第一发炮弹居然就把这位中将集团军司令炸死了。

巴克纳由此成为了美军在整个太平洋战争中阵亡的军衔和职务最高的将领。第十集团军司令由海军陆战队第三军军长盖格少将代理。盖格也因此成为了太平洋战争中指挥陆军部队最多的海军陆战队将军。

巴克纳中将的阵亡极大地刺激了美国官兵。士兵们发了疯似的，端着枪往前冲。日本人不敌，纷纷后退。第二天，牛岛满将军即在坑道中向东京发了诀别电，指示部下做最后的决死进攻。

3天后，美军全面突破日军的防线，攻到了冲绳岛最南端的荒崎。残余日军被分割成三部分。日军都很清楚，末日就要到来了。在坑道里，卫生兵给伤员注射大剂量的吗啡，使他们平静地死去。盖格乐观地宣布已经肃清了岛上日军有组织的抵抗。

6月23日凌晨4点，牛岛满得知美军即将占领他所在的摩文仁坑道，便脱下军装，换上和服，与身边的参谋一一干杯，喝完了最后的诀别酒，然后剖腹自杀。他的参谋长和司令部人员全部自杀身亡。至此，日军有组织的抵抗才告平息，而零星日军的抵抗仍在继续，清剿残余日军的工作一直持续到1945年6月底。7月2日，尼米兹正式宣布冲绳战役结束。

在冲绳战役中，日军阵亡9万余人，被俘7400人，岛上居民死亡约10万人（据说相当一部分是在日军的逼迫下自杀的，此事成了东京审判中重点调查事项），损失飞机7830架，舰艇被击沉16艘、击伤4艘。美军伤亡7万余人（含非战斗减员2.6万人），损失飞机763架，舰艇被击沉36艘，击伤368艘。这是美日两军在太平洋岛屿作战中规模最大、时间最长、损失最重也是最后一次战役。

美军占领冲绳岛后，打开了日本的门户，达到了为进攻日本本土建立战略基地的目的。美军可以从这里加紧对日本的轰炸，加紧对日本本土诸岛的封锁，部队可从这里出发进攻九州。从美国观点来看，最重要的战果则是，它迫使日本面临不可避免的失败和采取早日投降的明智出路。

五

日本宣布无条件投降

在冲绳战役期间，尼米兹还被另外一件事情所困扰着，那就是太平洋战区统一指挥的问题。一直以来，麦克阿瑟将军的行动一直局限在西南太平洋战区，对整个战局的影响相对较小。这位陆军五星上将对这种状况一直颇为不满。

随着战争接近尾声，不甘寂寞的麦克阿瑟再次向华盛顿方面发难，责怪高层制订的政策束缚了他和整个陆军的手脚。因此，他把建立一个由他指挥的统一司令部的观点再度提了出来。

5月15日，尼米兹飞赴马尼拉，直接同麦克阿瑟讨论了这一问题。在两天的会晤中，两位高级将领尽可能以理智的态度去争取相同的目标，以谋求双方会谈的基点和最终从海、陆、空三方逼近日本的战略。

会谈解决了一些存留的问题，奠定了进攻日本九州、本州及其他岛屿的合作基础。按照双方达成的协议，在两栖进攻中，以海军将领为主、陆军将领为辅进行指挥。尼米兹答应将进攻整个琉球群岛的任务移交给麦克阿瑟，并保证一如既往地为西南太平洋部队提供海上掩护。

5月25日，参谋长联席会议根据两位高级将领达成的谅解向各战区下达了代号为"瓦解"的战役命令。整个战役分为两个阶段：第一阶段夺占九州，代号为"奥林匹克"；第二阶段在日本的心脏——本州登陆，代号为"王冠行动"。预定进攻发起日期为10月1日，麦克阿瑟被指定负责该计划的执行。麦达阿瑟负责指挥太平洋战区的所有地面部队，尼米兹海军上将负责指挥太平洋海军，空军上将阿诺德指挥空军。

"瓦解"计划尚未来得及实施，日本人就投降了。7月17日至8月2日，苏、美、英三国首脑和外长在德国柏林郊外的波茨坦召开会议，就结束对日作战的条件和有关对日的战后处置方针，通过了一项决议。这就是著名的《波茨坦公告》。公告向日本政府发出了最后通牒："（日本）立即宣布所有武装部队无条件投降，并对此种行动诚意实行予以适当及充分之保证。除此一途，日本即将迅速完全毁灭。"

与此同时，盟国飞机在日本各大城市上空散发了150万张传单和300万张《波茨坦公告》。传单对这些城市发出警告，说它们将受到猛烈的空中轰炸，而每次警告之后，紧接着就是一次常规炸弹的猛烈袭击。但日本政府并没有表示接受《波茨坦公告》的任何迹象。

8月6日，美国向广岛投放了一颗原子弹。此举给侵略者的心理上造成了极大的打击。时任美国总统杜鲁门紧接着发表声明："7月26日在波茨坦发出的最后通牒，旨在拯救日本人民免遭彻底的毁灭。他们的领袖迅速地拒绝了这最后通牒。如果他们现在还不接受我们的条件，他们的毁灭将自空中而降……"

8月9日，苏军远东方面军约80个师、4个坦克机械化军、6个步兵旅、40个坦克机械化旅，出动作战飞机3400余架、坦克5500余辆，越过中苏边境，向日本关东军发起了猛烈的攻势。

面对苏、美、英、中等国军队的猛烈攻势，日本首相铃木贯太郎撑不住了，天皇也撑不住了。8月10日，日本政府通过中立国瑞士和瑞典政府，向苏、美、英、中等国政府转交照会，宣布接受《波茨坦公告》。

8月14日，日本政府向反法西斯同盟国发出了最后接受《波茨坦公告》电报，正式宣布："一、天皇陛下已下诏，接受《波茨坦公告》各项条款。二、天皇陛下准备授权并保证日本政府和大本营签署为实施《波茨坦公告》各项规定所必需的各项条款。天皇陛下还准备对日本陆、海、空当局及其所属不管驻何处之所有部队发布命令，停止战斗行动，放下武器，并发布盟军最高司令认为在执行上述条款中有必要发布的其他命令。"

至此，不可一世的日本法西斯军国主义终于低下了他们高傲的头颅，放下了手中的屠刀。

同一天，美国总统杜鲁门宣布，太平洋战争已经结束，军队停止一切敌对行动，放假两天进行庆祝。瞬间，从华盛顿到夏威夷，从停泊在日本海上的第三舰队到尼米兹的司令部，每个人都沉浸在巨大的幸福和狂欢之中。

当天傍晚，尼米兹向所属部队广播了一篇通告："随着停止对日本采取敌对行动，全体军官在对待日本人和发表与日本人有关的公开言论时，应举止庄严，讲究礼貌。日本人仍然是背信弃义地袭击太平洋舰队发动战争的民族，他们对我们被俘的士兵进行拷打、虐待，乃至屠杀。但是，对日本民族与个人，冠以侮辱性的称号，这与美国海军军官身份不相称。太平洋舰队的军官应采取措施，要求下属所有人员认真看待，妥善处理与日本人的关系。既不过于亲近，也不许虐待和辱骂……"

六
代表美国接受日本投降

  日本投降后，杜鲁门总统根据苏、美、中、英四个大国签订的协议，任命麦克阿瑟将军为盟军最高总司令，负责安排和主持日本的投降仪式，以及日后的占领工作。尼米兹则获得了另外一项工作——代表美国在日本的无条件投降书上签字。

  9月2日，第三舰队司令哈尔西将军的旗舰"密苏里号"的主桅上并排挂着两面将旗，一面是尼米兹将军蓝色的五星将旗，一面是麦克阿瑟将军红色的五星将旗。各国军界代表则穿着式样不同、颜色各异的制服，按照军衔的高低分成前后三排站在甲板上。胸前佩戴着各种勋章、绶带，有红色的、褐色的、金色的和橄榄色的，把甲板映得熠熠生辉。他们的面前是一张铺着台面呢的桌子，桌面上摆着白色的投降书和一个自来水笔架。

  桌子上方的舱壁上悬挂着一面美国国旗。那是从海军学院的博物馆里找到，并空运到这里来的。1853年，美国海军准将佩里曾率领一队美国军舰到达东京湾，撬开闭关锁国的日本国门。这面国旗就是当年佩里的战舰上悬挂的那面。现在，时间过去了108年，但佩里准将当年使用的国旗还完好无损。

  在甲板的远处舰桥上、桅杆上、炮塔上，在每件东西和每块可利用的地方上，都挤满了水手。每一个人都伸长了脖子，盯着会场中央，谁也不愿意错过这一意义非凡的历史性时刻。

  日本代表团抵达后，在甲板上站了好几分钟，人们才把冷峻的目光从他们身上移开。这时，喇叭里传来一位牧师祈祷的声音。接着，军乐队奏起了美国国歌《星条旗》，投降仪式正式开始。

  国歌刚停止，麦克阿瑟就从舰舱中从容地走了出来。他站在一排麦克风前面，先发表了几分钟的简短演说，然后要求日本人首先签署文件。日本外相重光葵第一个走向中央的桌子，慌慌张张地摘下帽子、手套，放下手杖。可能是过于紧张，他竟然不知道该在哪里签下自己的名字。

麦克阿瑟对他的参谋长说："萨瑟兰，告诉他在哪里签名。"

瑟萨兰走到重光葵面前，用手指了指文件的一角。重光葵这才拿起笔，用颤抖的手吃力地写下了自己的名字。

麦克阿瑟看了看手表，时间是9点4分。从法律意义上讲，第二次世界大战到此正式结束了。

接下来签名的是梅津梅治郎，然后是麦克阿瑟。麦克阿瑟将军代表盟国于9点8分在文件上签了字。他一共用了6支钢笔，一个字母一个字母地写。后来，他把这些笔送给了温赖特一支，送给了珀瓦西尔一支，给了西点军校一支，留一支给"密苏里号"，还有一支送给了时任总统杜鲁门。当然，他也给自己留下一支，这是他的夫人琼的红色自来水笔。

随后，尼米兹代表美国政府签名。接下来依次签名的是英国、中国、苏联、澳大利亚、加拿大、法国、荷兰、新西兰等国的代表。

所有代表都签完字后，麦克阿瑟缓慢地宣布说："让我们祈求今后全球恢复和平，愿上帝永远保佑和平，仪式到此结束！"

最后，日本代表团拿到了一份投降书的副本，准备离开。就在这时，他们发现文件出了点小错误。原来，加拿大代表以及随后的代表们的签字都签错了地方。

萨瑟兰马上向麦克阿瑟报告。麦克阿瑟脸上掠过一丝不快，命他立即解决。萨瑟兰不敢怠慢，马上纠正，让各国代表重新签了字。

这一小小的意外使得这一庄严的仪式多少带上一点戏剧色彩。但不管如何，这一天是人类历史上最重要的时刻之一，这个仪式也是人类历史上最具纪念意义的里

尼米兹代表美国在日本的无条件投降书上签字

程碑事件。

仪式结束后，尼米兹登上他的专艇"南达科他号"，立即发出一项他早已拟好的声明：

"在太平洋海上、港口和岛屿基地所有舰艇上的全体人员，都感到欢欣鼓舞。长期而残酷的战斗……现在已经结束。

"今天，全世界一切爱好自由的人们都沉浸在胜利的欢乐之中，并为我们联合作战所取得的成就而感到骄傲。我们还应该歌颂那些为保卫自由而献身的人。

"在关岛，离我的司令部不远的一个绿色山谷中，有一块军人墓地。那一行行排列整齐的白十字架，是我们为胜利付出沉重代价的标志。在十字架上，有美国陆军、水兵、陆战队员的姓名——科尔佩帕、托曼诺、斯威尼、布朗姆伯格、德佩、梅洛伊、潘吉亚尼——这些姓名代表我们民主制度的一个侧面。他们战斗在一起，亲如手足；他们牺牲在一起，现在又并肩安息。我们对他们承担着一项庄严的义务，即保证他们的牺牲将有助于人类创造一个更美好、更安定的世界。

"而今，我们着手致力于重建家园和恢复国力的伟大事业。我确信，我们将能够运用技能、智谋和敏锐的思想来解决这些问题，犹如我们为了赢得胜利曾经做过的那样。"

战争结束了，尼米兹也完成了他在第二次世界大战中的历史使命。为了表彰这位杰出的海军高级指挥官，华盛顿决定将1945年10月5日定为"尼米兹日"。这一天，尼米兹在国会大厦发表了动人的演说，接受了杜鲁门总统给他颁发的勋章。

近百万民众从全国各地赶来，涌向华盛街头，向他欢呼，给他献花；上千架海军战斗机和轰炸机翱翔在游行队伍上空飞行，向他致敬；一队队海军学员、陆战队队员、海军护士、海岸警卫队妇女后备队队员、海军女军人以及参加过从爪哇海战到冲绳岛海战的老兵，也来向他们的长官献礼……

1945年11月20日，杜鲁门总统宣布了他对武装部队的新任命。艾森豪威尔上将接替马歇尔上将任陆军参谋长；尼米兹上将接替金上将任海军作战部长；约瑟夫·麦克纳尼上将接替艾森豪威尔任驻欧洲占领军最高司令；斯普鲁恩斯上将接替尼米兹任太平洋舰队总司令。国会以全票通过了这项提案。

在尼米兹担任作战部长期间，前纳粹德国海军总司令卡尔·邓尼茨接受了纽伦堡大审，起诉其发动无限制潜艇战的罪名，尼米兹应其律师之要求，提供一份美军亦在对日战争中使用同样做法的证词，到最后虽然判定邓尼茨该罪名成立，但并未针对该罪名而受罚。尼米兹也于短短的任期中测试核武器对海军的打击力，主持了十字路口行动，另外还支援了核动力潜艇的开发。

1947年12月15日，尼米兹卸除了海军作战部长职务。虽然美国国会所授予的五星上将军衔可使他永不退休，但尼米兹决定离开海军（虽然有挂名"海军特别助理"，但几乎不会有人来请教帮忙）。后来，他在1948年至1956年期间担任了加利福尼亚大学的校董，在1949年3月21日被任命为联合国的克什米尔事务委员会公民投票监察长，协助调停印巴之争，但由于印度和巴基斯坦关系恶化，并未能进行。

另外，尼米兹还协助日本维护东乡元帅的遗产——"三笠号"战列舰，并在后来撰文提醒日本人对马海峡之战对他们海军历史的重要性。他将该文稿费所得的56美金（相当于2万日元）捐出，鼓励日本人重修"三笠号"。这是因为，他始终把东乡平八郎这位优秀的海军指挥官视为偶像。

在1961年5月27日的日本海军节，"三笠号"重新修整完成，尼米兹以荣誉贵宾身份受邀，但并未出席。他在信中写道："最诚挚的祝福，给所有那些爱国的日本人，他们将协助恢复这艘著名的军舰……一位极大的仰慕者与信徒，切斯特·尼米兹。"

后来，尼米兹将其撰写《海权》一书的所得10万日元，捐赠给了东乡神社的重建工程。这本书后来在日本发行时，改名为《尼米兹的太平洋海战史》，畅销一时。

1963年10月，尼米兹被诊断出脊髓关节炎，后又罹患了肺炎。到了12月，又再出现轻微的中风与心脏衰竭。1966年1月，他离开了位于奥克兰的美国海军医院（橡树山庄），回到他的海军宿舍。1966年2月20日，尼米兹逝世，享年80岁。国会为其举行了国葬，并照他生前意愿，将其葬于加利福尼亚州布鲁诺的金山国家公墓，紧挨着斯普鲁恩斯、特纳等人的墓。